Le Volum'

W0472168

# Communication

**Chantal Lancelin**
Formatrice en communication commerciale et marketing

**Julien Pansier**
Expert en communication opérationnelle

FOUCHER

ISBN 978-2-216-12054-3

# PRÉFACE

Les métiers de la communication entretiennent une relation interactive avec une réalité sans cesse en mouvement. Le changement est partout, plus ou moins rapide, mais permanent : technologies, tendances, conditions de vie, composantes sociales, modes opératoires, etc. Pour ceux qui veulent s'y consacrer, cela nécessite qualité d'adaptation et volonté de réflexion, et, plus que jamais, des méthodes, des techniques, des compétences. Le professionnel d'aujourd'hui n'a pas à être un surhomme, mais il doit être un homme sûr dont la rigueur et l'efficacité se marient à la curiosité d'esprit et à l'esprit de synthèse.

Former les professionnels de demain, c'est leur donner les outils nécessaires à une approche à la fois intelligente, pragmatique, modulable des différents aspects de leur métier. Apprendre à bâtir une stratégie, à construire un projet, apprendre à collecter, à synthétiser, à traiter, à diffuser des informations, apprendre à sélectionner, à vendre, à acheter des prestations, à traiter les problèmes concrets sans jamais perdre de vue ni les détails, ni les stratégies d'ensemble, tel est le but.

Le travail des ouvrages et de ceux qui les conçoivent consiste donc à tenter de donner aux lecteurs/utilisateurs à la fois les outils du jour et les méthodes de demain. Du moins les reflexes intellectuels et professionnels qui leur permettront de conserver à travers les changements de société et les évolutions techniques la maîtrise de leur travail.

Formateurs et praticiens, passionnés de communication et de pédagogie, C. Lancelin et J. Pansier étaient programmés pour relever ce défi.

Xavier Baux
Président de la CSOFA

# SOMMAIRE

SOMMAIRE

## PARTIE 6 Cas Pratiques



## PARTIE 7 Corrigés Cas pratiques

# 1 Les métiers de la communication

**Il existe de nombreuses professions dans le domaine de la communication. Dans cet ouvrage, plusieurs apparaissent régulièrement. Voici une présentation de chacune de ces professions afin de situer les missions des professionnels de la communication.**

## CHARGÉ DE COMMUNICATION / RESPONSABLE COMMUNICATION

Cette personne travaille chez l'annonceur. Elle organise et met en œuvre des actions de communication et de diffusion de l'information et réalise des supports de communication selon la stratégie de l'entreprise. Elle participe également à la définition de la politique de communication et à l'élaboration du plan de communication de l'annonceur.

L'activité de cet emploi s'exerce au sein d'entreprises, de sociétés de service, d'établissements de recherche, d'organismes culturels, de collectivités, en indépendant... en relation avec différents intervenants (agences de communication, journalistes, graphistes, imprimeurs...). Elle varie selon le secteur (média, industrie, services...), la taille de la structure et les budgets.

Qualités requises

- Réactivité
- Sens de l'organisation
- Curiosité
- Rigueur et adaptabilité

## CHARGÉ OU CHEF DE PROJET

Cette personne peut exercer en agence ou chez l'annonceur. Elle élabore et coordonne le plan de promotion des produits, de la phase de conception à la phase de réalisation. Le chef de projet organise la campagne publicitaire ou les événements pour le compte de clients annonceurs selon la stratégie commerciale préalablement définie. Le développement d'un portefeuille clients peut faire partie de ses missions.

L'activité de ce métier s'exerce au sein d'agences de communication, en relation avec différents intervenants (équipes de création, service d'achat d'espaces, clients, sous-traitants...). Elle varie selon la taille de l'agence, l'importance des budgets gérés et le mode d'organisation (globale, institutionnelle...).

Qualités requises

- Dynamisme
- Créativité
- Sens de l'initiative
- Autonomie et organisation

## CHEF DE PUBLICITÉ

Il a la responsabilité du développement et de la promotion publicitaire d'un client. Il définit les objectifs de la campagne publicitaire/promotionnelle avec le commanditaire. Ce professionnel établit le cahier des charges pour les créatifs, selon la stratégie de communication du commanditaire.

Le chef de publicité fait le lien entre la demande initiale de l'annonceur et les différentes équipes de création. Il coordonne le travail des intervenants interagissant dans un projet. Le chef de publicité exerce au sein d'une agence de communication.

Qualités requises

- Capacité à communiquer
- Aisance relationnelle
- Sensibilité au management d'équipe
- Résistance au stress

### GRAPHISTE OU INFOGRAPHISTE

Cette personne crée, entièrement ou en partie, des éléments graphiques et visuels dans le but de produire un document imprimé, audiovisuel ou multimédia (livre, plaquette, page Web, cd-rom, film d'animation, jeu vidéo...). Le graphiste peut se spécialiser dans le traitement d'un ou plusieurs médias (texte, image, son, animation, vidéo, page Internet...) entrant dans la composition d'un support de communication.

L'activité de cet emploi s'exerce au sein d'entreprises de communication, de publicité, de presse, d'édition, de marketing, de studios de création graphique ou de films d'animation, en relation avec différents services et intervenants (direction artistique, fabrication, clients, imprimeurs, photographes...). Elle varie selon le secteur (publicité, création graphique, multimédia, presse).

Qualités requises

- Bonne culture générale
- Créativité
- Originalité
- Sensibilité à l'art

### CONCEPTEUR RÉDACTEUR

Il recherche et définit les concepts créatifs de projets de communication. Il supervise la réalisation des projets retenus (maquette, *rough*, *story-board*) en cohérence avec la stratégie mise en place. Le concepteur rédacteur a la charge de concevoir les éléments textuels (texte de présentation, texte narratif, slogan...). Il peut être amené à coordonner une équipe.

L'activité de ce métier s'exerce au sein d'agences de publicité, de communication, de promotion des ventes, ou en indépendant, en relation avec différents services (direction, service informatique, communication...) et intervenants (clients, responsables de la production, imprimeurs, photographes, réalisateurs de films...).

Qualités requises

- Aisance rédactionnelle
- Bonne maîtrise de l'orthographe
- Utilisation du vocabulaire approprié
- Rigueur

Extrait des fiches métier rome PÔLE EMPLOI

# Le projet

# 1

# Les annonceurs

**Un annonceur est un professionnel commanditaire d'une campagne de communication. Il commandite un ou des prestataires tels que des agences de communication pour la mise en place d'un projet de communication. L'annonceur devient le client du prestataire de communication.**
**Les annonceurs ne sont pas que des entreprises. Ce sont également des organisations de tous types. Une entité devient annonceur dès qu'elle est à l'origine d'une demande pour remplir des objectifs de communication.**

## 1 Les entreprises

Les annonceurs les plus répandus sont les entreprises. Ces organisations commerciales misent sur des campagnes de communication afin de remplir des objectifs à finalité financière. La mise en place de projets de communication vise à répondre à divers enjeux : le développement de la société, l'image de marque et le chiffre d'affaires. L'annonceur investit un budget dans le but de développer des actions destinées à développer sa notoriété, travailler son image de marque, sensibiliser sur un sujet ou encore développer son chiffre d'affaires.

### A Le développement de la notoriété

La notoriété d'une entreprise, d'une marque ou d'un produit est un enjeu stratégique d'une politique commerciale. Si le produit ou le service à vendre n'est pas connu du grand public ou de la cible des acheteurs potentiels, le nombre de ventes sera insuffisant. C'est pourquoi de nombreuses entreprises se servent de moyens de communication média et hors média pour augmenter leur notoriété et ainsi accroître leurs ventes.

### B L'image de marque

L'image de marque est la représentation de l'annonceur perçue par le public. Elle ne doit pas être confondue avec la notoriété. Un annonceur peut avoir une forte notoriété mais une mauvaise image de marque. C'est le cas des marques de l'industrie automobile bas de gamme, ou des magasins *discount*. La marque de vêtements italienne Benetton qui, dans les années 1990, était à l'origine de campagnes d'affichage mettant en scène des images choc, a fait connaître son nom dans le monde entier à travers une image de marque négative.
L'image d'un annonceur est capitale. Elle influencera l'envie d'une personne lambda à acheter un produit ou à souscrire à un service de la marque.

### C Le chiffre d'affaires

Le chiffre d'affaires (ou CA) représente le total des ventes de biens et de services d'un annonceur durant un exercice comptable. Il est l'enjeu commercial de toute entreprise. Les différents projets de communication visent à augmenter de façon directe ou indirecte le nombre de ventes. Dans certains cas, l'évolution d'un chiffre d'affaires sert à évaluer les répercussions d'une campagne de communication.

# 2 L'état et les administrations

Les administrations sont amenées à communiquer dans le cadre de campagnes de **communication publique**. L'objectif de ces projets est de sensibiliser les citoyens à un sujet particulier.

**Exemples : Les campagnes du Trésor Public pour favoriser l'inscription à la mensualisation de l'impôt sur le revenu, les campagnes du ministère de la Santé à l'égard des gestes simples à observer pour éviter la propagation de virus comme la grippe.**

L'État et toutes les administrations sont des annonceurs à gros budget. La moindre campagne vise à toucher tous les citoyens français du territoire métropolitain et des DOM TOM. Les moyens à déployer sont conséquents : quantité, logistique...

# 3 Les collectivités territoriales

Depuis la décentralisation des compétences d'administration du territoire, des collectivités territoriales se sont vues confier des missions de gestion précises selon leur niveau.

## A Les mairies

Les mairies ont en charge la gestion de la commune et des écoles maternelles et primaires (entre autres). Elles communiquent sur différents points : tourisme, prévention, qualité de vie, services, travaux...

## B Les communautés de communes ou d'agglomération

Les communautés de communes ou d'agglomération concernent les villes plus importantes ; ce sont des établissements publics de coopération intercommunale (EPIC) ayant pour objectif de mettre en commun les ressources de plusieurs villes afin de mutualiser des services. Leurs compétences sont le développement économique, l'aménagement de l'espace communautaire, l'équilibre social de l'habitat, la politique de la ville et le transport urbain.

## C Les conseils généraux

Un conseil général est l'assemblée délibérante d'un département. Ce type d'administration a en charge la gestion des collèges, des routes départementales, de l'action sociale (aide pour les personnes à mobilité réduite, aide aux familles atteinte de la maladie d'Alzheimer...), le financement des sapeurs pompiers, etc.

## D Les conseils régionaux

Tout comme le conseil général, le conseil régional est une assemblée délibérante. Cette dernière intervient à un niveau supérieur. Cette collectivité a pour compétence d'autres missions que celles du département : les aides à l'économie et au développement, la gestion des lycées, l'organisation des transports ferroviaires régionaux, les routes nationales...

Les besoins de communication d'une collectivité territoriale demeurent essentiellement la sensibilisation des administrés à des investissements locaux, comme par exemple la création d'un tramway dans une ville : son budget, ses travaux, sa finalité, son intérêt pour les concitoyens.

## 4 Les associations

Il existe à ce jour un million d'associations en France. Ces structures réunissent des personnes partageant un objectif commun. Il y a autant d'associations que d'activités ou de causes à défendre. Elles puisent leurs ressources à travers des subventions publiques, du mécénat privé ou la cotisation de leurs adhérents.
Certaines d'entres elles forment des groupes de pressions, appelés *lobbies*. Ces *lobbies* influencent des décisions gouvernementales ou de grosses entreprises. Certaines associations comptent des milliers d'adhérents.
Les besoins en communication d'une association sont différents selon son activité. Une association comme Les restos du cœur va ainsi communiquer afin de sensibiliser le public sur la nécessité de faire des dons et d'interpeler l'État sur l'urgence de la situation de précarité grandissante en France.

## 5 Les syndicats et les organismes professionnels

Ces annonceurs sont des regroupements de personnes et d'intérêts. Leur mission est de promouvoir un produit généraliste ou une zone géographique sans mettre en avant une marque particulière. Ces entités possèdent de gros moyens financiers grâce aux cotisations de leurs adhérents.
Leur besoin est d'informer le consommateur sur l'existence et les bienfaits d'un sujet.

**Exemple : Les spots télévisés incitant les personnes à consommer des produits laitiers, des publicités invitant les vacanciers à se rendre dans le Cantal.**

On considère que ces promotions généralistes ont des retombées sur chaque adhérent ayant participé au financement des campagnes.

**À RETENIR**

➔ **En communication, l'annonceur est en lien avec un interlocuteur de l'agence : chef de publicité, chargé de projet ou chargé de clientèle. Ce dernier est l'intermédiaire entre son client (l'annonceur) et ses équipes de création. Il gère les dossiers et coordonne les actions visant à répondre à la demande initiale du client.**

# 3 CONDUITE D'UN PROJET DE COMMUNICATION

# Prendre en charge le dossier de l'annonceur

**La prise en charge est une phase de collecte d'informations sur le contexte du projet.**

## 1 La demande initiale

Un projet ou une campagne de communication débute par une demande qui émane d'un annonceur dans un objectif précis. Afin de répondre au mieux au besoin de son client, une agence de communication (ou un responsable communication chez l'annonceur) commence par une phase de recherche d'informations.
La personne en charge du projet doit connaître tous les éléments contextuels orbitant autour de l'origine du projet. En maîtrisant ces éléments, le chef de projet proposera des solutions adaptées à la demande.

**Exemples de projets de communication**

- Développer la notoriété d'une société nouvellement créée.
- Améliorer l'image de marque d'une collectivité territoriale.
- Informer des usagers sur des travaux affectant leurs habitudes.
- Gérer la campagne d'une personnalité politique.
- Lancer un produit ou un service sur le marché.
- Mettre en place la politique de réseau social d'un annonceur.
- Moderniser l'image et l'identité visuelle d'une association.
- Fidéliser et valoriser la clientèle d'une entreprise.
- Augmenter le nombre d'adhérents d'un club.
- Attirer un public large à un événement sportif.
- Organiser un événement de relations publiques.

### QUELLES INFORMATIONS RECHERCHER ?

Tous les éléments d'information (historique de l'annonceur, état du marché, concurrence, communication antérieure, clientèle, contraintes juridiques...) sur le contexte du projet sont fournis par l'annonceur lui-même. Dans le cas contraire, le communicant doit questionner son interlocuteur, lancer une recherche Internet ou encore effectuer une étude ponctuelle. Pour collecter toutes ces informations, une grille de *brief* client est utilisée. Elle s'apparente à un guide d'entretien dans lequel on retrouve les questions à poser pour obtenir les informations stratégiques à la mise en place d'un projet de communication.

**Exemple de brief client**

Client : ..................................................

Date du RDV : ........................................

Personnes présentes : ...............................

Informations sur l'entreprise :

Notoriété : ..........................................................................................................................................................

.................................................................................................

Image : ..................................................................................................................................................................

.................................................................................................

Entreprises concurrentes : ........................................................................................................................

.................................................................................................

Place sur le marché (positionnement) : ....................................................................................................

.................................................................................................

Informations sur le produit :

Gammes : ...........................................................................................................................................................

.................................................................................................

Contraintes : ....................................................................................................................................................

.................................................................................................

Stratégie publicitaire du produit : ............................................................................................................

.................................................................................................

Évolution des ventes :

..........................................................................................................................................................................

.................................................................................................

Distribution : ....................................................................................................................................................

.................................................................................................

Informations sur le marché :

Type de clientèle : ..........................................................................................................................................

.................................................................................................

Zone de chalandise : ......................................................................................................................................

Remarques diverses:

..........................................................................................................................................................................

..........................................................................................................................................................................

..........................................................................................................................................................................

..........................................................................................................................................................................

## 2 Le bilan-diagnostic

Pour réaliser un bon projet de communication, il faut maîtriser la demande initiale. Pour cela, les informations doivent être classées dans un bilan à travers une matrice SWOT : *Strenghts-Weakness/Opportunities-Threats* (Forces-Faiblesses/Opportunités-Menaces).
Afin de récolter toutes ces informations, le *brief* client peut être utilisé afin d'identifier et rechercher les informations manquantes plus facilement.
Les critères composants la matrice SWOT sont modulables. Si le *brief* fait apparaître des informations supplémentaires, on les ajoute alors dans le tableau.
Lorsque le bilan est terminé, on passe à la rédaction du diagnostic. L'enjeu de cette étape est de mettre en évidence les éléments de la matrice SWOT les plus importants.

**Exemple de Matrice SWOT**

| | | Forces | Faiblesses |
|---|---|---|---|
| Analyse interne | Historique de l'annonceur | | |
| | Politique de prix | | |
| | Communication antérieure | | |
| | Clientèle | | |
| | Offre | | |
| | | **Opportunités** | **Menaces** |
| Analyse externe | Concurrence | | |
| | Marché | | |
| | Cadre législatif | | |
| | Zone de chalandise | | |
| | Environnement de l'annonceur | | |

**EN RÉSUMÉ**

→ Collecter les informations (à partir du *brief* client, des études de marché ou de recherches diverses).

→ Analyser les opportunités/menaces et les forces/faiblesses (matrice SWOT).

→ Rédiger le diagnostic stratégique.

## 3 La problématique de communication

Le communicant dispose désormais de tous les éléments afin de formuler la problématique dans la digne tradition des stratégies de communication : « Comment… alors que… ? ».

La première partie de la question (Comment…) fait apparaître l'objectif final du projet. Tous les moyens de communication qui seront ensuite déployés devront répondre à cette interrogation.

La deuxième partie (…alors que…) aborde les freins que le chef de projet rencontrera dans l'accomplissement du projet. Ici aussi, les solutions de communication mises en place devront contourner ces facteurs gênants.

**Exemple de problématique :**

**« Comment améliorer l'image de marque de la société Bilboa,**

***(Objectif final du projet)***

**alors que celle-ci est entachée par un récent plan social ? ».**

***(Frein)***

Les actions du projet ne doivent pas encore figurer dans la formulation. Ces dernières devront apparaître comme les solutions de la problématique.

# 4 La stratégie de communication

Les éléments dégagés dans l'analyse du contexte de l'annonceur et dans la formulation de la problématique permettent ensuite de rédiger une stratégie de communication (ou recommandation stratégique) afin de bâtir un plan de communication répondant à la demande initiale de l'annonceur. Cette méthodologie intègre **le positionnement** (il doit être attractif, distinctif, crédible, durable), **les objectifs** (cognitifs, affectifs, conatifs) et **les cibles** (cœur de cible, principales, secondaires).

## A Le positionnement

C'est l'image que l'annonceur souhaite donner auprès de ses cibles de communication. C'est aussi la place qu'il occupe sur le marché par rapport à ses concurrents.

Cette partie se rédige sous la forme d'**une phrase** résumant le positionnement souhaité par l'annonceur ou recommandé par l'agence de communication. Le positionnement est souvent apparenté dans l'esprit collectif au slogan, alors que le slogan peut être le positionnement de l'annonceur sans pour autant en constituer l'objectif. Il se justifie en 4 points :

- **attractif** : attirer la cible ;
- **distinctif** ou spécifique : se distinguer des concurrents ;
- **crédible** : être cohérent avec les offres et les services de l'annonceur ;
- **durable** : s'inscrire dans la durée.

**Exemple de positionnement : « Bilboa, créateur de meubles naturellement éthiques ».**

La rédaction d'un positionnement peut s'aider, en amont de la conception, d'une carte perceptuelle du marché, également appelée *mapping*. Sous la forme d'un diagramme, le communicant place l'annonceur et ses concurrents sur le marché. Les axes du diagramme sont des critères qu'il juge importants.

**Exemple d'une carte perceptuelle du marché ou *mapping***

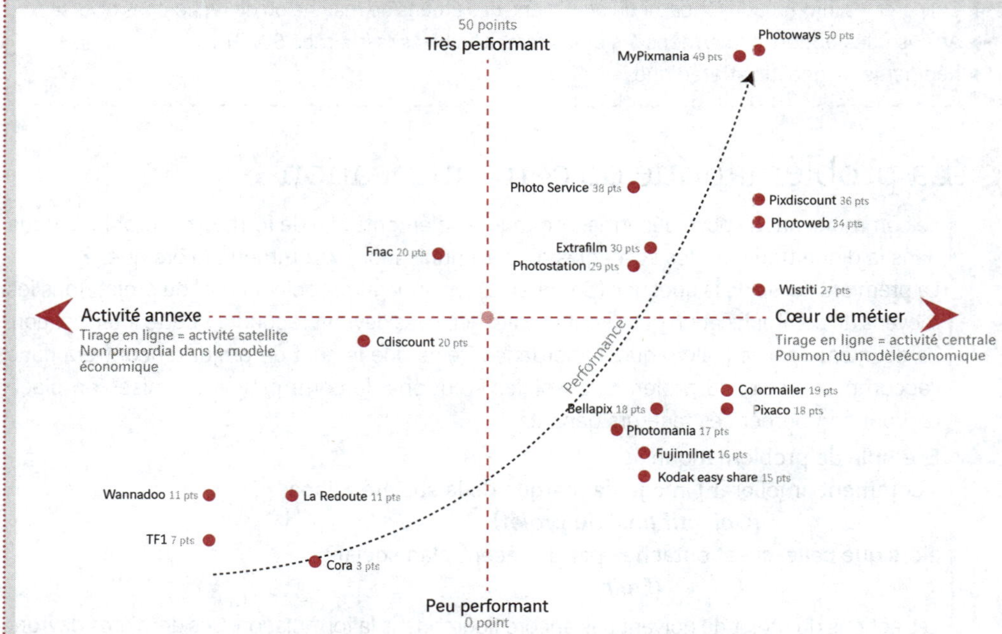

## B Les objectifs

L'objectif général du projet est énoncé dans la problématique de communication. Dans la stratégie de commmunication, les objectifs sont découpés et détaillés. On retrouve des objectifs de communication et des objectifs marketing.

### 1. Les objectifs de communication

Ils sont au nombre de trois, et sont toujours formulés avec le verbe en début de phrase à l'infinitif.

- Cognitifs : ils relèvent de la notoriété.

Exemple : **Développer la notoriété de la nouvelle filiale du groupe Nexeo.**

- Affectifs : ils relèvent de l'image.

Exemple : **Moderniser l'image désuète des produits de la gamme jardin d'un fabricant de meuble.**

- Conatifs : ils relèvent du comportement souhaité des cibles.

Exemple : **Susciter des contacts commerciaux.**

### 2. Les objectifs marketing

Pour compléter l'aspect communication des objectifs, une notion marketing y est intégrée. Dans cette partie, le communicant aborde des notions quantifiables, comme par exemple le chiffre d'affaires à atteindre ou le nombre de ventes souhaitées. Les objectifs marketing sont rédigés sous forme de phrases.

Exemple : **Pour l'année 2015, la filiale du groupe Nexeo doit atteindre un chiffre d'affaires de 3,5 millions d'euros.**

## C Les cibles

Cette partie de la recommandation traite des cibles du projet de communication. Grâce aux informations recueillies lors du *brief* client, le communicant peut caractériser et classer les cibles en trois catégories.

### 1. Les cibles principales

Les cibles principales sont les entités que l'annonceur souhaite toucher dans sa campagne de communication. Elles sont établies dès le *brief*. Dans le cas contraire, c'est à l'agence de préconiser ces cibles afin d'atteindre les objectifs de communication et de marketing préalablement fixés.

### 2. Le cœur de cible

En communication, le cœur de cible est le groupe d'individus sur lequel les efforts de communication se concentrent. Le cœur de cible est le plus gros potentiel de l'annonceur. Il fait toujours partie des cibles principales.

Exemple : **<u>Cibles principales</u> : les hommes de 35 à 45 ans habitant Neuilly.**
**<u>Cœur de cible</u> : les hommes de 35 à 45 habitant Neuilly ans, propriétaires de leur logement.**

### 3. Les cibles secondaires

Ces entités sont des cibles indirectes de la stratégie de communication en place. Elles sont des relais d'opinion, des prescripteurs, des revendeurs ou des distributeurs, des journalistes... En les visant indirectement par l'intermédiaire des moyens de communication mis en place, elles apporteront un avis sur le projet de la campagne. Elles peuvent influencer les cibles principales dans leur acte final (objectif conatif).

**Exemple : Cibles pour une campagne de communication relative à une carte avantage transport mise en place par le conseil régional.**

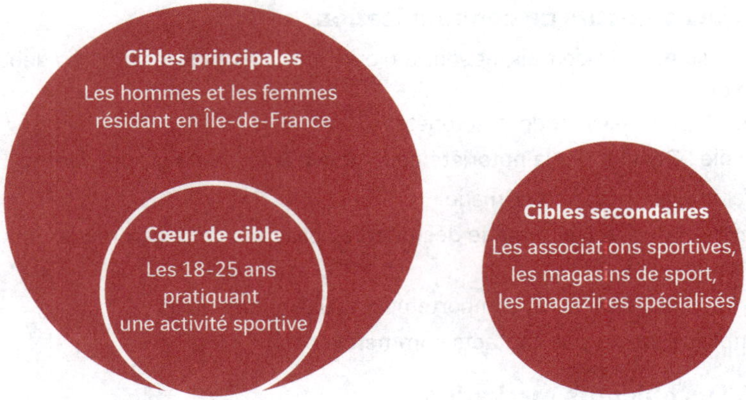


**Figure 3.2** Exemples de cibles

# 5 La stratégie créative

La stratégie créative est une étape permettant de définir l'univers graphique que le projet de communication va revêtir. Ce sont les premiers éléments que l'équipe créative recevra au moment de commencer à réaliser les maquettes des supports. Elle peut être qualifiée de « fil rouge » de la campagne, car tous les moyens et supports de communication qui seront développés tout au long de la campagne devront coïncider avec les éléments définis. Il existe plusieurs méthodes de construction de stratégie créative. Elles s'utilisent selon le libre choix du chef de projet. Voici les deux plus utilisées dans la profession :

**Figure 3.3** Les deux méthodes de construction de stratégie créative les plus utilisées

## A La copy stratégie

La copy stratégie se développe en plusieurs points. Chaque élément permet d'apporter des informations importantes aux graphistes dans leur réflexion sur l'univers visuel à créer.

### 1. La promesse

Dans cette partie, le chargé de projet expose le ou les avantages les plus importants apportés aux cibles. Ils devront être développés et mis en avant dans tous les supports de communication du projet.

**Exemple : Les avantages du produit, du service, ce que procure l'achat d'un produit de la marque…**

### 2. La preuve

La preuve est aussi appelée « support de la promesse » ou « justification de la promesse ». Cette partie est trop souvent négligée et sous-estimée. Elle rend pourtant la promesse de l'annonceur crédible en énumérant tous les éléments justificatifs de la promesse.

**Exemple : Témoignages, normes qualité, panels de consommateurs, tests, caractéristiques du produit…**

### 3. Le ton

C'est l'ambiance visuelle que la campagne devra faire transparaître dans tous ses moyens de communication. Les équipes créatives devront réaliser leurs maquettes en respectant le ton défini dans la stratégie créative. Toutes les propositions créatives seront cohérentes avec les points exposés ici par le chef de projet.

**Exemple : Ton professionnel, informatif, humoristique, second degré…**

### 4. Les contraintes

Les contraintes sont des éléments qui doivent être pris en considération lors des réalisations graphiques. Ces éléments sont indiqués par l'annonceur lui-même ou imposés par l'environnement.

**Exemple : Délais, législation en vigueur, charte graphique, budget…**

## B Le plan de travail créatif : (PTC)

Le plan de travail créatif a été mis au point dans les années 1980 par l'agence Young and Rubicam. Le PTC se présente sous forme de dossier ou de fiche remis au graphiste. C'est pourquoi on y retrouve des éléments de la stratégie de communication, auxquelles les équipes créatives n'ont pas forcément accès. Cette méthode se décompose de quatre éléments.

### 1. Les cibles de communication

Les différentes cibles de communication sont précisées afin d'informer les créatifs sur le type de public à atteindre. Un univers visuel se crée à partir du public qu'ils doivent influencer. On y retrouve les cibles principales, le cœur de cible et les cibles secondaires.

### 2. Le bénéfice consommateur

Le bénéfice est apparenté à la promesse de la copy stratégie. En publicité, c'est l'apport bénéfique du produit ou du service vis-à-vis du futur acheteur.

**Exemple : Avec ces nouveaux collants, ma silhouette est effilée et mon ventre paraît plus plat.**

### 3. La justification de la promesse

Ici encore, cette partie du PTC est commune avec un élément de la copy stratégie : la preuve. Dans cette étape, les informations relatives à la crédibilité de la promesse sont citées : normes techniques, procédés nouveaux, compositions de l'aliment…

**Exemple : Grâce aux vitamines A, E, B1 et B6, le nouveau shampooing des laboratoires Bidon apporte une brillance et une résistance inégalées à mes cheveux.**

#### 4. Le thème et l'ambiance

Dans cette dernière partie de la stratégie créative du PTC, le chef de publicité (ou le chargé de projet) donne des indications sur l'ambiance générale que doit susciter l'univers visuel. Il se peut même que des informations sur le thème graphique à exploiter soient transmises aux collaborateurs de l'équipe créative.

**Exemple : Ambiance de type futuriste sur le thème de la haute technologie pour la publicité d'un nouveau modèle de lave-vaisselle.**

## 6 La stratégie des moyens

Dans cette dernière étape de la prise en charge du dossier annonceur, le chargé de projet détaille tous les supports de communication à mettre en œuvre dans le projet. Ces derniers répondent à la problématique de communication. Tout au long des différentes étapes, le chargé de projet réunit des éléments prouvant l'intérêt de mettre en place ces supports.

La stratégie des moyens est divisée en 4 parties.

### A Les moyens médias

Dans cette rubrique, les supports de communication média sont listés et présentés. Ces outils sont relatifs à la télévision, la radio, l'affichage, le cinéma, la presse et Internet.

Chaque choix de support est justifié afin de démontrer à l'annonceur l'intérêt d'y investir une partie du budget. Pour chaque moyen, les éléments suivants devront figurer :

- les caractéristiques techniques (format, particularités…) ;
- les quantités (nombre d'exemplaires réalisés) ;
- les techniques de production mis en œuvre (impression, type de papier…) ;
- les moyens mis en place (prestataires, logiciels particuliers…) ;
- les méthodes utilisées (prospection, *street marketing*, diffusion sur Internet…) ;
- le prix.

### B Les moyens hors-médias

Tous les supports de communication n'apparaissant pas dans les 6 médias abordés ci-dessus sont automatiquement classés dans la partie hors-médias. Ils seront présentés selon la même méthodologie que les moyens médias développés ci-dessus.

### C Le calendrier des opérations

Dans toute campagne ou projet de communication, l'enjeu stratégique est le temps. Il est capital pour un chef de projet de positionner dans le temps chaque moyen de communication ainsi que les étapes de réalisation et de diffusion.

C'est pourquoi, afin de faciliter son travail et de présenter la campagne dans sa globalité à l'annonceur, le professionnel de la communication va s'aider d'un calendrier sous forme de rétroplanning. Cet outil de gestion de projet est appelé « diagramme de Gantt » (Henri L. Gantt étant l'ingénieur qui a inventé cette méthode).

Ce tableau répertorie toutes les étapes d'un projet en les plaçant sur une ligne temporelle. Plus le rétroplanning est complet, plus le travail des équipes en charge du projet sera facilité. En effet, toutes les tâches à réaliser sont anticipées, ce qui réduit considérablement le nombre de mauvaises surprises. De plus, l'annonceur appréciera la qualité du détail du calendrier des opérations.

### D Le budget

Deux possibilités se présentent pour fixer le budget d'un projet de communication. Première possibilité, le budget peut être donné par l'annonceur lors du *brief*, ce qui sous-entend que le chargé de projet monte toute la campagne de communication en respectant le budget alloué par son client.
Deuxième possibilité, l'annonceur peut ne pas donner de budget, ou éventuellement indiquer une fourchette budgétaire. Cette situation est rencontrée dans le cadre de compétitions d'agences, où plusieurs sociétés de communication sont consultées par un annonceur. L'agence qui présente le meilleur projet avec le budget le plus petit remporte le dossier.
Dans cette partie, les tarifs des prestations, des coûts de réalisation et de mise en place des supports devront être détaillés à l'euro prêt.

## 7 Le dossier de prise en charge

Pour montrer à l'annonceur que sa demande a bien été cernée et le contexte maîtrisé, il est conseillé de réaliser un dossier de prise en charge, dans lequel seront intégrés :
- la matrice SWOT ;
- le diagnostic ;
- la problématique ;
- la stratégie de communication ;
- la stratégie créative ;
- la stratégie des moyens.

**Témoignage**

**Christophe – Chef de publicité dans une agence de communication**
« Lors d'une compétition d'agences pour un projet de communication pour un importateur de pièces détachées de deux roues.... Chaque agence présentait en commissions ses propositions. Lors de mon rendez-vous, j'ai tout d'abord résumé la demande initiale de l'annonceur. J'ai ensuite présenté le plan de communication en détail, puisqu'il permet de prouver par A+B l'utilité des moyens de communication à mettre en œuvre et de justifier les tarifs. Suite à cette consultation, j'ai obtenu le contrat. Plus tard, le client m'a confié que notre agence a été retenue en grande partie parce que nous avions reformulé la demande. Cela a rassuré la commission qui était, de ce fait, convaincue que notre prise en charge était dans le vrai. »

# 4 CONDUITE D'UN PROJET DE COMMUNICATION

# Utiliser les médias

**La communication média a pour objectif de faire passer un message d'une entreprise, appelée « annonceur », vers une cible de particuliers ou de professionnels, dans le but de l'informer et de la pousser à l'achat. On dénombre 6 supports de communication : la presse, la radio, l'affichage, la télévision, le cinéma et Internet. Les médias peuvent véhiculer différentes formes de publicité et font appel à des acteurs diversifiés.**

## 1 Les différentes formes de publicité

On compte 6 types de communication.

- La communication institutionnelle ou *corporate* : l'entreprise communique sur elle-même et cherche ainsi à se construire une image de marque.

**Exemple : Air France**

- La communication de marque ou de produit : il s'agit de mettre en avant un produit ou une gamme pour accélérer ses ventes, le faire connaitre ou le faire aimer.

**Exemple : Coca-cola**

- La communication collective : elle permet de faire la publicité d'un emploi, d'une branche d'activité, d'un produit générique.

**Exemple : Les produits laitiers**

- La communication d'intérêt général : elle a pour objectif de faire prendre conscience d'un problème social ou économique.

**Exemple : La lutte contre la contrefaçon**

- La communication comparative : elle met en parallèle les caractéristiques de produits d'entreprises différentes.

**Exemple : Leclerc**

## 2 Les acteurs de la communication

Une campagne de communication met différents acteurs en situation.

**Figure 4.1** Les acteurs de la campagne de communication

## A Les annonceurs

Toute entreprise est un annonceur potentiel car, dans le contexte de concurrence actuel, il faut communiquer pour se faire une place sur le marché. En 2011, les 5 annonceurs ayant investi le plus en publicité étaient : Renault, Orange, Carrefour, Peugeot et SFR (autour de 300 000 euros).

## B Les agences de publicité

Elles ont un rôle multiple puisqu'elles conseillent, exécutent et contrôlent les campagnes des annonceurs. La plus grande agence française est EuroRSCG, qui a réalisé notamment des campagnes pour EDF, Areva ou encore La Banque Populaire.

## C La régie

Elle est chargée d'assurer la vente des espaces publicitaires au sein d'un support ou pour le compte d'un support. TF1 a par exemple sa propre régie publicitaire. Elle travaille directement avec les annonceurs ou *via* les agences.

## D Les centrales d'achat d'espaces

Elles achètent les espaces publicitaires en gros auprès des régies et les revendent ensuite aux agences. Exemple : Holding Communication. Le fait d'acheter en grandes quantités leur permet ainsi de proposer des prix compétitifs.

## E Les organismes de contrôle

Il existe plusieurs organismes de contrôle ; nous pouvons en citer 3 principaux.

### 1. Le CSA (Conseil supérieur de l'audiovisuel)

Créé par la loi du 17 janvier 1989, il a pour mission de garantir la liberté de communication audiovisuelle en France.

### 2. L'ARPP (Autorité de régulation professionnelle de la publicité)

C'est l'organisme de régulation professionnelle de la publicité en France. Elle a pour but de mener toute action en faveur d'une publicité loyale, véridique et saine, dans l'intérêt des consommateurs, du public et des professionnels de la publicité.

### 3. L'OJD (Office de justification de la diffusion)

Sa mission est de certifier la diffusion, la distribution et le recensement des journaux, périodiques et de tous autres supports de publicité.
Les résultats de ces contrôles constituent une référence essentielle, par exemple pour l'élaboration des tarifs de publicité des supports certifiés.

# 3 Les médias

## A La presse

Ce média a la particularité de proposer différents types de supports. On trouve :
– la presse quotidienne nationale (PQN), qui se veut généraliste tant sur les informations qu'elle diffuse que sur ses cibles. Les 3 premiers titres en termes de diffusion en France sont *Le Figaro*, *Le Monde* et *L'Équipe*. Le coût de la PQN est assez élevé. *Le Monde* propose par exemple une page de publicité au prix d'environ 130 000 € ;

– la presse quotidienne régionale (PQR), qui assure une grande proximité avec son lectorat grâce à des rubriques locales. En tenant compte du critère de diffusion, le trio de tête est formé par *Ouest-France*, qui devance largement ses suiveurs en termes de diffusion : 750 000 exemplaires diffusés, contre un peu moins de 300 000 pour les autres, qui sont *Sud Ouest* et *Le Parisien*. Le prix de la page de publicité se situe autour de 20 000 € ;

| Avantages et inconvénients de la presse quotidienne | |
|---|---|
| – Média crédible<br>– Audience fidèle<br>– Média à forte implication | – Éphémère<br>– Qualité moyenne<br>– Format parfois inadapté (trop grand) |

– les magazines, qui fonctionnent par thématiques (l'automobile, la cuisine, les *people*...) et ont en général un lectorat fidèle. La qualité du support est ici élevée. On peut citer *L'Auto Journal*, *Cuisine et vins de France*, *Public*.

| Avantages et inconvénients de la presse magazine | |
|---|---|
| – Média offrant une argumentation<br>– Durée de vie longue<br>– Bonne sélectivité | – Délais importants de réservation des encarts<br>– Parfois très ciblée<br>– Coût |

– la presse gratuite, qui est gratuite pour le lecteur car entièrement financée par la publicité. Elle n'est pas distribuée au sein des points de distribution traditionnels de la presse payante. On la trouve le plus souvent à la sortie des métros des grandes villes, sur la voie publique, dans des distributeurs ou encore au sein de lieux publics comme les gares. 3 grands titres se partagent aujourd'hui le marché : *Direct Matin*, *20 minutes* et *Métro*.

| Avantages et inconvénients de la presse gratuite | |
|---|---|
| – Durée de vie de quelques jours car reprise en main pour lire les articles<br>– Bonne sélectivité géographique<br>– Large diffusion | – Qualité du support moyenne, voire basse<br>– Concerne souvent uniquement les grandes agglomérations |

## B L'affichage

L'affichage est le plus vieux des médias. Il se présente sous différentes formes.

- **Les panneaux 4 x 3** : panneaux 4 x 3 pour 7 jours, 3 555 faces pour 1 600 000 €.
- **Le mobilier urbain** : réseau pour 7 jours, 5 000 faces pour 360 000 €.
- **L'affichage mobile** : tours arrière bus pour 7 jours, 79 faces pour 7 500 €.
- **Les murs du métro** : métro, 100 faces pour 11 000 €.

L'affichage peut être de longue conservation ; dans ce cas, il a souvent un rôle de présignalisation directionnelle ou temporaire. Le marché français compte 3 offreurs principaux : JC Decaux, Clear Channel et Viacom.

| Avantages et inconvénients de l'affichage | |
|---|---|
| – Fort pouvoir évocateur<br>– Répétition du visuel grâce aux réseaux<br>– Coût au contact faible (coût/personne ayant vu l'affiche) | – Peu ou pas d'argumentation possible<br>– Audience distraite<br>– Moyen non sélectif puisqu'il est vu par tous |

## C La radio

Plus de 8 Français sur 10 écoutent la radio quotidiennement, notamment la tranche horaire matinale. La radio est un média de répétition utilisé majoritairement pour faire la communication des biens de grande consommation.
On compte 3 grandes catégories de radios :
- les stations nationales comme Radio France ;
- les stations périphériques : les plus connues sont RTL, Europe 1 ou encore RMC ;
- les stations locales telles que Fun, Virgin, Europe 2.

**Exemples de tarifs de stations radio**
**Station périphérique → RTL : tranche horaire 7 h 00/7 h 30 – spots de 30 secondes = 13 000 euros.**
**Station locale → Virgin : tranche horaire 7 h 00/9 h 00 – spots de 30 secondes pour une diffusion locale = 70 euros.**

| Avantages et inconvénients de la radio | |
|---|---|
| – Répétition du message<br>– Sélectivité pour les radios locales<br>– Large diffusion | – Absence de visualisation<br>– Audience peu attentive<br>– Taux de mémorisation faible |

## D La télévision

C'est le média le plus puissant car il touche de nombreuses personnes en un temps limité. De plus, il allie le visuel et l'auditif et offre un énorme potentiel en termes de créativité. La télévision ne peut en revanche satisfaire que les annonceurs disposant de gros budgets. La publicité télévisuelle revêt plusieurs aspects :
– les spots ou écrans publicitaires d'une durée de quelques secondes à 20 secondes en moyenne. Ce sont les plus répandus ;
– le parrainage d'émissions, qui est aujourd'hui fortement utilisé par les annonceurs, sous la forme de bandes annonces ou à l'intérieur même des émissions sous forme de lots ;
– le téléachat, qui est un support interactif entre le téléspectateur et l'émission.
Cependant, les avantages de ce média ont un prix élevé qui comprend le coût de la réalisation du film et l'espace en lui-même. Les prix varient selon l'heure de passage, la durée du spot et la chaîne.

**Exemple : Quelques prix pour la télévision**

France 2
19 h 50 - 30 secondes
7 900 €

Gulli
16 h 35 - 30 secondes
900 €

| Avantages et inconvénients de la télévision | |
|---|---|
| – Puissance de pénétration<br>– Bonne mémorisation<br>– Forte connotation affective | – Absence de sélectivité<br>– Délais de réservation importants<br>– Coût très élevé |

## E Le cinéma

Ce média est de loin le plus esthétique car il mêle non seulement le visuel et l'auditif mais, en plus, offre des conditions de diffusion idéales. En effet, dans une salle obscure, les spectateurs sont attentifs et dans un état d'esprit de détente. De plus, le développement des complexes cinématographiques a élargi la cible au niveau de l'âge et des catégories socioprofessionnelles. Le coût de la publicité cinéma est élevé, surtout au niveau de la conception du film. Par exemple, la diffusion pour 1 420 spots diffusés au cinéma d'une durée de 30 secondes, par semaine, est de 143 000 euros (source : réseau Screenvision).

| Avantages et inconvénients du cinéma | |
|---|---|
| – Communication puissante<br>– Bonne mémorisation<br>– Bonne image de marque | – Coût très élevé<br>– Audience limitée<br>– Délais de réservation longs |

## F Internet

C'est de nos jours un média incontournable car il est utilisé par tous et peut créer une interactivité entre l'annonceur et l'internaute. De ce fait, le message a davantage de portée sur la cible. Les prix restent très accessibles : sur le portail de www.laposte.fr, une bannière de 300 mm x 250 mm a un coût pour mille internautes de 40 €.

Exemple : Tarifs du site www.aufeminin.com

| CGV 2009<br>à partir du 1er janvier 2009 | | |
|---|---|---|
| Formats standards diffusés en rotation générale | | CPM brut |
| BANNER 468*60 / Espace 4x3 - 160*120 | CPM | 30 € |
| BANNER EXPAND 468*60 qui se déroule en 468*120 | CPM | 40 € |
| MEGA BANNNER 728*90 | CPM | 40 € |
| MEGA BANNER EXPAND | CPM | 50 € |
| SKY SCRAPPER 120*600, éventuellement 160x600 | CPM | 35 € |
| CARRE 250*250 | CPM | 45 € |
| CARRE EXPAND 500*250 | CPM | 55 € |
| MEDIUM RECTANGLE (300x250) | CPM | 55 € |
| Prévoir + 2 €/CPM si vidéo hébergée chez un fournisseur | | |
| LIVE SQUARE (ou Expand Medium) | CPM | 65 € |
| Bouton 160*160 | CPM | 15 € |
| Campagnes co-brandées : + 10€ cpm brut | | |
| Ciblages rubriques, géographiques : +10€ cpm brut | | |

| Avantages et inconvénients d'Internet | |
|---|---|
| – Média cognitif (faire connaitre)<br>– Comparaison facile<br>– Média dominé par l'internaute | Aucun moyen de forcer l'internaute |

# 4 Le plan média ou *media planning*

C'est un document qui recense l'ensemble des médias et supports utilisés par l'entreprise sur une période donnée, en général sur une année. Il permet à l'entreprise de visualiser rapidement les campagnes de communication en cours. Le plan média est également destiné aux distributeurs pour leur permettre de repérer à quel moment mettre les produits en exergue.

Exemple de Plan média

| | | Septembre | Octobre | Novembre | Décembre |
|---|---|---|---|---|---|
| TV | Régionsjob | Canal + iTélé | | | |

| | | Septembre | Octobre | Novembre | Décembre |
|---|---|---|---|---|---|
| Radio | Régionsjob/ Parisjob | Oui FM<br>Latina | NRJ | Chérie FM | Nostalgie |
| Web | Campagne Régionsjob/ Parisjob | Nostalgie<br>Chérie FM<br>NRJ<br>BFM Radio<br>Futura Sciences | Handicapinfos.com<br>Info Économique<br>Flash-Infos<br>Clubic.com<br>France Inter | 01.net<br>PCAstuces<br>Tom's Guide<br>Ratp.fr<br>MétéoFrance | Le Parisien.fr<br>L'Équipe.fr<br>L'Express.fr |
| | Campagne search Régionsjob/ Parisjob | Google | Yahoo<br>Bing<br>Orange | SFR<br>Free | AOL |
| Presse | Parisjob Réseau Régionsjob | Le Monde<br>Télérama<br>Le Nouvel Observateur | Challenges<br>Le Parisien<br>L'Équipe magazine<br>L'Équipe | Le journal des entreprises<br>Le Télégramme | L'écho<br>Cible |
| Affi-chage | Parisjob | Parisjob.com | | | |

Le choix des médias est conditionné par plusieurs contraintes :
- contraintes légales : certains produits sont interdits sur certains médias ;

**Exemple : La publicité des boissons alcoolisées est interdite à la télévision.**

- contraintes liées au budget : les prix sont variables selon le média ;
- contraintes liées au produit : certains médias ne sont pas accessibles car ils ne sont pas adaptés à la cible ;

**Exemple : Un constructeur de pièces de voitures ne fera pas de publicité au cinéma.**

- contraintes techniques en termes de délai de réservation des médias.

Quant aux supports, ils seront choisis en tenant compte de plusieurs facteurs :

- Leur puissance : il s'agit de prendre en compte l'audience des supports, c'est-à-dire le nombre de personnes qu'ils touchent.

L'audience peut être globale, ce qui correspond à tous les individus touchés par la publicité, ou utile, lorsqu'elle ne prend pas en compte que les individus faisant partie de la cible de l'entreprise. De même, on utilise le GRP ou PCB (*Gross Rating Point*/Point de couverture brute), qui correspond à la pression publicitaire d'un plan média, pour obtenir le nombre de contacts générés sur 100 personnes de la cible. Il se calcule en prenant en compte la couverture nette, c'est-à-dire le nombre de personnes touchées, que l'on multiplie par les « occasions de voir » (ODV).

**Exemple : L'Auto Revue a un taux de couverture de 57 % et l'annonceur possède 2 insertions dans la revue (ODV). GRP = 57 % x 2 = 1,14 contacts**

En général, le GRP pour la presse magazine est compris entre 200 et 250, ce qui signifie qu'il y a entre 2 et 2,5 contacts par individu.

- Leur coût : on construit une échelle d'économie en retenant comme référence le coût pour mille (auditeurs/lecteurs/téléspectateurs...). Cela permet d'effectuer une comparaison équitable.
- Leur sélectivité : elle prend en compte le degré d'affinité de la cible avec le support. Il se calcule par : $\frac{\text{audience utile du support}}{\text{audience totale du support}}$

L'audience utile correspond aux personnes appartenant à la cible, alors que l'audience totale prend en compte toutes les personnes soumises au message. Si le cœfficient est supérieur à 50, on peut dire que la cible est surreprésentée dans l'audience du support.

# 5 CONDUITE D'UN PROJET DE COMMUNICATION

# La promotion des ventes et le marketing direct

**Les solutions hors-média regroupent tous les supports de communication n'entrant pas dans les 6 médias répertoriés (affichage, cinéma, Internet, presse, radio et télévision). Cette catégorie de modes de communication regroupe la promotion, le marketing direct, la communication sur le lieu de vente, les relations publiques, l'événementiel, les foires et salons, le mécénat et le parrainage.**

## 1 La promotion des ventes

Les actions de promotion des ventes poussent le produit vers le consommateur: c'est ce que l'on appelle la «stratégie du *push*». Ces actions sont limitées dans le temps; elles interviennent temporairement dans la stratégie commerciale afin de donner une impulsion aux ventes. L'intérêt de la promotion des ventes, pour un produit nouveau, est de favoriser son achat par le consommateur. Ce dernier pourra ainsi tester le produit et le faire entrer dans ses habitudes d'achat s'il est convaincu par ses propriétés.

### A Les différentes actions de promotion

La promotion se découpe en deux groupes : les actions économiques et les actions de séduction.

**Tableau 5.1.** La promotion

| Groupes | Catégories | Types |
|---|---|---|
| ÉCONOMIQUE | Les réductions de prix immédiates | Les offres spéciales<br>La vente par lots<br>La reprise |
| | Les opérations par le remboursement | L'essai<br>Le remboursement<br>Le *couponing* |
| | Les primes | La prime directe<br>La prime auto-payante<br>La prime girafe<br>La récupération<br>L'échantillon<br>Le parrainage |
| SÉDUCTION | La valorisation | Le *sample*<br>La dégustation<br>Les clubs<br>Les boutiques<br>L'escompte fidélité |

## B Les réductions de prix immédiates

Elles sont régulièrement employées car peu onéreuses pour l'annonceur. On retrouve souvent ces réductions sur l'emballage du produit.

### 1. L'offre spéciale

C'est une réduction du prix qui est limitée dans le temps. Elle est matérialisée par une offre en monnaie ou en pourcentage.

**Exemple : 2 € remboursés pour l'achat d'une boîte de céréales.**

### 2. La vente par lots

C'est une réduction se rapportant à l'achat d'un ensemble de produits. On distingue la vente jumelée (deux produits différents mais complémentaires) et la vente groupée (plusieurs produits identiques).

**Exemple : Pour l'achat d'une bouteille d'huile d'olive et d'une bouteille de vinaigre de la marque Lesieur, un tarif préférentiel est appliqué (vente jumelée).**
**Pour l'achat de 3 bidons de lessives de la marque Ariel, un tarif préférentiel est appliqué (vente groupée).**

### 3. La réduction pour reprise

C'est une réduction qui s'applique lorsqu'un client rapporte un ancien produit : il reçoit alors une remise sur un produit ou une marque signalée en magasin.

**Exemple : Si les clients rapportent leur ancienne machine à laver en magasin, Miele leur offre 100 € sur l'achat de leur nouveau lave-linge.**

## C Les opérations par le remboursement

Elles sont valables après l'achat du produit. La preuve d'achat est alors renvoyée à l'annonceur par le consommateur. Ce type d'offre permet à une entreprise de récupérer des coordonnées afin d'alimenter une base de données.

### 1. L'essai

Cette opération propose à l'acheteur d'essayer le produit pendant une période précise. Si, pendant cette période, le client n'est pas satisfait, il peut être remboursé. On rencontre souvent la mention « satisfait ou remboursé ».

**Exemple : Si les clients ne sont pas satisfaits du fer à repasser Calor, ils sont remboursés dans les quinze jours suivant leur achat.**

### 2. Le remboursement

Cette opération consiste à rembourser le montant du produit dès réception de la preuve d'achat envoyée par le consommateur.

**Exemple : Un fromage est 100 % remboursé moyennant l'envoi de sa preuve d'achat par courrier avec les coordonnées du client.**

### 3. Le *couponing*

Cette opération propose de présenter un coupon directement en caisse afin de bénéficier d'une réduction sur l'achat du produit. On retrouve ces coupons sur l'emballage, sur des supports de communication sur le lieu de vente (*flyer*), dans des publicités...

**Exemple : Coupon de -20% sur l'emballage carton d'un pack de yaourts Activia de Danone.**

## D Les primes

Elles proposent aux consommateurs l'offre d'un produit contre l'achat d'un autre produit. Les ventes à prime sont interdites en France. Pour les proposer, les marques doivent offrir obligatoirement un produit identique ou un autre produit dont la réduction est inférieure à 7 % du prix de vente TTC.

### 1. La prime directe

Ce type de prime propose un « cadeau » dans le paquet (*in pack*) ou sur l'emballage (*on pack*). Il a beaucoup été utilisé dans la deuxième moitié du XXe siècle.

Exemple : Cadeaux pour enfants dans les paquets de lessive Bonux.

### 2. La prime auto-payante

Ce type de prime pousse le consommateur à acheter régulièrement des produits d'une marque ou d'une gamme précise afin de cumuler des points. Le client envoie ensuite ses points, pouvant être accompagnés d'un complément financier, afin de recevoir un cadeau sélectionné.

**Exemple : Cumul de points des emballages du café Grand-Mère afin de recevoir un service de tasses à café.**

### 3. La prime girafe

Ce type de prime ajoute un pourcentage sur la quantité du produit pour le même prix d'achat que le produit habituellement proposé.

Exemple : Les bouteilles de gel douche FA proposent 20 % de produit en plus, offert.

### 4. La récupération

Ce type de prime propose aux consommateurs d'utiliser le produit terminé pour une autre utilisation.

Exemple : Le pot de moutarde Amora pouvant s'utiliser en verre de table.

### 5. L'échantillon

Ce type de prime offre au client un échantillon d'un autre produit de la marque. Cela peut également concerner un produit complémentaire.

Exemple : Un échantillon d'après-shampooing de la marque Schwartzkopf offert pour l'achat du shampooing.

### 6. Le parrainage

Ce type de prime consiste à proposer à un consommateur de parrainer un futur client. Le parrain et le filleul reçoivent en général un cadeau chacun.

Exemple : Chez Orange, chaque ami parrainé donne droit à 1 mois d'abonnement offert pour le parrain et le filleul.

## E La valorisation

Les actions de valorisation permettent de mettre en avant le produit. Pour cela, l'annonceur propose de faire tester et essayer le produit avant l'achat.

### 1. Le *sample* (échantillon)

Cette technique de valorisation propose un échantillon gratuit distribué par un intermédiaire (Poste, magazine…).

Exemple : Échantillon du dernier parfum d'Hugo Boss sur une page du magazine GQ.

#### 2. La dégustation

Cette technique consiste à faire déguster ou essayer un produit par le futur client ou par des hôtes ou hôtesses. On rencontre régulièrement ce type de promotion dans les grandes surfaces.

**Exemple : Animatrice en supermarché faisant déguster le nouveau jambon de la marque Monique Ranou.**

#### 3. Les clubs

Cette technique de valorisation incite les consommateurs à souscrire à une offre pour être affilié à la marque. Le client est ainsi valorisé par l'annonceur, qui lui fait profiter d'offres privilégiées exclusivement réservées aux membres de ce club.

**Exemple : L'affiliation au club France Loisirs permet de bénéficier de tarifs préférentiels sur les livres, DVD, CD…**

#### 4. Les boutiques

Cette technique consiste à créer des boutiques au nom et aux couleurs d'une marque. Dans ces lieux de vente, seuls les produits de la marque sont vendus, ce qui crée une valorisation de la marque et une proximité avec la clientèle. Des adresses sont des vitrines obligatoires pour l'image de marque de certaines enseignes, comme les Champs Élysées à Paris par exemple, où toutes les grandes marques sont présentes.

**Exemple : Boutique Nespresso, Disney Store, boutique Nike, Apple Store…**

#### 5. L'escompte fidélité

Cette technique de valorisation propose, pour une période limitée, une réduction ou un cadeau pour tout détenteur d'une carte de fidélité.

**Exemple : Avec la carte Carrefour, le cumul des points d'achat permet de recevoir des bons d'achat tous les mois.**

## 2 Le marketing direct

Le marketing direct prend appui sur une base de données. Chaque contact est touché par le bais d'une action. L'enjeu d'une bonne campagne est de disposer d'une base d'informations régulièrement mise à jour afin de limiter les pertes de contacts (engendrées par des changements d'adresses, de noms…). Cette base doit être segmentée afin de personnaliser au mieux les messages de communication.

Ce moyen de communication hors-média est un réel appui pour une campagne de communication. Les actions de marketing direct permettent de développer la notoriété d'un annonceur, de susciter le contact commercial et de fidéliser la clientèle.

### A Le publipostage

Le publipostage ou mailing est un courrier papier personnalisé envoyé à un destinataire. Son contenu peut différer selon les informations de la base de données. En fonction de la segmentation choisie, le texte du courrier peut faire apparaître par exemple le dernier achat effectué par le client sur le courrier.

Le publipostage crée un lien de proximité avec le prospect. Ce dernier se sent valorisé et a l'impression de recevoir un courrier qui lui est uniquement destiné.

## B Le fax mailing

Un support de communication unique est envoyé à toute une base clients *via* un fax. Des logiciels de fax mailing existent, facilitant ainsi l'envoi massif de messages par télécopie. Ce document doit être suffisamment accrocheur pour ne pas finir directement à la poubelle. Cette méthode est difficilement personnalisable.

## C L'e-mailing

Le procédé de l'e-mailing consiste à envoyer un message non pas par courrier ou par fax, mais par e-mail. Le prospect reçoit directement, sur sa boîte de messagerie, une publicité de l'annonceur. Cette méthode est beaucoup utilisée car elle très peu onéreuse. Il suffit de constater le nombre de messages à caractère commercial dans nos boîtes mails.

L'e-mailing ne doit pas être confondu avec une campagne de spam car le destinataire s'est inscrit volontairement dans une base de données. Selon la loi Informatique et liberté, le destinataire peut se désinscrire à tout moment sur simple demande auprès de l'annonceur. Le spam, quant à lui, copie l'adresse e-mail d'une personne afin de la réutiliser par la suite.

## D Le *phoning*

La prospection téléphonique ou *phoning* est une méthode de démarchage par téléphone. Le téléprospecteur contacte le client à son domicile si c'est un particulier, ou au bureau si c'est un professionnel.

Beaucoup d'entreprises sous-traitent cette tâche à des sociétés spécialisées qui possèdent des plateformes d'appels dans des pays émergents. L'avantage est avant tout le coût de la main-d'œuvre. L'inconvénient majeur du *phoning* de masse est la qualification quelquefois insuffisante du téléprospecteur. Une mauvaise démarche téléphonique peut nuire gravement à l'image de l'annonceur.

**Figure 5.1** Schéma du marketing direct

6 CONDUITE D'UN PROJET DE COMMUNICATION

# La communication sur le lieu de vente et les relations presse

**La communication sur le lieu de vente et les relations presse sont deux moyens hors-média utilisés lors de la conduite d'un projet de communication.**

## 1 La communication sur le lieu de vente

### A L'information sur le lieu de vente (ILV)

C'est un mode de communication destiné à renseigner une personne sur un produit ou un service proposé au sein d'une unité commerciale. L'ILV n'a pas un rôle de vendeur, mais plutôt de conseiller. Les informations sont mises en avant pour aider le consommateur dans son choix. Elles sont souvent relatives à des détails techniques.

**Exemple : Livret explicatif sur les avantages du procédé de la climatisation réversible Toshiba au sein du rayon climatisation chez un revendeur spécialisé.**

### B La publicité sur le lieu de vente (PLV)

La PLV se présente le plus souvent sous la forme de totems en carton, d'affiches ou de banderoles, disposés dans des rayons de grandes surfaces spécialisées. C'est un mode de communication promotionnelle destiné à pousser le consommateur à acheter un produit ou souscrire à un service. La PLV est intégrée dans la stratégie du *push*.

Son objectif est d'attirer l'acheteur potentiel pour déclencher l'acte d'achat. La PLV respecte la charte graphique de la campagne de communication en cours. Les supports de PLV peuvent également alerter le chaland sur une offre promotionnelle. Ils assurent à l'annonceur une mise en avant de sa marque dans les linéaires par rapport aux autres marques présentes. L'installation de ces supports est régie par un partenariat mis en place avec l'espace de vente.

**Exemple : Écran de télévision faisant une démonstration de l'utilisation d'un produit de nettoyage « miracle » dans une grande surface spécialisée dans le bricolage telle que Castorama.**

## 2 Les relations presse

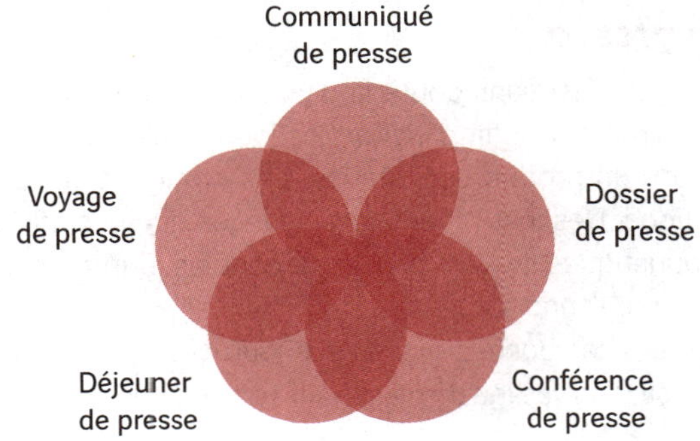


**Figure 6.1** Schéma des relations presse

Les relations presse caractérisent les liens et les actions menées entre un annonceur et des journalistes. L'objectif des relations presse est d'obtenir la rédaction d'articles de presse. Un article rédigé par un journaliste a beaucoup plus d'impact qu'un simple encart de presse, c'est pourquoi beaucoup de moyens sont déployés afin de séduire la cible journalistique. Plusieurs éléments permettent de tisser un relationnel et ainsi de se constituer un fichier presse.

## A Le communiqué de presse

C'est un document destiné à être envoyé aux journalistes. Son contenu est bref et traite avant tout d'une information importante, d'un point de vue face à un sujet, de la date d'un événement... Ce support est le plus simple à produire. Il doit respecter les règles d'élaboration des messages.

## B Le dossier de presse

Le dossier de presse est un document plus complet que le communiqué. Il apporte aux journalistes une source d'informations complète sur le sujet à propos duquel l'annonceur désire obtenir des articles de presse. On y intègre une présentation de l'annonceur, de l'offre ou du sujet traité, des annexes, une synthèse du dossier, des contacts... Son nombre de pages n'est pas limité. Ce dossier doit intéresser le journaliste, en comprenant tous les éléments susceptibles d'intéresser son rectorat. Il est conseillé, à la fin de ce document, d'intégrer un résumé du sujet. Le journaliste prendra ainsi appui sur cette synthèse lors de la rédaction de son article.

## C La conférence de presse

Cet événement a pour but de faire rencontrer les protagonistes d'un sujet avec des journalistes. Les intervenants font une présentation ou énoncent leur discours dans des lieux d'une conférence de presse sont très variés : chez l'annonceur, en salle de réunion d'un hôtel, endroits insolites... Les journalistes questionnent ensuite les intervenants afin d'obtenir des éclaircissements ou de percer à jour des informations conflictuelles.

Ce procédé de relations presse est difficile à mettre en place si l'organisateur ne possède pas de fichiers presse. Il faut alors contacter les journalistes un à un et les convaincre de se déplacer.

## D Le déjeuner de presse

Cet événement non officiel permet de maintenir un contact régulier avec les journalistes. Il renforce les liens avec chaque contact d'un fichier presse. Ce type de déjeuner est organisé au sein de clubs de la presse dans chaque département. Ces associations regroupent les journalistes, les institutionnels et les communicants d'un secteur.

L'adhésion au club de la presse permet de rencontrer des journalistes et de parler librement avec eux sans obligation de rédaction d'articles de presse à la clé. Cette ambiance plus détendue permet de tisser des liens et d'étoffer un fichier presse plus facilement.

## E Le voyage de presse

Le voyage de presse est sans doute la plus coûteuse des techniques de relations presse. Le principe est simple : il suffit d'inviter des journalistes lors d'un voyage afin de présenter un annonceur ou un produit spécifiques. Ces pratiques se rencontrent souvent dans le secteur touristique. Des institutions locales telles que des offices de tourisme, des hôtels ou des sites touristiques invitent gracieusement les journalistes à savourer pleinement les charmes offerts par l'annonceur.

Le but est d'obtenir les bonnes grâces des journalistes en les valorisant un maximum. Un journaliste satisfait d'un voyage de presse aura de grandes chances d'écrire un article élogieux.

# L'événementiel et les foires et salons

**L'événementiel est l'outil de communication hors-média le plus connu et le plus apprécié. Ce procédé s'adresse à deux types de cibles : les cibles internes et externes. Les foires et salons sont des modes de communication hors-média très répandus. Ils font partie des procédés de communication et de vente les plus anciens.**

## 1 L'événementiel

### A L'événementiel interne

Cette communication hors-média s'adresse essentiellement aux salariés d'une entreprise, aux adhérents d'une association ou aux agents d'une collectivité territoriale. Son objectif est de travailler la cohésion entre les acteurs d'un projet.

Un événementiel interne permet également de cultiver un sentiment d'appartenance (à l'entreprise par exemple) et de développer l'entente entre les personnes. Les retombées d'un événement interne apportent du dynamisme à une entreprise. Cette dernière gagne aussi en image de marque.

Exemples : Événementiels internes : séminaire, réunion de motivation, team building…

### B L'événementiel externe

Cet outil s'adresse au public externe comme interne. Les participants à un événementiel externe peuvent être divers :

- le grand public, dans le cadre d'un événement ouvert à tous ;
- les clients, prospects, fournisseurs et partenaires pour un événement de type institutionnel ;
- les journalistes, pour tous les événements, afin de susciter des retombées presse.

Grâce à cette solution de communication hors-média, l'annonceur peut développer sa notoriété tout en valorisant son image.

Les salariés présents pourront développer un sentiment de fierté par rapport à un événement organisé par leur entreprise. Si le public en parle, ils se sentiront valorisés de travailler au sein de leur société.

### C La mise en place d'un événementiel

La mise en œuvre d'un projet de communication événementielle passe par plusieurs étapes essentielles, qui s'apparentent pour la plupart à la mise en place d'un projet de communication classique.

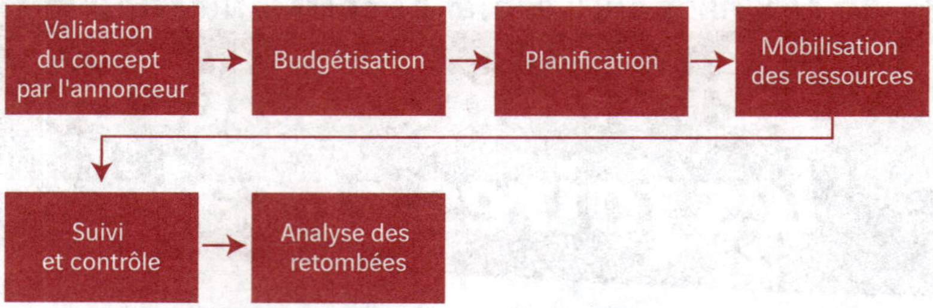


**Figure 7.1** Schéma de la mise en place d'un événementiel

## 1. La validation du concept

C'est l'étape initiale. Elle intervient après la présentation préliminaire des différentes propositions de concepts répondant aux besoins de l'annonceur. Dès validation du client, les préparatifs de l'événementiel peuvent être lancés.

## 2. La budgétisation

Cette partie est délicate. Le chargé de projet doit être en mesure de quantifier toutes les prestations et de budgétiser les interventions de chaque sous-traitant, en prenant en compte le temps passé sur l'événement. Certaines prestations peuvent en effet être payées à l'heure. Une bonne budgétisation permet de ne pas dépasser les dépenses initialement prévues. Cela représente un réel confort financier aussi bien pour l'agence que pour le client final. Une mauvaise budgétisation peut, en revanche, engendrer des coûts supplémentaires. Une agence peut voir sa marge nette se réduire ou, pire, elle peut dans certains cas payer la différence sur ses propres fonds.

## 3. La planification

Lors de cette phase, l'équipe en charge du projet va déterminer les étapes chronologiques à suivre pour la mise en place du projet avant, pendant et après l'événement. Un rétro-planning est primordial pour accomplir cette tâche car rien ne doit être laissé au hasard. Les professionnels de la communication événementielle prévoient tout ce qui doit être fait, et même ce qui pourrait arriver. Cela leur permet de pouvoir gérer une urgence ou un impondérable. Malheureusement, les mauvaises surprises lors d'un événement (il y en a toujours, malgré la meilleure des préparations) ne peuvent pas toutes être prévues ; l'expérience du chef de projet intervient alors. Ce dernier est coutumier des situations de crise et est capable de trouver une solution aux problèmes.

## 4. La mobilisation des ressources

Dans un projet d'événement, les ressources peuvent être financières, matérielles et humaines. L'équipe en charge de l'organisation listera les ressources déjà disponibles et les ressources nécessaires à la réalisation du projet. Afin de répondre à ce besoin de mobilisation des ressources, l'organisation aura recours à des ressources extérieures : elle sous-traitera des tâches.

## 5. Le suivi et le contrôle

Avant le début de l'événement, le chef de projet passe en revue toutes les tâches à effectuer, les personnes affectées à ces tâches, le chronométrage et d'autres points (matériel nécessaire, temps de pauses syndicales...). Il s'aide d'outils tels qu'une *check-list* et un conducteur d'événement. La *check-list* reprend toutes les tâches à effectuer. Cette liste permet de ne rien oublier dans l'organisation de l'événement. Le conducteur d'événement, quant à lui, est un outil se présentant sous forme de tableau. Chaque étape est découpée par tranche

horaire. Chaque intervenant du projet est nommé et affecté à la réalisation d'une tâche.
Le suivi prend aussi en compte la vérification budgétaire. Tout au long des préparatifs, l'équipe d'organisation vérifie que les dépenses ne dépassent pas le budget initial. Si tel est le cas, la société qui organise et planifie l'événement devra prendre à sa charge la différence.
Lors de l'événement, l'équipe des organisateurs ne profite pas des animations. Elle reste en veille et contrôle le bon déroulement de chaque étape : l'événementiel est aussi un travail de contrôle et de vérification. Il n'y a pas que le côté créatif qui entre en jeu.

### 6. L'analyse des retombées

Après l'événement, il est important de mesurer les retombées avec un questionnaire de satisfaction, une revue de presse ou toutes autres études qualitatives ou quantitatives. L'objectif de l'analyse des retombées est avant tout de repérer des dysfonctionnements et de mettre en place des axes d'amélioration pour la prochaine édition.

## 2 Les foires et salons

Les premières foires remontent aux Moyen-âge. Ces opérations regroupent dans un même lieu plusieurs annonceurs présentant leurs activités et leur savoir-faire face à un public de visiteurs. Elles drainent un large public, sans segmentation particulière (foire de Paris, de Marseille...) et augmentent ainsi la notoriété de l'annonceur.
Il existe de nombreux salons spécialisés dans des domaines d'activités précis. Les salons permettent à une entreprise de cibler d'éventuels prospects. Plus sélectifs que les foires, les salons offrent l'opportunité à l'annonceur d'être en contact direct avec sa cible de communication ou sa clientèle.

**Exemple : Salon de l'automobile, salon du mariage, salon sur la prévention sécurité.**

Ce mode de communication est onéreux. Le prix de l'emplacement varie selon la surface du stand, sans qu'il y ait de prix fixe. Chaque organisateur de salon fixe sa grille tarifaire. Les tarifs sur un même type de salon varient également selon la ville.

**Exemple : Un emplacement sur le salon de l'Étudiant à Saint-Étienne est moins cher qu'à Montpellier.**

Au prix de l'emplacement, il ne faut pas oublier d'ajouter les coûts d'habillage du stand (bannières, documentation, kakemono, vidéos...) ainsi que les coûts de fonctionnement (coût horaire des salariés présents, hôtes et hôtesses, restauration sur place, lumière...).

# 8 CONDUITE D'UN PROJET DE COMMUNICATION

# Le mécénat et le *sponsoring*

**Le mécénat est un acte philanthropique qui se traduit par le versement d'un don à un organisme, pour une ou des actions d'intérêt général. Le mécénat se distingue du *sponsoring* ou parrainage, qui se caractérise comme un acte de commerce.**
**Ces deux techniques de partenariat sont proches, mais possèdent des différences importantes. Elles sont d'ailleurs souvent confondues.**

## 1 Le mécénat

Le mécénat était bien connu au XVIIe siècle. De riches gentilshommes subvenaient aux besoins d'artistes afin qu'ils puissent exercer leur art sans se soucier de financement. Dans l'imaginaire collectif, les mécènes ont été popularisés à l'époque des grands compositeurs de musique classique (Mozart, Beethoven...).
Aujourd'hui, le rôle du mécénat a quelque peu changé, mais le principe reste le même. Le rôle de mécène est endossé le plus souvent par une entreprise qui va apporter son aide à une personne, une association, une cause, une institution culturelle...
Il existe différentes formes de mécénats et d'apports :
- mécénat en numéraire : apports d'argent ;
- mécénat en nature : dons de bien immobiliers, mise à disposition de véhicules, de nourriture ;
- mécénat en compétences : mise à disposition d'un savoir-faire ;
- mécénat en logistique : aide aux transports, aux frais de fonctionnement.

Dans le contexte du mécénat, l'entreprise donatrice peut tout de même bénéficier de certaines contreparties, dans les limites d'une disproportion marquée entre le montant du don et ce qu'elle en retire en termes directs de communication. Le don ouvre droit à une réduction d'impôts qui est matérialisée par un reçu fiscal émis par l'organisme bénéficiaire.
Avant de s'engager dans une démarche de collecte du mécénat, il convient de vérifier que l'organisme est éligible au régime du mécénat.

### A Les conditions

Il doit s'agir d'une œuvre ou d'un organisme d'intérêt général ayant un caractère philanthropique (notamment culturel). La condition d'intérêt général est remplie si :
- l'activité n'est pas lucrative ;
- la gestion est désintéressée ;
- l'activité ne profite pas à un cercle restreint de personnes.

À noter que les SA, SCOOP, SARL, etc., qui sont des organismes, ne sont pas d'intérêt général à but lucratif (au sens fiscal du terme).
La notion d'intérêt général est définie par l'administration fiscale. Pour cela, il faut remplir une demande auprès de la Direction Régionale des Finances Publiques.

## B Les domaines d'intervention

Les actions concernées doivent correspondre aux critères légaux du mécénat : caractère philanthropique, éducatif, scientifique, social, humanitaire, sportif, familial, culturel ou concourant à la mise en valeur du patrimoine artistique, à la défense de l'environnement naturel ou à la diffusion de la culture, de la langue ou des connaissances scientifiques françaises.

# 2 Le *sponsoring* ou parrainage

L'arrêté du 24 janvier 1983 relatif à l'enrichissement du vocabulaire de l'audiovisuel et de la publicité préconise l'utilisation du terme « parrainage » au lieu de « *sponsoring* ». On utilise cependant le terme « *sponsoring* » communément dans le secteur du sport.

## A Définition

Contrairement au mécénat, où l'aide est désintéressée et sans contrepartie, le *sponsoring* offre à un annonceur une visibilité.

Le plus connu du grand public est le *sponsoring* sportif. Lorsque les subventions publiques ne suffisent plus à gérer les dépenses engendrées par le coût de fonctionnement d'une équipe, les dirigeants d'un club se tournent vers des partenaires privés. Ces derniers, en échange d'argent ou de services au club, voient leur logo publié sur les supports de communication du club. Le plus célèbre est le logo sur les maillots des joueurs. Les équipes de haut niveau signent chaque année des contrats de *sponsoring* de plusieurs millions d'euro.

Le contrat de *sponsoring* peut être relatif à une contribution financière, matérielle, logistique... En tant que vecteur de communication hors-média, cette technique permet de développer la notoriété de l'annonceur tout en améliorant son image de marque.

On retrouve le parrainage d'émissions de télévision au début et à la fin du programme télévisé, sous forme de clips ou de jingles de quelques secondes. L'intérêt pour les annonceurs est de positionner leur entreprise sur un secteur particulier. Depuis l'interdiction de la publicité sur les chaînes du service public après 19h30, le parrainage est une alternative pour être visible sur ces chaînes. Chaque émission, film ou programme court, peut être sponsorisé par un annonceur.

**Exemple : Darty parraine la météo sur France 2, et Leroy Merlin parraine le programme court Du côté de chez vous sur TF1.**

## B La réduction d'impôts et ses contreparties

Lorsqu'une entreprise fait un don éligible au mécénat, elle bénéficie d'une réduction d'impôts. Les entreprises bénéficient de 60 % de réduction d'impôt plafonnés à 0,5 % du chiffre d'affaires, avec possibilité, en cas de dépassement de ce seuil, de reporter l'excédent au titre des cinq exercices suivants.

## C La convention de mécénat

En règle générale, une convention concrétise un acte de mécénat, s'agissant notamment du mécénat d'entreprise. Il n'existe pas de modèle de convention dans la mesure où chaque partenariat a sa spécificité. Le montant du don est exprimé hors taxe (sans assujettissement à la TVA).

## Exemple de convention de mécénat

En application de la loi du 1er août 2003

ENTRE LES SOUSSIGNÉS :
Nom et coordonnées de l'organisme bénéficiaire du mécénat, nom de la personne représentant l'organisme.
Ex. : Le musée ... , ayant son siège à (adresse), numéro de SIRET, représenté par (nom, prénom et fonction), ci-après dénommé (abréviation : Le musée)
D'une part

ET
Nom et coordonnées de l'entreprise mécène
Ex. : La S.A. ... , ayant son siège à (adresse), numéro de SIRET, représenté par (nom, prénom et fonction), ci-après dénommée L'Entreprise,
D'autre part

IL EST ARRÊTÉ CE QUI SUIT :
ARTICLE 1 : Objet du contrat
L'Entreprise apporte son soutien en (année : 2005 par ex.) à (description détaillée de l'action ou des actions faisant l'objet de la présente convention)

ARTICLE 2 : Acte de mécénat
2.1 : Montant :
L'Entreprise mettra à la disposition de (structure culturelle) une somme s'élevant à (montant en chiffres et en lettres) conformément à l'objet du présent contrat précisé à l'article 1.

2.2 : Échéancier
Préciser le calendrier de versement de la somme (versement global ou échelonné).

ARTICLE 3 : L'organisme bénéficiaire émettra un « reçu fiscal » au titre du présent don.

ARTICLE 4 : Contreparties de l'acte de mécénat.
(Préciser ici les contreparties, limitées à 25 % du montant du don, telles qu'elles ont été négociées entre les deux parties. Ce qui suit est donné à titre d'exemple).
4.1 : Diffusion de l'image de l'Entreprise sur les supports de communication de (structure culturelle)
(Préciser en détails la nature des contreparties : présence du logo (programmes, catalogues, site Internet, etc.) et autres messages).
4.2 : Accès privilégié aux manifestations
(Préciser les entrées offertes à l'Entreprise : nombre, dates, etc.).
4.3 : Mise à disposition d'espaces
(Préciser les conditions de la mise à disposition d'espaces)

ARTICLE 5 : Assurances
Bien préciser qui paie les assurances nécessaires.

ARTICLE 6 : Durée de la présente convention
Préciser la durée de la convention, fixée à partir de la date de signature.

ARTICLE 7 : Litige
(Ce qui suit a titre d'exemple)
7.1 : En cas de litige s'élevant en relation avec l'exécution du présent contrat, les parties s'obligent à une phase préliminaire de conciliation pendant une période d'un mois.
7.2 : Au cas où aucune solution amiable ne pourrait intervenir au cours de la phase de conciliation précitée, les parties conviennent de soumettre tout litige pouvant survenir à l'occasion de l'interprétation et/ou de l'exécution du présent contrat, au tribunal (préciser lequel) auquel il est fait attribution de juridiction par les présentes.

Fait à, le :
En deux exemplaires originaux
Signature des représentants des deux parties

*www.culture.gouv.fr*

# Les réseaux sociaux

**Véritable phénomène des années 2000, l'explosion des réseaux sociaux a bouleversé la vision de la présence sur Internet des annonceurs. Pour la première fois, un annonceur est en contact direct avec son public sur Internet. Un individu lambda peut revendiquer son appartenance à une marque et la partager avec ses amis.**

## 1 Facebook

Exclusivement utilisé à sa création par des particuliers, le réseau Facebook a rapidement été pris d'assaut par les annonceurs. Contournant les règles d'utilisation qui réservent les profils à des particuliers, des entreprises ont créé des profils afin de récolter des « amis ». La création par les développeurs de Facebook des principes de « pages » permet aujourd'hui d'exploiter pleinement cet outil. En effet, un annonceur peut mettre en ligne des informations sur son site Internet, relayées par son réseau social et partagées par ses « fans » (personnes s'étant déclarées intéressées par la page en question). Les fans reçoivent, sur les pages d'accueil de leur profil, les actualités des pages auxquelles ils sont désormais abonnés. Un formidable vecteur de communication entièrement gratuit.

**L'administrateur** d'une page Facebook peut analyser sur son environnement les statistiques des pages, le nombre de visites et la viralité (pourcentage de personnes ayant créé une actualité à partir de la publication d'une page annonceur) d'une parution. Chaque page partagée sur le profil d'une personne peut être potentiellement vue par tous ses « amis » : c'est ce que l'on appelle la « portée totale ». Le calcul de cette viralité correspond donc au nombre de lecteurs multiplié par leur nombre d'amis.

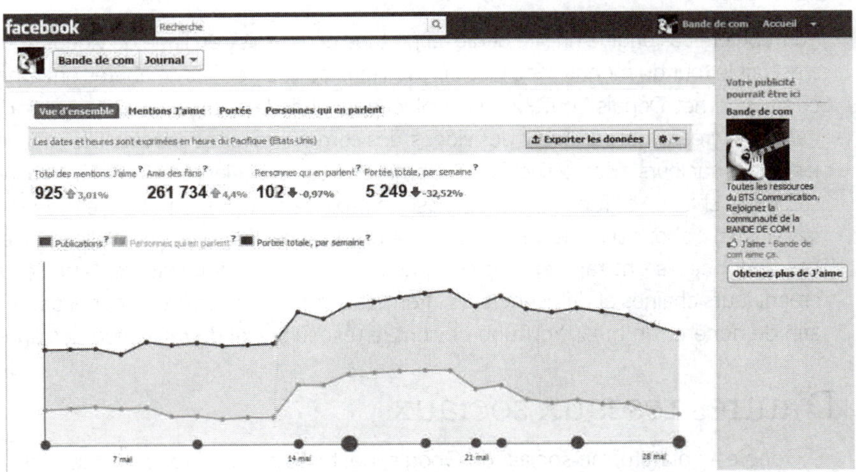


**Figure 9.1** Viralité de la page Facebook du blog Bande de Com !

Facebook propose également des actions publicitaires, que l'on peut trouver sur le bandeau droit du site. L'avantage d'une publicité sur Facebook demeure la possibilité de cibler de façon chirurgicale les prospects. Toutes les informations personnelles emmagasinées par Facebook permettent de dresser des profils complets de personnes.

Exemple : Nutella va cibler les individus fans de petits déjeuners, tandis que TF1 va promouvoir sa nouvelle émission de télé réalité sur des profils d'adolescents.

## 2 Twitter

Twitter est un autre réseau social. Cet outil est axé sur l'information courte, appelée « tweet ». Les personnes s'abonnent à des profils, sachant qu'ils pourront récupérer des informations avant tout le monde.

**Exemple : Un fan d'un chanteur va s'abonner à son profil Twitter pour suivre en temps réel son actualité, et un étudiant en communication va s'abonner au profil de Bande de com ! pour connaître les dernières nouveautés de son BTS.**

**Figure 9.2** Profil Tweeter du blog Bande de com ! (bandecom.wordpress.com)

## 3 YouTube

YouTube était à l'origine un site dédié au partage et à la mise en ligne de vidéos. Des vidéos ont ainsi fait le tour du monde avec plusieurs millions de vues, et des célébrités ont émergé grâce à ce site Internet. Depuis, YouTube a su évoluer pour offrir davantage aux utilisateurs : des communautés se créent, qui partagent des vidéos, des commentaires et des avis. Elles peuvent partager les vidéos sur leurs réseaux sociaux, et même les intégrer sur leur site Internet. Chacun peut créer sa propre chaîne YouTube (une chaîne est un profil dans lequel un utilisateur dépose et diffuse ses vidéos), s'abonner à une chaîne et ainsi être informés dès qu'une nouvelle vidéo est déposée. Les annonceurs ont rapidement compris l'intérêt de ce nouveau vecteur. Les entreprises créent leurs chaînes et diffusent leurs informations, leur actualité, postent des vidéos décalées afin de générer un buzz. YouTube devient le réseau social de référence des années 2010.

## 4 D'autres réseaux sociaux

- Google + : plateforme sociale de Google, destinée à concurrencer Facebook.
- Flickr : partage de photos.
- Viadeo : réseau professionnel.
- Linkdin : réseau professionnel.
- Myspace : réseau artistique.
- Wordpress : éditeur de blogs à l'origine, il développe une communauté de bloggeurs.

# Proposer des solutions

**La valeur de tout projet réside dans la qualité de ses propositions de solutions de communication. Une bonne campagne de communication possède des moyens et des outils performants.**

## 1 La marche à suivre

Toutes les propositions de solutions pouvant répondre à la problématique doivent être listées. Cette étape s'apparente à la stratégie des moyens de la prise en charge du dossier annonceur : on y retrouve une liste de préconisations, leur justification et leurs présentations détaillées. Dans cette étape du projet, il faudra rechercher des solutions opérationnelles répondant à la problématique de communication initiale, afin de les présenter à l'annonceur. Ce dernier validera le concept par la suite.

### *Conseil*

Ne pas hésiter à réaliser plusieurs listes de solutions par genre. Par exemple, une liste de solutions pour un petit budget, une autre pour un budget plus conséquent ou une liste de solutions originales et décalées.
L'annonceur pourra ainsi choisir la liste qui correspond le mieux à ses attentes, et surtout à son budget. Chaque proposition de solutions doit bien évidemment être devisée. Au communicant de rechercher les fournisseurs capables de réaliser les prestations listées.

**Les solutions de communication**

| | |
|---|---|
| **Solutions pour petits budgets** | – Campagne de relations presse (envois de communiqués de presse, dossiers de presse...).<br>– Campagne de marketing direct (démarchage téléphonique, e-mailing...).<br>– Campagne sur les réseaux sociaux (création et administration de profils sur différents réseaux sociaux et mise en relation de chacun d'eux).<br>– Création d'un blog ou d'un forum sur un sujet en relation avec l'activité de l'annonceur.<br>– Modernisation de l'identité visuelle de l'annonceur. |
| **Solutions pour budgets moyens** | – Création d'un nouveau site Internet.<br>– Campagne radio (réalisation du média planning, sélection des radios, conception du scénario du spot radio...).<br>– Conception d'un nouveau *packaging* pour le renouvellement de la gamme de produit.<br>– Organisation d'une soirée d'inauguration, d'une journée porte ouverte...<br>– Campagne de distribution dans la rue (zone de promotion, conception du support...). |
| **Solutions originales** | – Création d'un buzz Internet.<br>– Campagne radio (conception du plan média, sélection des radios, conception du scénario du spot radio...).<br>– Organisation d'un *flashmob* en pleine rue.<br>– Campagne de teasing sur un média radio, affichage ou autre. |

Après la présentation de l'ensemble des propositions de solutions de communication, l'annonceur validera un certain nombre d'entre elles. Cette validation sera formalisée par le communiquant par un courrier, un bon de commande ou toute autre trace écrite. Cela permet d'éviter d'éventuelles erreurs d'interprétation vis-à-vis du projet.

### Exemple d'une liste de solutions de communication

**Site Internet : ..................................................... 1 380 € HT**

Conception de la charte graphique Web
Proposition de 3 déclinaisons
Programmation de la version sélectionnée
Phase de correction
Mise en ligne

**Soirée d'inauguration : ....................................... 4 300 € HT**

Réservation de la salle du Château de St Martin de la Brasque
Traiteur
Location du matériel de sono

**Nouvelle identité visuelle : .................................. 2 600 € HT**

Réalisation de la charte graphique
Création du logo
Déclinaisons sur différents supports de communication

**Campagne d'affichage 2m² : ................................ 3 100 € HT**

Conception de l'affiche
Impression des affiches
Affichage sur réseau centre ville de 30 panneaux pendant 1 semaine

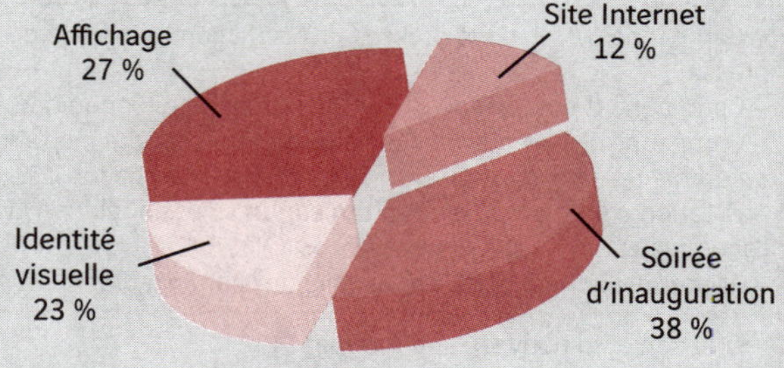

## 2 La rédaction du cahier des charges

Dès que la liste de solutions est finalisée et validée par le client, il ne reste plus qu'à rédiger le cahier des charges du projet. Celui-ci doit comporter une présentation claire du projet en précisant les objectifs, les contraintes (législatives, délais, budget...), une liste détaillée de tous les supports à créer ainsi que les différentes prestations à effectuer.
Ce cahier des charges doit pouvoir expliquer facilement le projet et tous les besoins du communiquant.

### Extrait de cahier des charges de projet

[...]
**Autre réalisation dans le cadre du projet global pour la société Bilboa : la modernisation de la plaquette de présentation.**

**Caractéristiques techniques**

Plaquette format A3 ouvert, A4 fermé
1 pli central avec rainage
Papier couché brillant 300 gr/m²
Pelliculage mat recto-verso
Vernis sélectif brillant recto
Impression quadrichromie recto-verso
Fichier fourni par nos soins

**Quantités**

5 000 exemplaires

**Délais**

Livraison à 5 jours « ouvrés » après acceptation du BAT

**Livraison**

Livraison en 2 points : 1 site en Haute-Normandie et 1 site en Basse-Normandie

**Conditions de règlement**

*Paiement à 30 jours fin de mois*
*[...]*

Le cahier des charges peut se présenter sous format papier ou informatique. Il n'y a pas de nombre de pages minimum. Il permet de repérer les différentes étapes de la mise en œuvre des solutions validées. Son but est de faciliter l'ordonnancement des opérations de chaque fournisseur.
L'élément majeur du cahier des charges demeure la rédaction noir sur blanc des éléments techniques constituant l'ensemble du projet.

**Exemple d'éléments techniques :**
- **le nombre de personnes conviées à un événement ;**
- **les différentes structures à louer ;**
- **les interventions des prestataires ;**
- **la quantité ou les caractéristiques d'impression d'un document ;**
- **les contraintes législatives à respecter.**

# Réaliser et suivre un projet

**Dans cette situation de travail, la mission du chargé de projet est avant tout d'organiser les différentes étapes de son projet. Il doit faire appel à ses qualités de rigueur et d'organisation.**
**Avant de se lancer dans la coordination des actions, il faut effectuer un inventaire des ressources nécessaires à la mise en œuvre du projet. Ces ressources peuvent être humaines, matérielles ou financières.**

## 1 Les ressources humaines

On établit dans un premier temps la liste des besoins humains. À partir de cette première liste, on visualise ensuite les moyens dont on dispose en interne pour savoir s'il faut faire appel à des ressources extérieures : intérimaires, employés, bénévoles, sous-traitants, *freelances*... Pour cela, il est recommandé de s'aider d'un tableau.

**Exemple de tableau des ressources humaines**

| Actions | Besoins humains | Ressources humaines à disposition | Nom des personnes |
|---|---|---|---|
| Accueil des journalistes à la conférence de presse | 2 | OUI | Thierry D. et Franck M. |
| Discours de présentation | 1 | OUI | Monsieur Fournier |
| Visite de l'entreprise | 3 | OUI | Thierry D., Franck M. et Xavier L. |
| Distribution des *goodies* | 2 | NON | À définir |

## 2 Les ressources matérielles

Les ressources matérielles ne doivent pas être sous-estimées. Ce type de besoin doit être prévu bien avant le lancement du projet.
Si l'on ne dispose pas du matériel adéquat, il faut prévoir sa réservation, son emprunt ou sa location. Cela se budgétise à l'avance. Il est alors judicieux de créer un deuxième tableau. Il est possible d'utiliser une version adaptée du tableau de ressources humaines en remplaçant les besoins humains par les besoins matériels, et le nom des personnes par une colonne de commentaires.

**Exemple de tableau des ressources matérielles**

| Actions | Besoins matériel | Ressources matérielles à disposition | Commentaires |
|---|---|---|---|
| Accueil des journalistes à la conférence de presse | Badges<br>Liste des journalistes | NON<br>OUI | Acheter les badges et imprimer les noms des intervenants. |
| Discours de présentation | Pupitre<br>Micro<br>Sono | OUI<br>NON<br>NON | Louer le matériel auprès d'un fournisseur de sono. |
| Visite de l'entreprise | Aucun | | Prévoir un plan de visite et le texte de présentation approprié. |
| Distribution des *goodies* | Stylos<br>Pack presse | NON<br>OUI | Commander les stylos auprès du fournisseur habituel d'objets publicitaires. |

## 3 Les ressources financières

Troisième pilier des ressources d'un projet de communication : l'aspect financier. Chaque action à réaliser comporte un coût qu'il faut prévoir et inclure au budget prévisionnel.
Ce travail a normalement déjà été effectué au cours de la budgétisation des solutions de communication. Si cela n'est pas le cas, il est possible d'inclure dans le tableau – préalablement obtenu grâce aux demandes de devis auprès des différents prestataires – une colonne « budget » avec une estimation. Une fois les ressources disponibles pour chaque action du projet identifiées, il ne reste plus qu'à construire un rétro-planning des opérations.

## 4 Les outils de coordination des actions

Afin de coordonner les différentes étapes d'une campagne, un chef de projet utilise plusieurs méthodes de gestion de projet ayant pour objectif de l'aider dans cette tâche.

### A Le diagramme de Gantt

Ce rétro-planning a été inventé par l'ingénieur américain Henry L. Gantt dans les années 1910. Sous la forme ludique d'un rétro-planning d'actions, ce tableau conjugue une liste des tâches, une liste des ressources et un calendrier.
Dans ce diagramme, il est possible de classer par ordre chronologique chaque action et les différentes tâches qui en découlent. Les tâches comprennent les étapes de recherche, de réflexion, de réalisation, de mise en place et de livraison.
Un diagramme de Gantt peut être réalisé à la main, sous Word ou sous Excel. Il existe toutefois des logiciels de gestion de projet (Microsoft Project, Gantt Project) qui permettent d'allouer des ressources humaines à chaque tâche et de les positionner sur le calendrier, le tout de façon claire et précise. Ces logiciels facilitent le travail de préparation du projet.

## Exemple de diagramme de Gantt Project

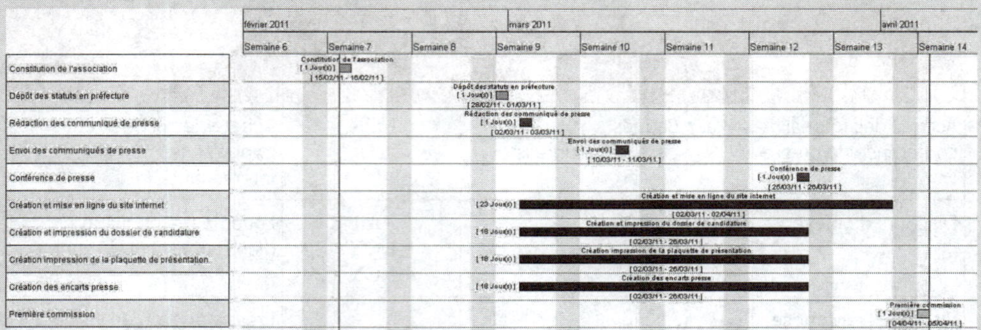


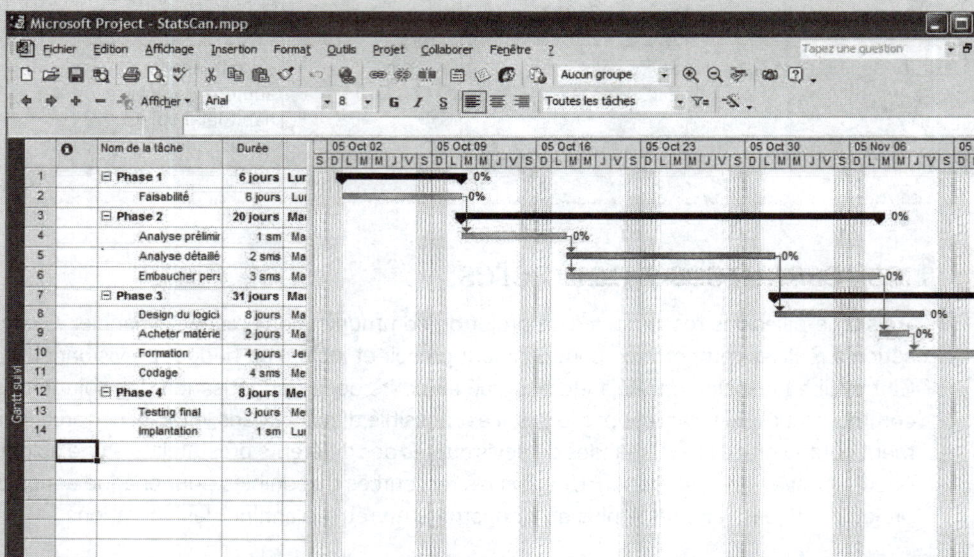


## B Le réseau PERT

Le réseau PERT est une technique de gestion de projet. Cette méthode de planification permet de visualiser la dépendance des tâches entre elles. On peut ainsi procéder à leur organisation.

Le terme PERT est l'acronyme de *Project Evaluation and Review Technique* (en français « technique d'évaluation et d'examen de projets »).

Dans la mise en place d'un réseau PERT, on prend en considération deux valeurs pour chaque étape :

- **la date au plus tôt :** date où la tâche pourra débuter au plus tôt ;
- **la date au plus tard :** le dernier délai de fin de la tâche.

Un diagramme de PERT se construit également à partir d'un logiciel de gestion de projet.

**Exemple d'un réseau PERT**

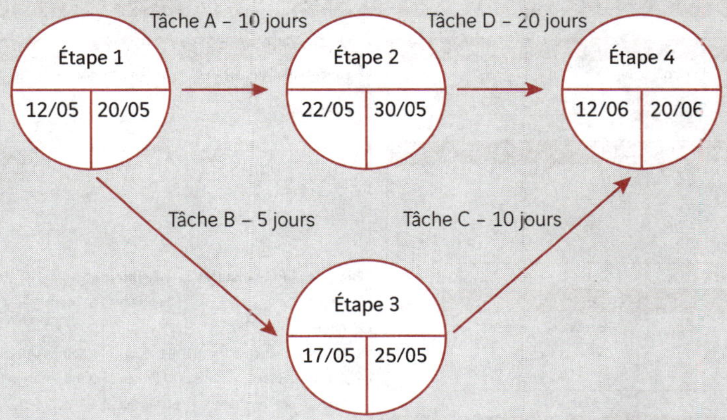


## C La démarche de gestion de projet en 5 phases

Cette démarche est relative à la constitution d'une équipe de gestion de projet. Elle prend en considération 5 étapes essentielles pour développer un groupe de travail performant :
- **l'étape d'observation :** rencontre des différentes personnes composant l'équipe du projet ;
- **l'étape de cohésion :** effort et tentative de fédérer le groupe dans un but de cohésion de l'équipe ;
- **l'étape de différenciation :** repérage des spécialités et points forts de chacun ;
- **l'étape d'organisation :** utilisation des méthodes de gestion de projet : Gantt, PERT, jalonnement (voir ci-dessous)... ;
- **l'étape de production :** définition de la répartition des tâches pour la mise en œuvre du projet.

### Conseil

**Lors d'une présentation de projet à l'oral, il est jugé sérieux de présenter les différentes étapes du projet dans un rétro-planning imprimé en couleur sur une feuille et de le remettre à la commission d'examen du projet.**

# 5 Le suivi

Après avoir défini et coordonné les missions des différents intervenants, il faut assurer (seul ou avec l'équipe du projet) la cohérence du déroulement entre les différents acteurs.
Un lien est donc à faire entre la création, l'exécution, la fabrication et la livraison. Les fonctions du chargé de projet lui permettent également de contrôler les écarts budgétaires en termes de coût et de délais.
Dans le cadre d'un suivi de projet, le professionnel peut utiliser un tableau de bord. Cet outil de suivi prend en considération des données quantitatives permettant de mesurer les retombées du projet et des actions mises en place.
Exemple : Nombre de visites sur le site Internet de l'entreprise, nombre de ventes, nombre d'adhérents, nombre de clics sur le « J'aime » de la page Facebook...

### Exemple d'un tableau de bord

| TABLEAU DE BORD OPERATIONNEL - PEUGEOT SAINT ETIENNE | AVRIL |
|---|---|

| Nombre de visiteurs | |
|---|---|
| | 326 |

| Nbre ventes véhicules | |
|---|---|
| Neufs : | 36 |
| Occasions : | 89 |

| Actions de communication du mois de Avril | |
|---|---|
| Publipostage prospect | x |
| campagne radio | x |
| foire | x |
| encart presse | x |

| Actions de communication annuelles | |
|---|---|
| affichage 4x3 | petits déj' mensuels |
| animation page facebook | x |
| mise à jour site internet | x |

| Retombées portes ouvertes | | | 23-avr |
|---|---|---|---|
| **Nombre de visiteurs** | 55 | | |
| **Comment ont-ils été au courrant de cette JPO ?** | | | |
| Site internet | 40 | facebook | 6 |
| radio | 5 | autre | 4 |

**STATISTIQUES DU SITE INTERNET**

**Fréquentation globale des pages en nombre de visites**

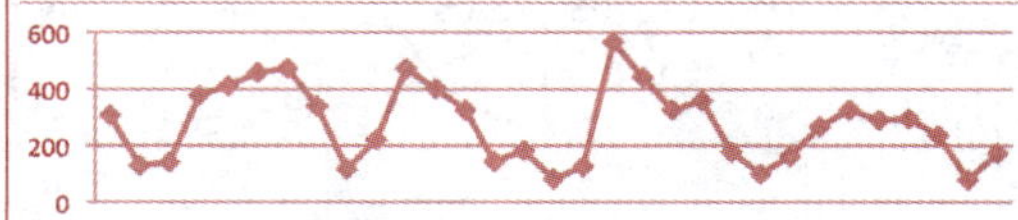


**Pages les plus consultés du site internet**

| | | | |
|---|---|---|---|
| 1 : Page accueil | 535 visites | 6 : les primes à la reprise | 32 visites |
| 2 : Actualités | 278 visites | 7 : offres véhicules occasion | 27 visites |
| 3 : Nouvelles offres | 101 visites | 8 : offres véhicules neufs | 25 visites |
| 4 : Galerie photos | 70 visites | 9 : offres utilitaires | 22 visites |
| 5 : Inscription newsletters | 62 visites | 10 : contact | 22 visites |

| Critères de recherches tapés dans Google | |
|---|---|
| 1 : peugeot saint etienne | 657 visites |
| 2 : concession auto loire | 102 visites |
| 3 : concession peugeot st etienne | 389 visites |
| 4 : garage peugeot saint etienne | 579 visites |
| 5 : voiture occasion saint etienne | 980 visites |

| Nombre d'amis sur la page Facebook | | | |
|---|---|---|---|
| Janvier | 132 | Juillet | x |
| Février | 260 | Aout | x |
| Mars | 320 | Septembre | x |
| Avril | 540 | Octobre | x |
| Mai | x | Novembre | x |
| Juin | x | Décembre | x |

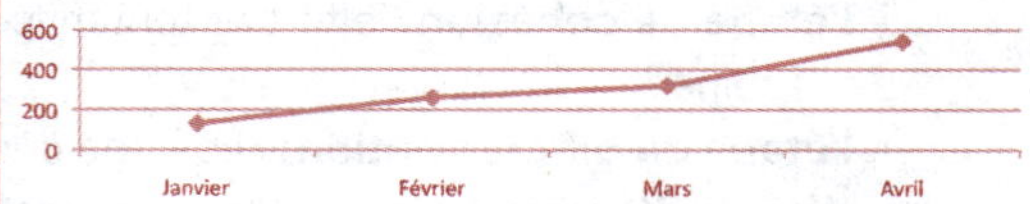


## 6 Le contrôle

Puisque l'erreur est humaine, il faut ensuite contrôler la bonne finalisation de chaque tâche du diagramme de Gantt.
Grâce à une méthode de jalonnement, il est possible de valider la bonne exécution de chaque action afin de lancer la suivante. Cela permet d'éviter les imprévus et les erreurs d'appréciation.

### LA DÉMARCHE DE JALONNEMENT

Dans cette démarche, les étapes de projet sont appelées « phases ». Ces dernières font partie des méthodes de gestion de projet. Entre chaque phase, on retrouve des jalons destinés à valider chaque phase avant de continuer sur la prochaine. C'est une étape de validation du projet point par point, étape par étape.
Si des problèmes sont rencontrés durant une phase, la concertation lors du jalon suivant cette phase permet de trouver des solutions. Le projet est suspendu tant que les problèmes n'ont pas été résolus.

- **Phase réflective (préliminaire)** : prise en charge de la demande initiale à travers le dossier annonceurs.
- ***Jalon de lancement du projet*** : validation des moyens mis en œuvre dans le projet.
- **Phase d'expression du besoin** : objectifs à atteindre.

- ***Jalon de validation du besoin*** : validation avec l'annonceur du concept du projet.
- **Phase de faisabilité** : recherche des solutions à mettre en œuvre en tenant compte des contraintes de l'annonceur et de son environnement.
- ***Jalon du choix de la solution*** : validation du bon de commande par le client.
- **Phase de développement** : coordination des travaux des différentes équipes créatives et des prestataires éventuels.
- ***Jalon de lancement de la production*** : après validation des maquettes, le «feu vert» est donné aux prestataires de fabrication.
- **Phase de réalisation** : les solutions de communication sont en cours de création à ce moment.
- **Phase de vérification** : vérification des supports réalisés. Ils doivent correspondre à la demande initiale.
- ***Jalon de qualification et livraison*** : acceptation des supports fabriqués par les prestataires et livraison auprès du client des supports de communication commandés.
- **Phase d'exploitation** : les supports de communication jouent leur rôle défini dans la stratégie globale de la campagne de communication.

## Témoignage

**Antonio – Chargé de clientèle chez un imprimeur**

« Avant de débuter la réalisation d'un projet, il est impératif de valider le budget avec le client. Souvent, en temps que prestataires, les agences de communication font l'avance du règlement de certains fournisseurs. Ceci sera facturé au client à la fin du projet. Toutefois, il faut être prudent. Le client peut réduire son budget en cours de projet. De ce fait, vos prestations avancées ne pourront plus être facturées. C'est pourquoi les prestataires en communication exigent des acomptes afin de régler les frais de mise en place du projet ».

**Maxime – Chef de projet dans une agence d'événementiel**

« La meilleure façon de suivre un projet est, avant toute chose, d'en connaître les étapes et les composantes. Au sein d'agences de communication expérimentées, chaque bon de commande signé d'un projet est accompagné d'un échéancier reprenant les étapes critiques et les dates auxquelles ces étapes doivent être traitées. Cela permet d'éviter tout retard éventuel. Lors du suivi d'une campagne, un tableau de bord peut être mis en place pour vérifier, entre autres, la répartition des tâches entre les différents acteurs du projet. »

# Effectuer des ajustements dans un projet

**Avant le lancement de toutes les solutions de communication préconisées dans le dossier de prise en charge de l'annonceur, il est conseillé, dans le cadre de campagnes à gros budgets, de tester les supports afin d'évaluer leur impact. Si les résultats de ces tests ne sont pas satisfaisants, il est encore temps à ce stade du projet de procéder à des ajustements.**

## 1 Évaluer la communication

Il est important de poser un regard objectif sur un projet de communication. Une vision extérieure permet de juger les supports avant leur diffusion.

### A Le jugement de la création publicitaire

Cette étape du projet intervient entre la validation du concept du projet et le lancement de la production. Elle se découpe en plusieurs phases.

#### 1. La *check-list* des critères de jugement

Les cibles et l'objectif de la campagne sont les facteurs les plus importants dans cette approche d'évaluation. Une ou plusieurs personnes servent d'échantillon test. Ce groupe est recruté par des sociétés spécialisées dans les études de campagnes publicitaires (IPSOS, CSA...). Il a pour mission de juger la campagne et s'appuie sur les critères suivants :
- le lien entre le projet de message et le message final ;
- le lien entre le message et la stratégie de communication ;
- le coût de réalisation de la maquette ;
- la qualité de l'accroche (sa force, sa nature...) ;
- le critère d'attribution (au produit, à la marque) ;
- le critère de perception (vitesse de communication des données importantes, cheminement de la perception du message...) ;
- le critère de compréhension (ce que l'on a voulu transmettre comme message, et ce qui a été compris) ;
- la force de conviction (originalité par rapport à la concurrence, homogénéité de l'annonce...) ;
- la crédibilité de la publicité et sa justification.

#### 2. Les pré-tests

Les pré-tests sont des outils de mesure destinés à tester les campagnes de communication avant leur lancement effectif. Ils sont organisés avant la diffusion des supports.

Il existe différentes méthodes de pré-tests :

- ***dummy magazine*** : on insère l'annonce dans une fausse revue avec d'autres annonces. On établit des scores d'éléments retenus, d'éléments d'appréciation et de rejet ;

– **méthode Clucas**: on présente la publicité à la télévision ou au cinéma en entier, puis séquence par séquence. On analyse la perception, l'identification, l'impact en terme de mémorisation;
– ***splin run test***: on place deux messages différents dans une même édition. On mesure l'impact en termes de mémorisation, de crédibilité, de compréhension et de comportement généré par l'annonce;
– **méthode des entretiens familiaux** : on se présente chez les gens en porte-à-porte ou par RDV pris par téléphone. On diffuse chez eux un mini-programme de 15 minutes, une page de publicité. Puis on mesure l'impact en termes de mémorisation et de crédibilité;
– **tachytoscope**: on projette à un échantillon de personnes des diapositives à vitesse variable. On mesure la compréhension, la perception des éléments, l'association marque/logo/emballage;
– **méthode Schwerin**: on diffuse des publicités au cinéma dans un court programme. On analyse la crédibilité, la compréhension, les attitudes et opinions, le comportement généré par l'annonce;
– ***folder test***: on place 10 annonces dans une pochette. Chaque personne feuillette à son rythme. On mesure la durée d'arrêt sur les publicités, les marques retenues, etc.

## B La mesure de l'efficacité publicitaire: les post-tests

Dans le cadre d'une campagne de communication, il est important de mesurer son efficacité. Pour cela, il existe des outils que l'on appelle « post-tests ».

Les post-tests se basent sur 7 indicateurs pour mesurer l'efficacité d'une campagne (Voir 45. Réaliser une étude qualitative):
– la notoriété de marque;
– la notoriété spontanée;
– le *top of mind*;
– la notoriété assistée;
– la mémorisation;
– le score de reconnaissance.

Les post-tests permettent de vérifier l'impact d'une communication sur le public à travers 4 variables.

### 1. Le score de reconnaissance

Cet indice correspond au pourcentage de personnes interviewées déclarant avoir vu l'annonce dans laquelle les références de la marque ont été masquées. Cela peut être une affiche avec le logo de l'annonceur occulté.

### 2. Le score d'attribution

Ce score correspond au pourcentage de personnes interviewées attribuant correctement à l'annonce le nom de l'annonceur ou de la marque.

### 3. Le ratio d'attribution/de reconnaissance

Ce ratio prend en considération le pourcentage de personnes interviewées reconnaissant le visuel et l'attribuant correctement à la marque.

### 4. Le score d'agrément

Cet indice correspond au pourcentage de personnes interrogées déclarant avoir apprécié l'affiche.

## 2 Proposer des alternatives aux dysfonctionnements

Après la mise en place des pré-tests, le chef de projet analyse les résultats. Si ces derniers ne sont pas concluants, il identifie les dysfonctionnements et réajuste le projet. Il peut alors choisir de changer le message ou des éléments graphiques.

Ensuite, il convient de proposer des alternatives à l'annonceur. Ces contre-propositions ne doivent pas révolutionner le travail précédemment effectué. Les nouvelles maquettes prennent en compte les résultats des pré-tests, tout en respectant le cahier des charges préalablement établi.

Cette étape fera appel à la réactivité du communiquant, et surtout à sa force de proposition face aux contraintes et aux impondérables du projet de communication.

### Conseil

**Ne pas oublier : la principale qualité d'un bon chef de projet est sa capacité à réagir rapidement face aux changements de dernière minute. On ne lui demande pas ici de mettre en avant sa force de vente, mais sa force de proposition.**

Si les nouvelles propositions mettent en œuvre de nouvelles étapes, il ne faut pas oublier de les ajouter dans le rétro-planning.

**Exemples de régulations et d'ajustements de projet :**

- **restriction de budget entre la validation de la commande et la réalisation.**
- **changement d'interlocuteur chez l'annonceur.**
- **nouvelle législation remettant en cause des étapes du projet dans leur mise en place.**
- **alliance politique avec de nouveaux candidats pour le deuxième tour d'une élection.**
- **conditions météorologiques lors de l'organisation d'un événement en extérieur.**

### Témoignage

**Laurie – Chargée d'animation au service des sports d'une ville**

« Les ajustements et la régulation sont les étapes les plus pénibles d'une gestion de projet. Lors de la mise en place d'un événement de relations publiques auquel je participais pour une association sportive, la date de l'événement a due être repoussée de plusieurs semaines par la mairie. La difficulté a été de changer les dates sur toutes les maquettes des supports de communication, de lancer des errata après des journalistes déjà prévenus, de décaler les dates des contrats de prestataires (estrades, sono, animateurs, traiteur...).

Toutes ces modifications ont dû être effectuées en un temps record. Contrairement à un service commercial qui est une force de vente, le service communication est une force de proposition. Les communicants doivent réagir vite et trouver des alternatives et de nouvelles solutions. Peu importe les dysfonctionnements, le projet doit être mené à bout ».

# 13 GESTION DES RELATIONS TECHNIQUES AVEC DES PRESTATAIRES

# Préparer et acheminer des éléments techniques

**Pour réaliser les supports de communication d'un projet ou d'une campagne, des éléments techniques sont nécessaires. Après leur préparation, ils sont transférés aux prestataires concernés.**

## 1 Notion d'éléments techniques

Un élément technique est un ensemble d'informations destinées à faciliter la création d'un support de communication. Il peut prendre un format papier (fiche techniques) ou informatique (fichier techniques).

Exemples d'éléments techniques :
- fiche technique d'utilisation d'une machine
- article pour le journal interne
- maquette de l'arborescence d'un site Internet
- fichier informatique d'une carte de visite

Cette étape de la gestion des relations techniques avec des prestataires est importante. En effet, c'est à partir de cet instant que la relation avec le ou les fournisseurs (prestataires) débute. Ces intervenants vont réaliser les différentes solutions de communication validées lors du projet.

## 2 Récolter des éléments techniques

Il est nécessaire de récolter des informations ou des éléments techniques afin de monter un fichier. Ce fichier servira à réaliser le support de communication. C'est l'équipe graphique qui s'occupe de créer les fichiers ; c'est donc au responsable de cette équipe ou au chef de publicité de récolter les éléments techniques. Ils se basent sur différentes sources.

### A La charte graphique

La charte graphique est un document comportant toutes les indications et les contraintes graphiques à respecter lors de l'utilisation de l'image d'un annonceur, pour la création d'un support de communication par exemple. Cette charte est composée de différents éléments.

- **Présentation de l'annonceur** : valeurs, objectifs de communication, image qu'il souhaite donner au public.
- **Présentation générale du logo** : raisons du choix de l'annonceur et dimensions possibles.
- **Éléments techniques du logo** : déclinaison en noir et blanc, références Pantone des couleurs du logo et typographie employée.
- **Placement du logo** : cadrage d'isolement du logo (zone autour du logo dans laquelle aucun n'élément graphique ne doit apparaître), position des slogans et des signatures institutionnelles sur les supports de communication selon le format utilisé.

• **Mise en page du logo** : positionnement du logo sur les différents supports de communication (cartes de visite, papiers en-tête, plaquettes, enveloppes...).
• **Applications diverses du logo** : positionnement du logo sur des supports originaux (objets publicitaires, véhicules, signalétique...)
• **Recommandations** : conseils relatifs à l'utilisation des éléments techniques, aux procédés d'impression sélectionnés et aux interdits (mauvaises utilisation du logo à éviter).

## B La communication antérieure

De précédentes créations de supports de communication réalisées par des prestataires peuvent également constituer des sources d'éléments techniques. En effet, un chef de publicité ou un responsable d'équipe graphique peut contacter un fournisseur afin de lui demander les fichiers d'exécution. Ce dernier accepte facilement lorsqu'il réalise le prochain support. En revanche, si l'annonceur n'est pas propriétaire du fichier technique énoncé dans les termes du contrat de prestation ou du bon de commande, il est difficile d'obtenir ces informations.

## C Le cahier des charges

Le cahier des charges est fourni en temps normal par l'annonceur lui-même. Tous les éléments techniques sont ainsi transmis au prestataire. Il y retrouvera clairement la demande initiale de son client concernant le produit fini ainsi que toutes les contraintes à respecter (consigne de la charte graphique, norme qualité environnementale...)
Le cahier des charges peut également être réalisé et envoyé au fournisseur par l'agence de communication.

**Exemples de récolte d'éléments techniques : récupération des recommandations d'utilisation d'un logo d'une charte graphique, récupération d'un manuel d'utilisation ou d'un mode d'emploi, récupération d'un cahier des charges.**

# 3 Élaborer des éléments techniques

## A Les logiciels de PAO professionnels

La grande majorité des fichiers techniques créés pour les supports de communication sont réalisés à partir de logiciels de PAO professionnels. Les plus connus sont les suivants :
– Adobe **Acrobat** : suite de logiciels permettant la conversion (Acrobat Distiller), la manipulation (Acrobat Pro) et la visualisation (Acrobat Reader) de fichiers PDF.
*Extension de fichiers : .pdf ;*
– Adobe **Illustrator** : logiciel de dessin vectoriel utilisé pour la création de formes telles que des logos.
*Extensions de fichiers : .ai, .eps ;*
– Adobe **Photoshop** : logiciel de retouche et de traitement d'images ;
*Extensions de fichiers : .psd, .jpeg, .tiff, .png, .gif, .bmp ;*
– Adobe **InDesign** : logiciel de mise en page utilisé pour la création de revues, livrets, journaux...
*Extension de fichiers : .indd ;*
– Quark **Xpress** : comme InDesign, logiciel de mise en page développé par une autre société que Abobe ;
*Extension de fichiers : .qxp ;*

- Adobe **Première** : logiciel de montage vidéo ;
  *Extension de fichiers : .prtl ;*
- Adobe **After Effects** : logiciel de traitement de la vidéo (filtre de couleurs, effets spéciaux...) ;
- Adobe **Dreamweaver** : logiciel de conception de sites Internet.
  *Extension de fichiers : .dwt ;*

## B Les contraintes techniques

La réalisation de supports de communication respecte des contraintes techniques liées aux types de fabrication :
- **respecter les dimensions du document** ;
- respecter la **zone de fonds perdu** : zone de débords du document destinée à subir une coupe franche au format fini du document. Cette zone permet de ne pas avoir de marges blanches (blancs tournants) tout autour du document ;
- respecter la **zone tranquille** espace de 3 mm au bord du format fini dans laquelle aucun texte ne doit être présent, sous peine d'être coupé lors du massicotage du document ;
- **vectoriser les polices** : transformer les polices d'écriture en vecteurs dans le logiciel de PAO Illustrator. La vectorisation de la police fige cette dernière dans le document et permet à ce dernier d'être imprimé, même si l'imprimeur ne possède pas le fichier de cette typographie.
- convertir les **photos et images** en mode **CMJN** ;
- vérifier la résolution des photos et images en **300 dpi** (qualité de l'image paramétrée sur Photoshop) ;
- travailler sur des fichiers de documents compatibles avec les exigences du prestataire : PDF, AI, EPS, TIFF, JPEG (haute définition).

**Exemple d'un fichier technique respectant les contraintes liées à l'impression**

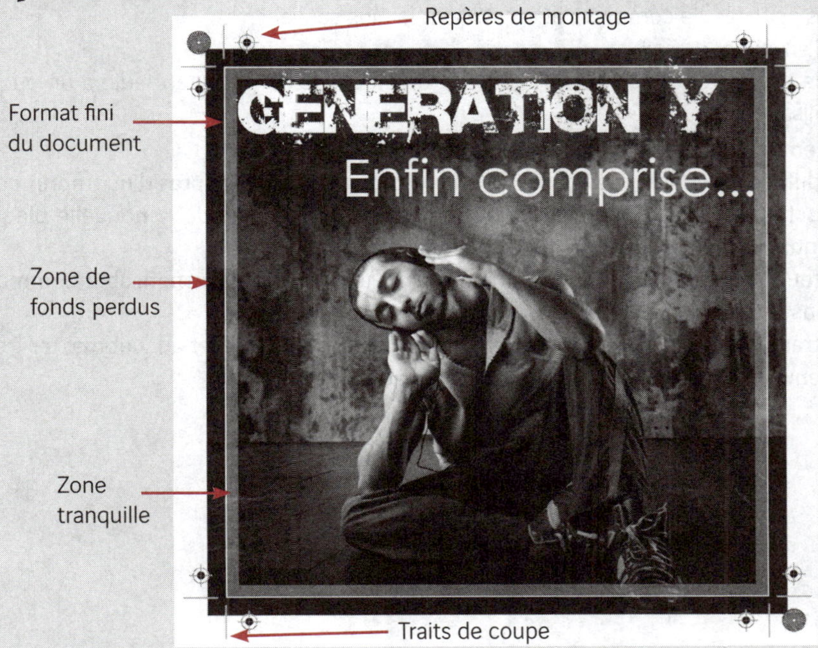

**Exemples d'élaboration d'éléments techniques : convertir un fichier de type traitement de texte classique en format PDF pour une meilleure prise en charge par l'imprimeur, vectoriser la typographie d'un logo, créer un fichier technique d'exécution d'un support de communication.**

# 4 Diffusion d'éléments techniques

Suite au travail préliminaire de récolte et d'élaboration d'éléments techniques relatifs à la création de supports de communication, il est temps pour la personne en charge du projet de transmettre ces éléments au prestataire concerné par la fabrication : c'est ce que l'on appelle la « diffusion ». Il existe différents moyens de transmettre des éléments techniques à un fournisseur.

## A Voie postale (diffusion physique)

Sans doute la plus vieille des méthodes d'envoi d'éléments techniques (documents papiers, clés USB, échantillons...), elle est toujours utilisée quand les éléments techniques ne sont ou ne peuvent pas être numérisés. Plusieurs types de diffusions physiques sont proposés :
– par voie de transporteur ou de messagerie privés ;
– par voie postale : courrier simple, courrier recommandé avec accusé de réception, courrier Max, Colissimo, Chronopost.

## B Voie informatique (diffusion numérique)

L'aire de l'informatique et des nouvelles technologies numériques a permis de développer les méthodes de diffusion de fichiers techniques. Plus rapides, plus sûrs et plus compétitifs, ces outils, avec des capacités d'envoi de plus en plus grandes, ont favorisé un gain de temps et d'efficacité dans la relation entre les différents prestataires (agences/fournisseurs). Les agences de communication utilisent le plus souvent :
– l'envoi par e-mail ;
– le transfert sur serveur FTP (espace de stockage sur Internet dédié à un ou plusieurs utilisateurs).

**Exemples de diffusions d'éléments techniques :**
**– diffuser le cahier des charges d'un catalogue à réaliser auprès d'un imprimeur ;**
**– acheminer des photos d'illustrations pour la maquette de la nouvelle plaquette de l'entreprise à l'infographiste de l'agence prestataire ;**
**– fournir l'article pour le journal interne de l'entreprise au responsable Communication dans les délais préétablis ;**
**– transmettre la maquette de l'arborescence du site Internet au webmaster freelance ;**
**– envoyer le chemin de fer du magazine au service PAO.**

# Évaluation technique d'un prestataire

**Le choix du prestataire (ou fournisseur) est qualifié de « nerf de la guerre » dans la conduite d'un projet de communication. Son évaluation technique est indispensable pour la qualité des réalisations. Il existe des outils professionnels permettant au chargé de projet d'évaluer techniquement le ou les prestataires devant intervenir sur un projet.**

## 1 Les prestataires

Un prestataire est un fournisseur de biens ou de services. Il honore une commande passée par un client en échange d'une rémunération ou d'une contrepartie (échange matériel, visibilité...). Ces intervenants sont la clé de voute de tout projet de communication. Si leur travail est défaillant, c'est toute la réussite de la campagne qui est remise en cause. La moindre erreur dans la fabrication des supports engendre des retards parfois critiques dans le planning du projet; c'est pourquoi le chef de projet est responsable du choix des prestataires.

### A Les différents types de prestataires

Lors d'un projet de communication, l'annonceur fait appel à différents prestataires. Leur nombre est tellement élevé et leurs spécialités tellement variées qu'il est impossible de tous les citer. Voici les plus présents dans une campagne de communication.

#### 1. Les agences de communication

Les agences de conseil en communication étaient appelées, jusqu'à la fin du XX^e siècle, « agences de publicité ». Aujourd'hui, leur rôle ne se limite plus à la simple réalisation publicitaire : elles mettent en place tous types de supports et coordonnent tous types de campagnes de communication. Leur rôle est de conseiller un annonceur pour la mise en place d'un projet. Les membres d'une agence de communication conçoivent le projet et suivent son bon déroulement, notamment en assurant la coordination avec les autres prestataires. En temps normal, l'annonceur n'a aucun lien direct avec les prestataires travaillant sur son projet. L'agence est l'interlocuteur unique du commanditaire.

#### 2. Les imprimeurs

Ce sont les prestataires les plus couramment rencontrés. Ils s'occupent de réaliser tous les supports de communication papier (cartes de visite, plaquettes, prospectus...). Ils récupèrent les fichiers techniques des graphistes de l'agence et lancent la fabrication des solutions de communication du projet. Pour de petits travaux, les responsable communication chez l'annonceur traitent directement avec les imprimeurs. Ils évitent ainsi l'intermédiaire financier de l'agence.

#### 3. Les façonniers

Les façonniers sont méconnus du grand public. Ils sont spécialisés dans la finition des documents imprimés. Si l'imprimeur n'est pas équipé en machines de façonnage, c'est ce prestataire qui finalise la réalisation. Ils sont également connus pour travailler le carton. La plupart des PLV en carton que l'on rencontre sont réalisées par des façonniers. Il est donc plus intéressant de s'adresser directement à une société de façonnage pour ce type de réalisation.

#### 4. Les designers

Les *designers* sont des professionnels de l'objet. Ils imaginent et dessinent toutes sortes d'objets ou *packagings* en prenant en considération les besoins du client et les contraintes techniques.
Selon le domaine d'activité, on distingue plusieurs types de *designers* :
- ***designer graphique*** : présentation graphique des produits ou documents ;
- ***designer produit*** : conception des objets et produits ;
- ***designer packaging*** : conception des emballages ;
- ***designer industriel*** : développement de produits destinés à être fabriqués en série.

#### 5. Les photographes

Ces spécialistes de la photographie travaillent en studio ou à l'extérieur. Pour des *shooting* photo (prise de vues) de produits, il est préférable de s'adresser à un studio photos spécialisé : la qualité finale en sera assurée. En ce qui concerne les photos d'ambiance, de très bons photographes indépendants réalisent ce type de prestation, à des coûts compétitifs.

#### 6. Les réalisateurs vidéo

Les professionnels de la vidéo réalisent des vidéos pour un annonceur, en direct ou par l'intermédiaire d'une agence de communication. À partir d'un scénario fourni, ils filment les différentes scènes qui composeront le film. Ils s'occupent ensuite du montage des différentes scènes et du traitement de la bande son.

#### 7. Les illustrateurs et graphistes

Les illustrateurs sont spécialisés dans la création d'illustrations ou de dessins. Cette fonction est très souvent remplie par les graphistes. Ces derniers conçoivent les maquettes et les propositions de supports de communication. Cependant, tous les graphistes ne savent pas dessiner ; c'est pourquoi il est utile d'intégrer un illustrateur dans son réseau de prestataires.

### B La relation technique

Les critères de nature du produit, d'étendue de la prestation et la nature de la relation sont pris en considération pour évaluer la relation technique (client-fournisseur). De grandes sociétés déclinent les relations techniques sous 4 formes.

#### 1. Le prestataire partenaire

La notion de prestataire partenaire implique une orientation commune dans la stratégie de l'entreprise. Ce type de relation technique implique une vision à long terme pour une meilleure efficacité dans les différentes réalisations. Les partenaires sont évalués sur l'aspect global de leur prestation.

#### 2. Le prestataire préférentiel

Cette notion englobe les fournisseurs consultés avant un projet et référencés dans un *listing* de prestataires préférentiels. Il n'y a aucune obligation de commander chez eux, mais le chef de projet bénéficie d'une pré-évaluation de ce prestataire. Cette dernière est réalisée par un autre chef de projet ou par un responsable des achats.

#### 3. Le prestataire conventionnel

Les prestataires conventionnels sont des fournisseurs consultés et évalués en amont d'une commande tout comme les prestataires préférentiels. Toutefois, ils sont classés en tant qu'alternative à la défaillance d'un fournisseur habituel. Ces fournisseurs « remplaçants » peuvent évoluer dans cette échelle de classement s'ils conservent leur qualité de prestation.

#### 4. Le prestataire potentiel

Cette catégorie identifie des prestataires éventuels qui n'ont pas encore eu l'occasion de réaliser une commande pour la société cliente. Ils sont listés afin d'entrer plus tard dans le portefeuille fournisseurs du client. Ces prestataires sont reconnus par leur notoriété, leur réputation et leur place sur le marché dans leur domaine d'activité.

## 2 L'évaluation technique d'un prestataire

Une évaluation des prestataires est nécessaire pour conserver une bonne qualité de réalisation et de services. Elle s'effectue avant, pendant et après la prestation. En effet, une prestation débute avant la commande (évaluation *a priori*), lors de la demande de renseignements du client auprès du fournisseur. Le traitement de la commande et la qualité de réalisation sont également des critères à prendre en compte. L'évaluation possédant le plus de valeurs demeure celle effectuée après la commande, une fois que le commanditaire a reçu livraison du « produit » fini (évaluation *a posteriori*).

### A Les enjeux

Savoir choisir de bons prestataires est une compétence propre à un bon chargé de projet. Il est important de ne pas prendre à la légère ce choix stratégique et de savoir évaluer ses prestataires.

La relation technique passe obligatoirement par une évaluation technique. Cette dernière permet de gagner du temps lors des prochaines consultations de prestataires dans la préparation d'une campagne de communication. L'évaluation ne porte pas seulement sur la compétitivité tarifaire ; c'est avant tout la qualité globale de la prestation qui est mesurée : écoute, qualité d'exécution, délais...

### B Les moyens de mesures

Il existe différents outils d'évaluation de prestataires à disposition des professionnels de la communication. Ces outils ont pour objectif de qualifier la prestation du fournisseur de façon objective et impartiale, sans laisser interagir les ressentiments et les préférences personnels.

#### 1. La grille d'évaluation

Une grille d'évaluation est un tableau composé de plusieurs critères d'évaluation (tableau multicritères). Chaque critère est noté afin d'obtenir une note globale destinée à comparer les prestataires entre eux. Les grilles d'évaluation sont aussi appelées « matrice de choix ».

### *Exemple de matrice d'évaluation*

| FICHE D'ÉVALUATION FOURNISSEUR | | | | | | | | | | |
|---|---|---|---|---|---|---|---|---|---|---|
| Type de prestation : ............ | | | | | | | | | | |
| Société : ............<br>Adresse : ............<br>Code Postal : ............ Ville : ............<br>Téléphone : ............ Fax : ............<br>NOM et Prénom du contact : ............<br>Fonction : ............ Téléphone : ............ | | | | | | | | | | |
| Critères d'évaluation | Notes | | | | | | | | | |
| | 1 | 2 | 3 | 4 | 5 | 6 | 7 | 8 | 9 | 10 |
| Notoriété du prestataire | | | | | | | | | | |
| Écoute du service commercial | | | | | | | | | | |
| Compétitivité des tarifs | | | | | | | | | | |
| Niveau d'expertise dans le domaine | | | | | | | | | | |
| Appui du service technique | | | | | | | | | | |
| Respect des contraintes du cahier des charges | | | | | | | | | | |
| Qualité du conditionnement | | | | | | | | | | |
| Respect des délais de réalisation | | | | | | | | | | |
| État des supports à la livraison | | | | | | | | | | |
| Souplesse des conditions de règlement | | | | | | | | | | |
| TOTAL | Note : ..... / 100 | | | | | | | | | |
| Commentaires : ............ | | | | | | | | | | |

Il est possible de pondérer ce type de fiches d'évaluation en attribuant des cœfficients à certains critères selon leur importance (Voir 38. Gérer des relations commerciales avec les prestataires).

### 2. Méthode QUÉOPS

Une des dernières méthodes d'évaluation de prestataires mise au point est l'outil QUÉOPS : graphique d'évaluations objectives des prestataires.

Cette représentation visuelle (fruit du travail d'un des auteurs de cet ouvrage, Julien Pansier) prend appui sur 3 critères incontournables pour une agence de communication lors de la création de supports pour un projet ou une campagne :

– la qualité de réalisation ;

- la compétitivité des prix ;
- les délais de livraison.

Ces 3 critères sont chacun notés sur une échelle de 1 à 10 (10 étant la meilleure note) et sont renseignés dans un tableau de type Excel. Cela permet ensuite de générer un graphique de forme pyramidale. Un équilibre entre ces 3 critères offre une qualité optimale de prestation. Plus le triangle présente une forme isocèle, plus les critères sont équilibrés. L'enjeu et de trouver un prestataire (ou fournisseur) possédant un triangle isocèle dont les valeurs de qualité, de délai et de prix se rapprochent le plus de 10.

L'avantage de cette représentation graphique réside essentiellement dans sa simplicité et la possibilité de superposer plusieurs notations de fournisseurs afin de visualiser le plus performant. Cette pyramide permet également de connaître les points forts d'un prestataire.

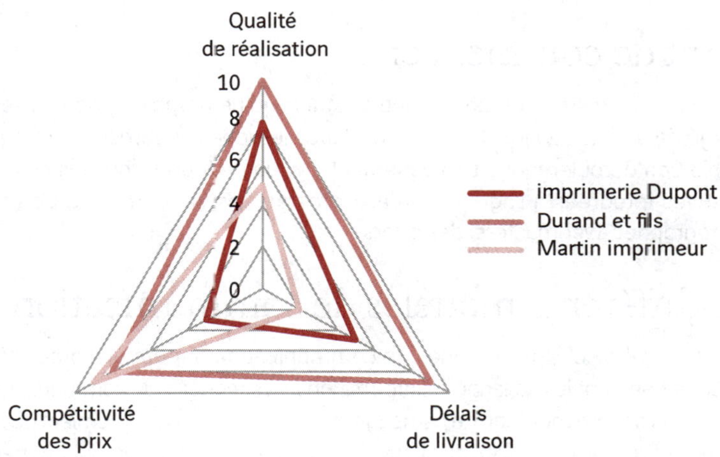


**Figure 14.1** La pyramide de la méthode Khéops

# 15



# Les différents modèles de communication

**Il est très courant, au cours de la réalisation d'un projet, de participer à l'élaboration d'un message. Le message est une composante essentielle des différentes théories de communication.**

## 1 Avant de commencer

Rappelons, à ce stade du projet, que c'est à l'équipe graphique de réaliser les supports. Le chargé de projet prépare la conception, lance les idées directrices (stratégie créative), organise le bon déroulement d'un événement en vue de fournir tous les éléments aux équipes créatives intégrées à l'agence, ou aux prestataires concernés : graphistes, illustrateurs, photographes, webmasters, designers…

## 2 Les différents modèles de communication

Depuis le XX$^{e}$ siècle, des théories de communication ont été élaborées afin de représenter schématiquement les échanges d'informations. Ces modèles de communication ont longtemps été utilisés dans le montage de campagnes publicitaires par les premiers géants de la publicité. Même si certains ne sont aujourd'hui plus d'actualité, ils doivent tout de même être maitrisés.

### A Le modèle de Harold D. Lasswell (1930-1940)

Lasswell s'intéresse à la communication de masse. Selon ce théoricien, on peut décrire convenablement une action de communication en répondant aux questions de la figure suivante :

**Figure 15.1** Le modèle de Harold D. Lasswell

#### 1. Qui ?

C'est ici l'émetteur du message. Dans le cadre d'un projet de communication, il s'agit vraisemblablement de l'annonceur.

#### 2. Dit quoi ?

Le modèle de Lasswell prend en compte le contenu du message, à savoir l'information à transmettre à la cible.

#### 3. Comment ou Par quel canal ?

Lasswell s'interroge à ce niveau sur le support ou le média employé pour faire passer le message.

#### 4. À qui ?

Il s'agit ici du récepteur du message, plus communément appelé, en stratégie de communication, « la cible ».

### 5. Avec quels effets ?

Le théoricien pousse la réflexion sur les conséquences du message sur le récepteur, c'est-à-dire l'aspect conatif sur la cible : acte d'achat, adhésion...

Le modèle de Harold D. Lasswell est utilisé dans des constructions de messages de communication tels que des lettres commerciales et courriers de prospection. Cette théorie matérialise l'information (message) comme un processus amené à influencer et persuader le récepteur. Il peut être utilisé dans les mêmes conditions que la méthode AIDA (Voir 27. Réaliser des supports de communication).

Ce schéma ne prend pas en compte le phénomène de rétroaction. Les retours éventuels d'opinion ne sont pas considérés.

## B Le modèle de Shanon et Weaver (1949)

Ce modèle porte le nom d'un ingénieur (Shannon) et d'un philosophe (Weaver). Ces deux personnages ont matérialisé le premier schéma de communication. Le modèle de Shannon et Weaver a été développé pour répondre aux problématiques rencontrées dans les transmissions télégraphiques.

L'émetteur doit transmettre un message au récepteur *via* un signal. La difficulté réside dans la restitution fidèle du message, sachant que des facteurs sont susceptibles de parasiter la transmission.

Cette approche « physique » du système d'information met en évidence les facteurs perturbants de la transmission. Toutefois, ce schéma simpliste trouve ses limites : il ne peut s'appliquer à toutes les situations de communication. En effet, l'existence de plusieurs récepteurs n'est pas envisagée. Il délaisse les éléments psychologiques et sociologiques pouvant influencer la compréhension du message.

Autre inconvénient, l'émetteur de l'information ne peut mesurer les réactions du récepteur (appelées la rétroaction ou le *feedback*). En ne pouvant prendre en compte cette boucle, il est impossible de mesurer l'efficacité du message.

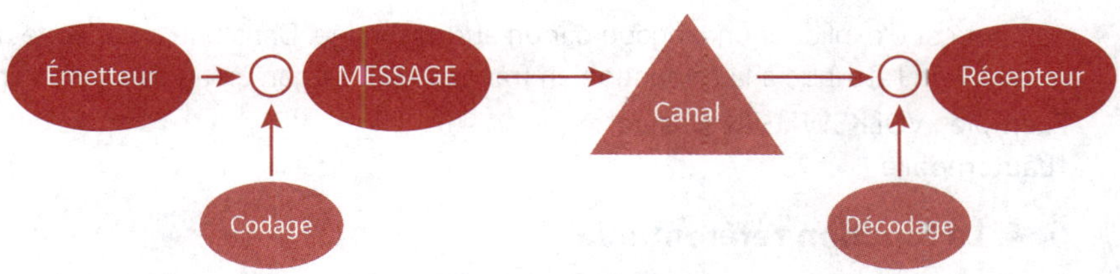


**Figure 15.2** Le modèle de Shanon et Weaver

## C Le modèle de Wiener (1948)

Ce modèle intègre la notion de *feedback*. Il permet de se projeter dans un système d'information bidirectionnelle :

- de l'émetteur au récepteur ;
- du récepteur à l'émetteur.

Ce modèle se différencie des deux précédents, qui intègrent seulement une vision unidirectionnelle. On conceptualise ainsi l'échange d'informations dans une approche circulaire. Wiener ouvre la voie à des schémas de communication plus complexes.

Dans le schéma de Wiener, on distingue 2 types de *feedback* :

- le *feedback* positif : accentue un phénomène avec un effet boule de neige ;
- le *feedback* négatif : maintient une relation dans un état d'équilibre entre les acteurs dans un phénomène de régulation.

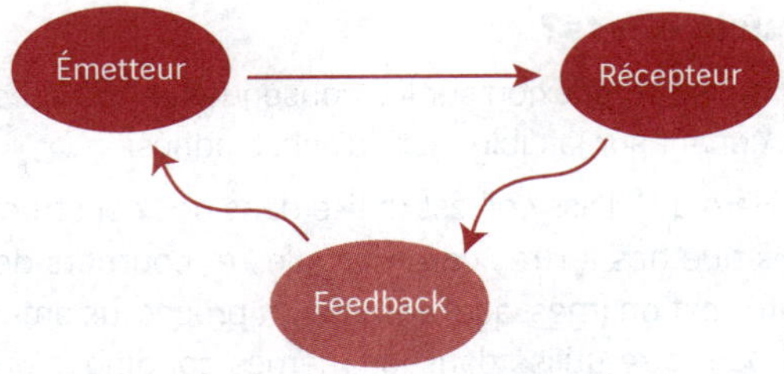


**Figure 15.3** Le modèle de Wiener

## D Le modèle de Jakobson (1973)

Ce modèle s'articule autour des messages verbaux. Il fait apparaître 6 fonctions principales : conative, phatique, métalinguistique, référentielle, poétique, et expressive.

### 1. La fonction conative

Son but est de faire agir le destinataire (récepteur). Dans une campagne de communication, l'objectif conatif vise à faire acheter un produit donné.

**Exemple : En utilisant cette crème de jour tous les matins, ma peau se raffermit et je parais 10 ans de moins.**

### 2. La fonction phatique

Son but est de maintenir le contact. Dans une campagne de communication, elle s'apparente à une réaction visuelle face à l'utilisation de couleurs criardes, d'éléments visuels choquants ou de messages forts.

**Exemple : Mise en scène d'accidents de la route dans des campagnes télévisées de la Sécurité routière.**

### 3. La fonction métalinguistique

Son but est d'expliquer un langage par un autre langage. Dans une campagne de communication, on l'attribue à la traduction en français d'un slogan en anglais par exemple.

Exemple : VOLKSWAGEN Das auto*
*L'automobile

### 4. La fonction référentielle

Son but est d'orienter le message vers des référents (personnes, objets, habitudes...). Dans une campagne de communication, on l'utilise dans le cadre de l'énoncé d'une situation ou d'un témoignage.

**Exemple : Témoignage d'un joueur de l'équipe de France de handball sur son habitude de boire une marque d'eau particulière dans sa vie de tous les jours.**

### 5. La fonction poétique

Son but est d'amener un caractère expressif afin de transmettre une émotion dans le message. Dans un spot télévisé, le style de vocabulaire et les expressions employés par le personnage pour véhiculer le message font partie de la fonction poétique.

**Exemple : « Il y a des choses qui ne s'achètent pas, pour le reste il y a Mastercard. »**

### 6. La fonction expressive

Son but est de transmettre au récepteur des sentiments et des critères de personnalité de l'émetteur.

**Exemple : Le ton jeune, enjoué et dynamique du narrateur d'une publicité d'un spot radio pour une boisson énergisante.**

Selon Jakobson, les 6 fonctions du langage « ne s'excluent pas les une au autres, mais [...] se superposent souvent ». Ces fonctions sont donc cumulables dans l'utilisation du schéma de Jakobson.

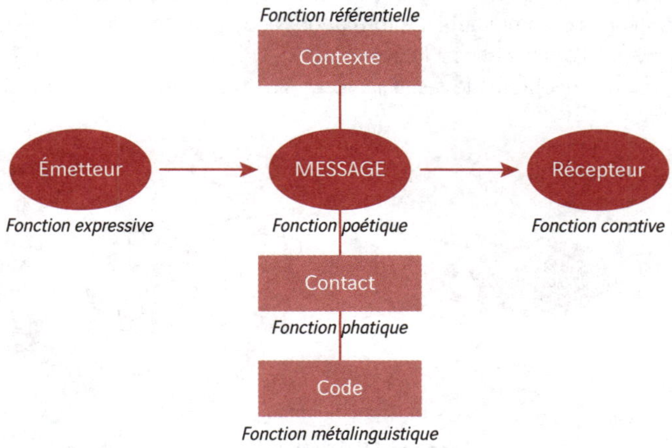


**Figure 15.4** Le modèle de Jakobson

## E Le modèle de l'école de Palo Alto (1984)

Palo Alto est le nom d'une ville du sud de San Francisco, dans laquelle s'est tenu un colloque de chercheurs visant à déterminer l'importance de la relation entre les interlocuteurs, les acteurs de la communication et le message. La notion importante de ce colloque est le fait que « l'on ne peut pas ne pas communiquer ». Cette théorie jette les fondements de la compréhension du processus d'informations. Le contexte de communication est, selon ces chercheurs, essentiel à la compréhension du message. Dans ce modèle, les différentes composantes des schémas précédents ont été reprises et modélisées dans un schéma simple.

**Figure 15.5** Le modèle de Palo Alto

**Un nouveau modèle pour le futur ?**

Lorsque les premiers réseaux sociaux sont apparus sur Internet, les agences et autres professionnels de la communication n'ont pas saisi l'importance de ces nouveaux relais d'informations. Pendant quelques temps, les messages des campagnes de communication n'atteignaient pas leurs cibles. Ceci s'explique par une barrière virtuelle (filtre) mise en place par la communauté du réseau social. Ce n'est qu'en 2007 qu'un modèle de communication communautaire est apparu. Bien que simple dans sa représentation schématique, ce modèle jette les bases de la compréhension de ses nouvelles cibles de communication et prend en considération l'émergence des communautés physiques et virtuelles dans la société du XXI$^{e}$ siècle. Cette théorie met en avant le fait que le message est filtré par les codes, les mœurs et les moyens de communication dits « communautaires ».

Un récepteur au sein d'un groupe revendiquant une appartenance quelconque sera touché par le message après que celui-ci soit passé par les canaux de communication de la communauté. Ce schéma peut être facilement transposé sur les réseaux sociaux. Un message diffusé par un émetteur sera lu, appréhendé, interprété et très souvent retranscrit différemment. Ceci constitue la base des *buzz* Internet.

**Observation du message**

Du point de vue de l'émetteur: le message est envoyé au récepteur mais est codé par les canaux de communication de la communauté. L'information reçue par le destinataire risque d'être différente que celle envoyée à l'origine et mal interprétée.

Du point de vue du récepteur: le *feedback* n'est plus maîtrisé, puisqu'il transite par le filtre de la communauté.

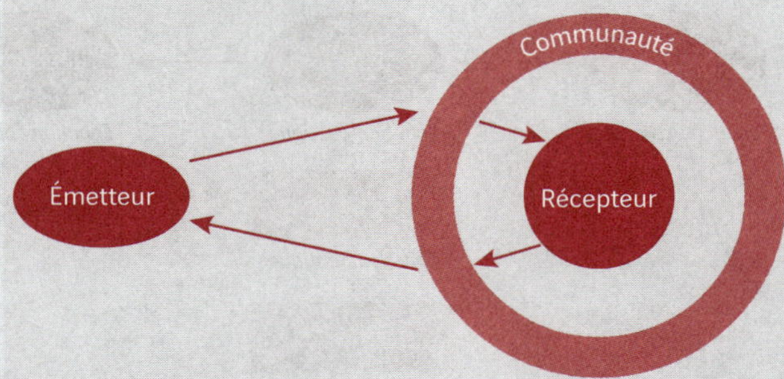


**Figure 15.6** Le modèle communautaire

## F Le schéma d'interactions des messages publicitaires

Cet ensemble reprend les travaux et conclusions des modèles de communication développés au XX$^{e}$ siècle. Ce schéma permet de visualiser comment un annonceur envoie un message (à travers une campagne ou un projet). On distingue:

- **le message publicitaire rationnel et informel**, qui peut être qualifié d'information officielle, puisqu'il est transmis à travers des supports de communication de l'annonceur (spot TV, affiche, site Internet...);
- **le message informel et émotionnel**, qui peut être qualifié de sous-message. Il est destiné à apporter une image et générer une émotion auprès de l'annonceur afin de déclencher une action (achat, engagement...).

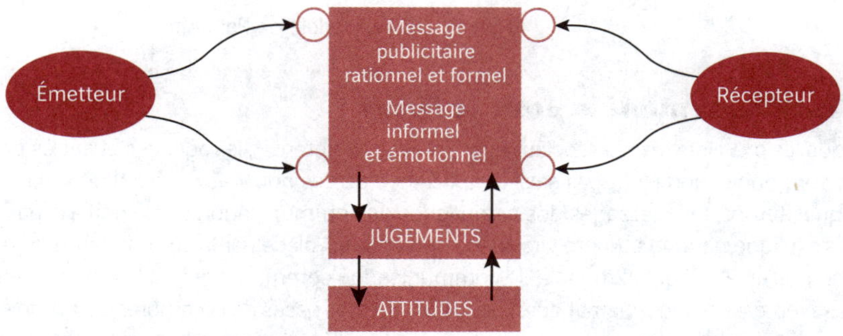


**Figure 15.7** Le schéma d'interaction des messages publicitaires

# 16



# Les éléments porteurs du message

**Un message de communication est construit à l'aide d'une méthodologie ou d'un plan. Voici comment élaborer les messages les plus courants lors d'un projet.**

## 1 Le scénario

Un scénario est un document écrit décrivant le dialogue de personnages scène par scène avant d'être filmé ou enregistré. Le scénario permet de rédiger et de transmettre un message d'une publicité télévisée, radio, ou de tout autre support audiovisuel. Le scénario se construit sous forme de tableau.

### Exemple de scénario

PRODUCTION D'ÉLÉMENTS À DIFFUSER

PUBLICITÉ RADIO

Client : HAIR SHOP

**Voix**

Filles 20 ans — Nombre : 2

Jeune homme 20 ans — Nombre : 1

Musique : dynamique

Bruitage : rue

| Bruitages | Voix | Texte | Chrono |
|---|---|---|---|
| Bruit de rue | Adolescente 1 | Ouah ! Marie, elle est super ta nouvelle coupe ! | 2 sec |
| Bruit de rue | Adolescente 2 | Ah, t'as remarqué ! | 1 sec |
| Bruit de rue | Adolescente 1 | C'est clair, t'es allée où ? | 1 sec |
| Bruit de rue | Adolescente 2 | Au nouveau salon de coiffure HAIR SHOP, rue de la République.<br>Une équipe jeune et disponible s'est occupée de moi. Ils m'ont conseillé et, ensemble, nous avons choisi mon nouveau style.<br>Et tout ça dans une super ambiance ! | 8 sec |
| Musique dynamique | Voix homme 20 ans | Nouveau salon HAIR SHOP, 3, rue de la République. Ouvert du lundi au samedi non stop. | 4 sec |
| Jingle HAIR SHOP | | | sec |

## 2 L'article de presse

La finalité d'une campagne de relations presse réside dans la rédaction d'un article. Avant de créer un communiqué ou un dossier de presse, il est intéressant de connaître comment un journaliste rédige son article afin de faire passer son message. Le chargé de projet peut également être amené à l'écrire lui-même. Voici donc quelques conseils pour bien rédiger un article de presse.

### A Collecter des informations et les classer

Après avoir collecté toutes les informations relatives au sujet et à l'investigation, l'utilisation de la méthode du QQOQCP (Qui, Quoi, Où, Quand, Comment, Pourquoi) est recommandée pour classer les éléments à mettre en place.

### B Choisir une structure narrative

Il existe 3 plans de démarche couramment utilisés en journalisme :
- partir du général pour aboutir au particulier ;
- donner toute l'information puis la développer ;
- rédiger selon la chronologie des faits et des propos.

D'autres structures narratives sont possibles ; toutefois, ces 3 plans sont à la portée des rédacteurs en herbe.

### C Respecter le plan

Lors de la rédaction, il faut penser à respecter le plan de construction suivant :
- **surtitre ou casquette** : titre de la rubrique ou domaine général de l'article ;
- **titre** : accrocheur et percutant ;
- **sous-titre** : élément supplémentaire précisant le titre ;
- **chapeau** : accroche sous forme de petit paragraphe, introduisant ou résumant le sujet ;
- **attaque** : première phrase de l'article (surprend le lecteur tout en l'incitant à lire la suite) ;
- **intertitres** : ils structurent et donnent du rythme quand l'article est long ;
- **légende** : elle explique et commente une photo ou une illustration.

**Exemple d'article de presse**

**Vie économique**

**2000 ans plus tard, ils reviennent !**

Le jardin romain de Caumont-sur-Durance ouvre ses portes cette semaine. Il sera inauguré ce vendredi par le maire du village en présence du préfet.

Après la découverte des vestiges d'un bassin d'ornement gallo-romain unique en son genre, la mairie de ce petit village de Provence a décidé de transformer ce qui devait être une résidence de logements sociaux en site touristique.

Le vendredi 30 juillet, toutes les instances politiques locales et régionales se sont données RDV pour l'inauguration du nouveau site touristique du Vaucluse. Après plusieurs années de travaux, l'aventure romaine est en marche.
Comme il y a 2000 ans [...] !

Un bassin long de 65 m

→ → →

→→→

*Un jardin d'ornement avant tout*

Le jardin romain de Caumont offrira à ses visiteurs un cadre apaisant. Les différentes parties du site sont toutes tournées sur des thèmes végétaux en lien avec les divinités romaines. [...]

Le jardin de Jupiter

*Un vestige unique dans toute la romanité*

Le bassin d'ornement est le seul découvert dans ce qui fût le monde romain. Des techniques de construction identiques à celles de ce bassin ont été retrouvées à un seul endroit : Rome ! [...]

## 3 Le communiqué de presse

Un communiqué de presse est un document rédigé par un annonceur, à destination d'une cible de journalistes (presse, TV, radio, Internet).

Ce type de support est rédigé selon des codes stricts :

- concevoir le document sur un format A4 recto seul ;
- rédiger en 1500 signes maximum ;
- respecter la règle du feuillet journalistique ;
- afficher la mention « communiqué de presse » ;
- dater le document.

### Conseil

**Le communiqué de presse constitue le premier contact avec les journalistes. Attention aux fautes d'orthographe et de syntaxe.**

## 4 Le dossier de presse

Le dossier de presse est un outil destiné aux journalistes. Beaucoup plus complet qu'un communiqué, il a pour objectif de susciter leur intérêt. Une information complète doit être fournie si l'annonceur souhaite bénéficier de retombées presse. L'information doit être crédible et rigoureuse sur la thématique abordée. Le dossier de presse est une ressource documentaire pour la rédaction d'articles de presse.

## PLAN TYPE DE DOSSIER DE PRESSE

1. Sommaire
2. Des fiches d'information (entre 3 et 5) classées dans l'ordre de la hiérarchisation de l'information :
   - du plus actuel au plus ancien ;
   - du particulier au général ;
   - du plus simple au plus technique ;
   - du plus concret au plus théorique.
3. Communiqué de synthèse
4. Annexes
5. Éléments visuels (photos, schémas, illustrations fournies sur CD rom).

## PLAN D'UN COMMUNIQUÉ DE PRESSE

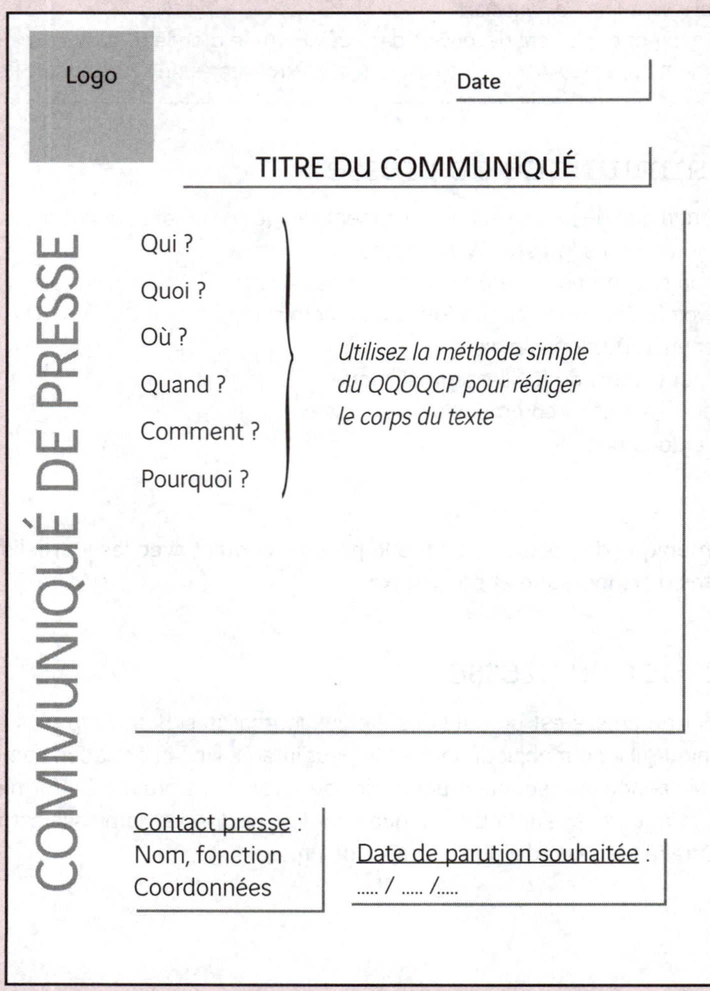

## Témoignage

**Sophie - Chargée de clientèle dans une agence de communication**

« Un mauvais message est à la base d'une mauvaise communication. L'influence personnelle du concepteur, et surtout du client, provoque régulièrement ce dysfonctionnement.

Dans le cadre de campagnes de communication sur des domaines spécifiques (technologie, santé, législation, finance...), l'annonceur préfèrera instinctivement un message complet, voire compliqué, dans lequel le vocabulaire professionnel du secteur concerné sera employé. Le risque majeur est simple : la cible peut ne pas comprendre ou mal interpréter le message à cause d'un vocabulaire inapproprié.

Malgré la qualité graphique des supports, si le récepteur de l'information ne comprend pas le message, la campagne est un échec. Le concepteur-rédacteur endosse parfois un rôle pédagogique. Il doit expliquer à l'annonceur que le message ne doit pas lui plaire personnellement, mais plaire à ses cibles. Tout le charisme et la détermination du professionnel de la communication entre en scène à ce moment.

Ne tombez pas dans le piège classique «du moment qu'il paye, c'est lui qui décide», car si la campagne est un échec, c'est sur vous que la faute sera rejetée. Votre réputation ou celle de votre entreprise en pâtira.

J'ai vécu ce cas précis. Un de mes clients, spécialisé dans la fabrication et l'installation de brumisateurs partout dans le monde, souhaitait renouveler l'ensemble de sa documentation commerciale. Nous avions préconisé une pochette à rabat institutionnelle présentant l'entreprise, dans laquelle se glisseraient des fiches techniques dites «fiches produits». Le client souhaitait absolument faire apparaître sur la couverture de la pochette à rabat de l'entreprise des photos de ses produits. Nous nous sommes battus pour lui faire comprendre que cette première page devait insuffler une ambiance et des valeurs à travers des jeux de couleurs et des photos d'illustrations bien choisis. À la première vue de cette couverture, le lecteur devait ressentir de la fraicheur, justifiant le secteur d'activité de l'entreprise : le rafraîchissement par brumisation. »

# Élaborer des maquettes

**Chaque support de communication doit être travaillé sous forme de maquette avant sa réalisation finale, afin de faciliter les corrections et la validation par l'annonceur.**

## 1 Avant de commencer

Avant de lancer une réalisation auprès d'un infographiste ou de tout autre prestataire, une maquette doit être réalisée. Cette maquette permettra de transmettre plus facilement les idées, de visualiser les différents éléments et leur emplacement sur le document.
La notion de maquette n'est pas exclusivement réservée aux supports papier. Elle peut être employée pour des supports audiovisuels et pour Internet.

## 2 Les 3 grands types de maquettes

### A Le *rough*

Un *rough* est un croquis crayonné. Il est très souvent utilisé pour des maquettes papier. Ce brouillon permet au chargé de projet de représenter grossièrement le support à créer. Il faut indiquer, pour chaque élément textuel, le nom de la typographie à employer, la taille, la graisse, etc. Les éléments visuels sont représentés par des cadres, dont l'intérieur est matérialisé par une croix.
En apposant sur ce brouillon tous les éléments constituant le futur support de communication, il est possible de vérifier que toutes les informations relatives au message sont présentes. De plus, l'équilibre des éléments sur le document est contrôlable d'un simple coup d'œil.

### B Le scénario

Le scénario permet de travailler sur le contenu d'un dialogue ou l'action de la scène avant de lancer la production du message radio, TV, vidéo, Internet... Dans le cadre d'un spot radio ou d'une vidéo, le scénario est considéré comme une maquette puisque c'est un document de travail préliminaire destiné à être validé (Voir 16. Les éléments porteurs du message).

### C Le *storyboard*

Le *storyboard* (traduit en français « scénarimage ») est une maquette utilisée en préproduction. Il illustre un film ou une vidéo avant sa réalisation. Grâce à ce document technique, il est possible de planifier et d'organiser les plans qui constitueront la production. Il faut faire figurer les types de cadrage, les mouvements de caméra, les actions des personnages... et ceci pour chaque plan.
L'objectif de cette maquette est avant tout de transmettre le plus clairement possible la vision voulue du tournage des scènes. De plus, grâce au *storyboard*, les informations entre les différents membres de l'équipe de tournage circulent plus facilement.

### Exemple de rough pour un encart presse

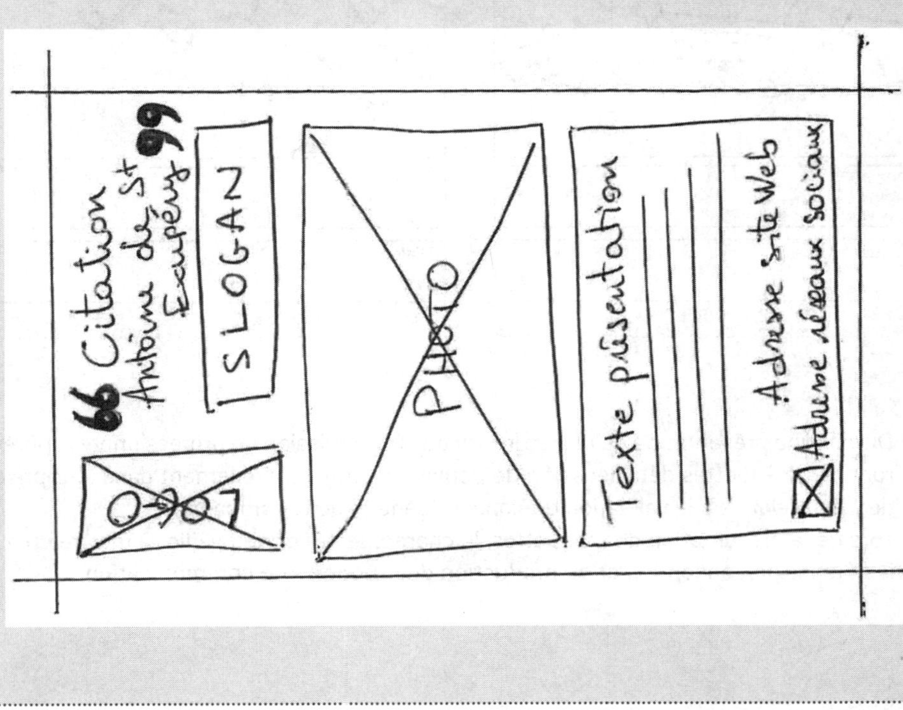


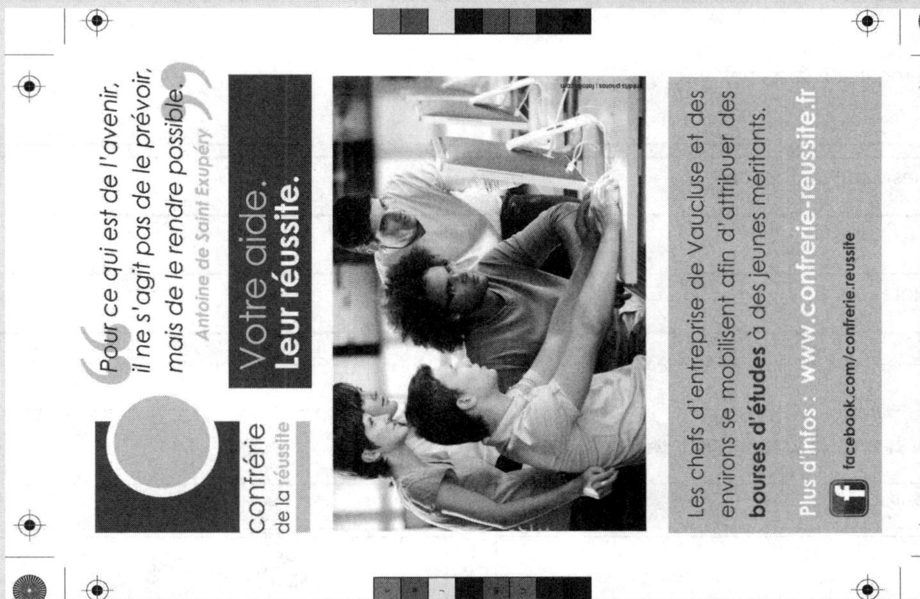

## Modèle de vignette de storyboard

| Numéro de la scène | Référence du plan |
|---|---|
| (Croquis de la scène) | |
| Descriptif de l'action | |
| Dialogues | |
| Notes | |

## Extrait d'un storyboard

**Scène** 12 — **Plan** 2

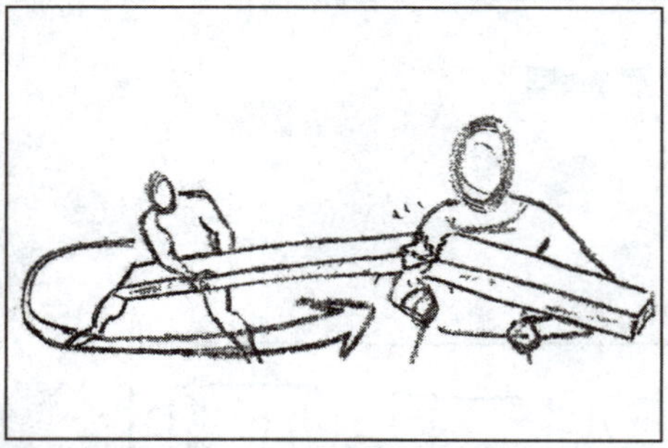

**Action**
Le héros se relève, saisit une poutre et la brise sur la poitrine du méchant, qui ne vacille pas.

**Dialogue**
H : « Tiens ! Celle-là, tu ne l'as pas volée ! »
M : rire moqueur

**Scène** 12 — **Plan** 1

**Action**
Violent combat entre le héros et le méchant de l'histoire. Le méchant décoche un uppercut au héros.

**Dialogue**
Aucun.

## Conseil

Durant une présentation de projet, le jury ou la commission de professionnels apprécieront des maquettes détaillées afin de pouvoir se projeter facilement dans leur prise de décision relative à la validation du concept général de la campagne.
Lors de la présentation de maquettes, le chargé de projet doit veiller à mettre en avant les étapes de conception et de production des supports de communication.

## Témoignage

**Hugo – Chef de publicité dans un studio de création graphique**

« La création de maquettes est un moment important pour un créatif (graphiste, illustrateur, *designer*...). C'est l'étape que je trouve la plus excitante. En effet, c'est à ce moment que l'esprit «artistique» entre en jeu. Après avoir suivi les étapes préliminaires de la prise en charge du dossier, je laisse entrer en scène les différents membres de l'équipe graphique.

Pour autant, mon rôle de chef de projet n'est pas terminé. La création graphique n'est pas une finalité dans le projet de communication, mais un maillon essentiel. Le projet ne peut être poursuivi si les maquettes ne sont pas validées par le client. C'est pourquoi je suis présent lors des différentes étapes de création qui aboutissent sur des maquettes de supports. J'exige toujours au moins 3 propositions. Je les présente ensuite au client dans l'ordre suivant : de la moins convaincante à la plus pertinente. Je mets un point d'honneur à justifier le moindre élément : choix de la couleur, de la police, de l'emplacement des éléments... Vulgairement, le client doit en avoir pour son argent.

# Le logo

**Le logo est un élément visuel représentant l'entreprise. Il constitue le premier contact avec le public. Il doit donc transmettre, dès la première vision, l'activité, les valeurs et les fondements de l'entreprise.**

## 1 La présentation

Afin de réaliser une première ébauche de création, il est demandé à un graphiste (en interne ou en externe) de créer le logo en s'appuyant sur un *brief* client complet. Un logo peut être réduit à une simple écriture avec une police particulière. Il peut également être accompagné d'une phrase, d'une expression ou d'un élément graphique (gimic) afin de compléter sa compréhension.

## 2 Les différentes étapes de la création du logo

### A La demande

L'annonceur passe commande de la création du logo auprès de l'agence. Dès que le devis est validé, la relation avec les collaborateurs de l'agence débute.

### B Le *brief* client

Le chargé de clientèle ou le chef de publicité organise un rendez-vous ou une réunion avec le commanditaire (ici, l'annonceur). Cet entretien a pour objectif de collecter un maximum d'informations relatives à l'annonceur (valeurs, histoire, activités…) afin de proposer un logo en adéquation avec l'image qu'il souhaite transmettre.

### C Le *brainstorming* de l'équipe créative

Le chef de publicité réunit alors les différents membres de l'équipe créative (graphiste, illustrateur, *webdesigner*…) afin d'exposer les éléments du *brief* client. Il énonce clairement la demande de l'annonceur. S'ensuit un échange d'idées.

### D La présentation des axes

L'équipe créative a maintenant développé plusieurs axes de réflexion. Le chef de publicité valide certaines idées et encourage les créatifs à poursuivre une ou plusieurs pistes qui lui semblent correspondre à la demande du client.

### E La réalisation des différents ébauches

Les membres de l'équipe créative finalisent leurs ébauches. On visualise à partir de cette étape les différentes propositions de logo qui seront faites à l'annonceur.

### F La présentation à l'annonceur

Le chargé de clientèle ou le chef de publicité de l'agence présentent à l'annonceur les différentes propositions de logos réalisées à partir des éléments du *brief* client.

### G Les corrections et modifications éventuelles

L'annonceur peut demander des modifications sur les propositions de logos. Les créatifs exécutent ces corrections.

### H La validation par le client

Après modification de la version choisie, le client valide le logo correspondant à ses attentes. La fin de la création du logo interviendra avec ses diverses déclinaisons de couleurs.

## 3 La forme

Un logo peut être utilisé sur tous les supports de communication d'un annonceur. Il s'emploie sous format informatique : Illustrator (.ai ou .eps), Photoshop (.psd) ou dans des formats plus traditionnels (jpeg, .giff, .png...).

## 4 Les acteurs en présence

Différents corps de métier interviennent dans la création du logo :

- l'annonceur : commanditaire de la création du logo ;
- le chef de publicité et/ou chargé de clientèle : intermédiaire entre l'annonceur et l'équipe créative (graphiste) ;
- le graphiste : créateur des ébauches et des propositions de logos.

## 5 La finalité

L'objectif de la création d'un logo est avant tout de concevoir un élément significatif permettant l'identification de l'annonceur. Lorsqu'un modèle est validé, il est intégré dans la charte graphique de l'entreprise et décliné sur tous ses supports de communication (cartes de visite, papier en-tête, plaquette...).

## Exemples de maquettes de logos

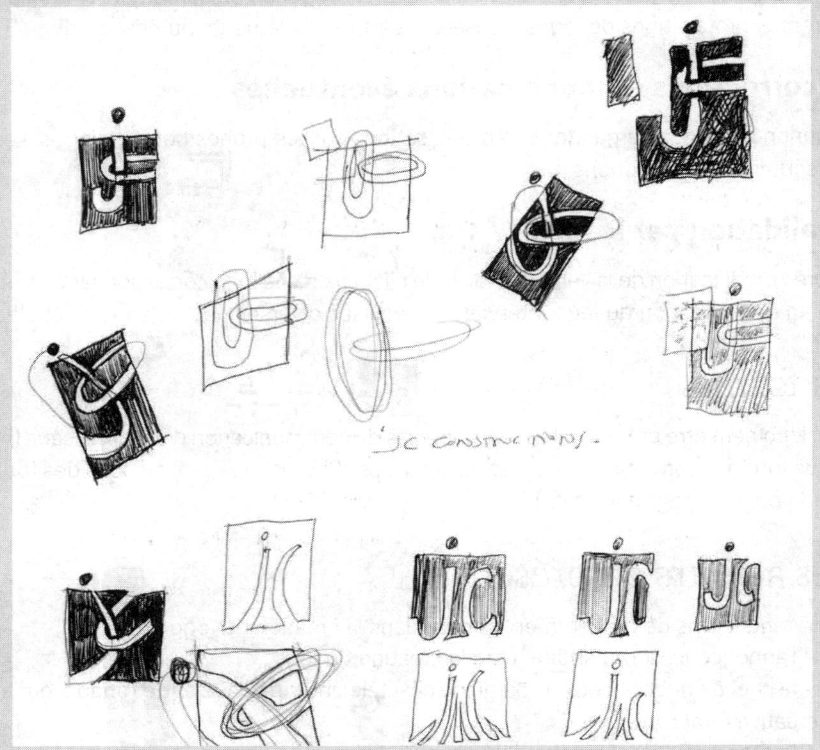

## Exemples de propositions de logos

# La charte graphique

**Ce document est à la base de toutes créations de supports de communication. Tous les éléments de communication visuelle de l'annonceur y sont présentés. On y retrouve les instructions de leurs utilisations.**

## 1 Présentation

Une charte est remise à l'annonceur par le graphiste après la validation de tous les éléments graphiques dans le cas d'une commande de création d'identité visuelle. La règlementation de l'utilisation et la déclinaison de l'identité visuelle de l'annonceur sont en rapport direct avec son image de marque.
L'utilisation du logo fait partie intégrante d'une charte graphique. Sa mauvaise utilisation peut entraîner un préjudice d'image à l'organisation.

## 2 Les différentes étapes d'élaboration de la charte graphique

### A La demande de l'annonceur

Même démarche que pour la création du logo.

### B Le *brief* client

Même démarche que pour la création du logo.

### C La définition des couleurs

Monochromie, bichromie, quadrichromie, pantone... : tout dépend du choix initial.

### D Les déclinaisons possibles du logo

Définition des différents modèles du logo à utiliser selon le mode colorimétrique choisi, son intégration dans différents documents...

### E La validation des polices d'écritures à utiliser

La charte établit ici les styles d'écriture (ou typographiques) à utiliser sur les supports de communication de l'annonceur.

### F L'insertion des supports en papèterie

Présentation de modèles de cartes de visite, papier en-tête, enveloppes...

### G La démonstration des utilisations interdites

La charte détermine les choses à ne pas faire avec les composantes de la charte (logo déformé, mariage de couleurs...).

### H La validation par le client

Même démarche que pour la création du logo.

## 3 La forme

La charte graphique se présente sous forme informatique afin de faciliter sa consultation. Elle est disponible sur un site Internet, dans un dossier compressé de type WINZIP ou WINRAR, ou tout simplement en format PDF. Un modèle de charte est également fourni en format papier au client pour lui permettre de l'archiver et la rendre aisément consultable.
La charte est accompagnée d'un Cd-rom sur lequel sont gravés des fichiers informatiques d'exécution (logo de l'annonceur, gabarits de plaquettes, d'enveloppes...) afin que les prestataires puissent créer les supports en respectant scrupuleusement les règles établies dans ce document.

## 4 Les acteurs en présence

Différents corps de métier interviennent dans l'élaboration de la charte graphique :
- l'annonceur ;
- le graphiste ;
- les prestataires éventuels : imprimeurs, *designers*, graphistes indépendants...

## 5 La finalité

L'objectif d'une charte est ambitieux : la charte permet d'éviter les dérives de création visuelle en normant au maximum toute utilisation et déclinaison éventuelles de l'identité visuelle de l'annonceur par un prestataire quelconque. L'image de l'annonceur doit être préservée selon les règles établies dans la charte.

# Exemples de chartes graphiques



## II.5 Espace de dégagement

Pour assurer la lisibilité du logotype, il est demandé de laisser un espace libre tout autour du logotype en version institutionnelle comme en version partenaire.
**Cet espace libre est AU MOINS ÉGAL à la valeur du « rond orange ».**

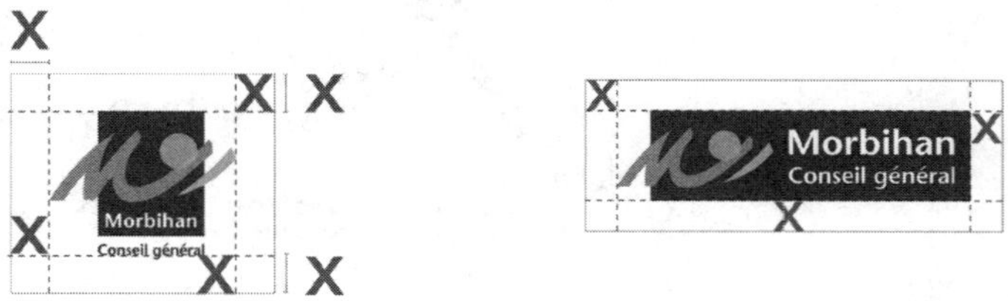


01 — LE LOGO

## LE LOGO MONOCHROME

**QUAND L'UTILISATION DU LOGO COULEUR EST IMPOSSIBLE**

**A.** Pour la version Noir & Blanc, le jaune est transformé en Noir tramé à 30%.
**B.** Quand on ne peut pas tramer le Noir, alors le jaune devient du blanc (ex : fax).
**C. ET D.** Sur des photos sombres ou des fonds noirs, l'utilisation de la version du logo toute blanche est recommandée.

**DOCUMENTS NUMÉRIQUES**

**FORMAT IMPRESSION**
" UL_LOGO_NOIR_GRIS.AI "
" UL_LOGO_NOIR.AI "
" UL_LOGO_BLANC.AI "

**FORMAT BUREAUTIQUE**
" UL_LOGO_NOIR_GRIS.JPG "
" UL_LOGO_NOIR.JPG "
" UL_LOGO_BLANC.JPG "

**NOIR**
Noir CMJN : 100 %
Noir RVB :

**BLANC**
Noir CMJN : 0%
Noir RVB :
Rouge : 255 %
Vert : 255 %
Bleu : 255 %

**GRIS**
Noir CMJN : 30%
Noir RVB :
Rouge : 198 %
Vert : 199 %
Bleu : 200 %

P. 08 CHARTE UNIVERSITÉ DE LORRAINE

## Extraits de chartes graphiques

# TÊTES DE LETTRE

*Modèle simplifié au format Word pour un usage bureautique exclusivement en interne (réduction à 50 % de l'original)*

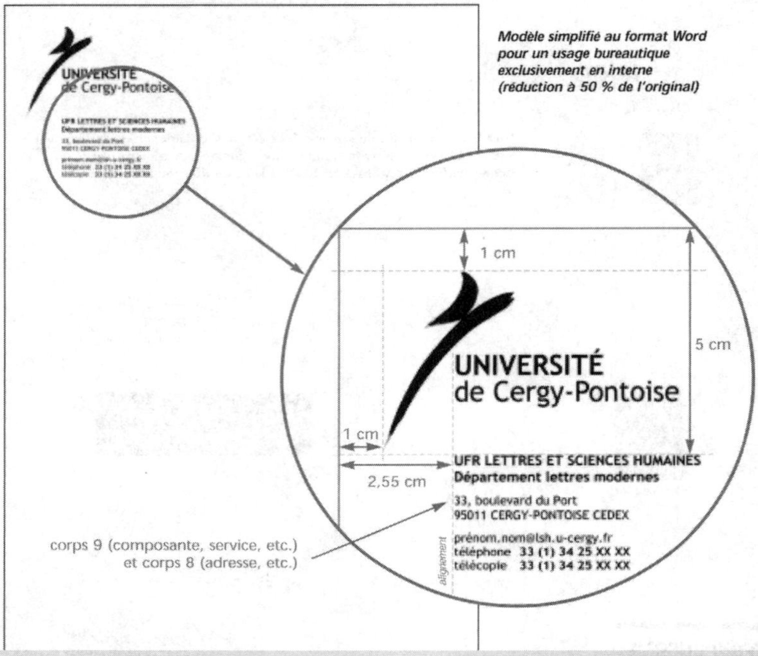


# LES « INTERDITS »

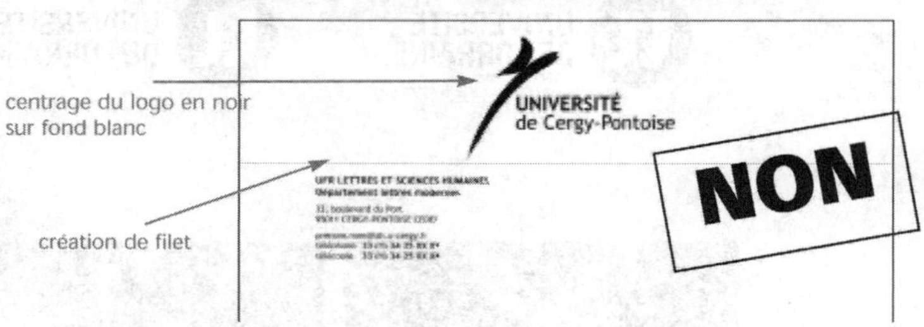

# L'affiche

**Une affiche est un document par lequel un annonceur cherche à transmettre une information à une cible.**

## 1 Présentation

Ce support peut être diffusé dans un cadre rémunéré par l'intermédiaire de régies publicitaires spécialisées dans l'affichage. L'annonceur achète un réseau de panneaux auprès d'un afficheur pour diffuser son message publicitaire: c'est ce que l'on appelle «l'affichage média». Lorsque l'affichage se réalise sans autorisation sur des supports aussi divers que variés (murs, panneaux d'affichage public, arbres...), l'annonceur utilise de l'affichage qualifié de « sauvage».

## 2 Les différentes étapes de la création de l'affiche

### 1. Le *brief* client

Même démarche que pour la création du logo et de la charte graphique.

### 2. La création de la maquette

L'équipe créative de l'agence réalise une maquette de l'affiche.

### 3. Proposition au client

Même démarche que pour la création du logo et de la charte graphique.

### 4. Les corrections et la validation

Même démarche que pour la création du logo et de la charte graphique.

### 5. L'impression

Après la validation du « bon à tirer » (BAT), l'impression des affiches est lancée.

### 6. L'affichage

Lorsque l'impression est terminée, les affiches sont livrées à l'afficheur, qui se chargera de positionner les affiches sur les panneaux du réseau commandé.

## 3 La forme

Une affiche se présente imprimée sur papier. Il existe plusieurs formats standards:
- A4: 210 x 297 mm : affichage classique d'informations;
- A3: 297 x 420 mm: annonce d'événements ou diffusion d'informations diverses;
- A2: 420 x 594 mm: annonce d'événements, sensibilisation sur un sujet, publicité;
- A1: 594 x 841 mm: annonce d'événements, sensibilisation sur un sujet, publicité;
- A0: 841 x 1 189 mm: annonce d'événements, sensibilisation sur un sujet, publicité;
- Abribus: 1 200 x 1 760 mm: publicité;
- Panneau d'affichage: 4 x 3 m: publicité.

## 4 Les acteurs en présence

Différents corps de métier interviennent dans l'élaboration de l'affiche :
- l'annonceur ;
- le graphiste ;
- la régie publicitaire : société commercialisant des espaces publicitaires en télévision, radio, presse, Internet, cinéma, affichage ;
- l'imprimeur : société réalisant l'impression des affiches ;
- l'afficheur : société réalisant la pose des affiches sur les panneaux réservés dans le cadre de la commande auprès de la régie.

## 5 La finalité

L'affiche est le support de communication le plus utilisé dans les secteurs associatifs, commerciaux et politiques.
La finalité d'une affiche est, comme son nom l'indique, d'être affichée afin de diffuser un message particulier. L'affichage sauvage est fréquemment utilisé dans les actions de contestation ou lorsque l'annonceur n'a pas de budget réel de communication.

**Exemple d'affiche**

# L'annonce presse

**Une annonce presse est un encart vendu par une régie, destiné à être publié dans un support tel qu'un journal ou un magazine.**

## 1 Présentation

Les encarts (ou annonces) presse sont utilisés pour sensibiliser le lecteur sur une information particulière (promotions, porte ouverte...). Une annonce presse peut également communiquer sur l'annonceur lui-même dans le but de développer son nom, sa notoriété, son expérience et son savoir-faire.
Une régie est une entreprise qui commercialise des espaces publicitaires auprès d'annonceurs. Les maquettes des annonces presse sont réalisées en déclinaison de l'univers visuel décrit dans la charte graphique.
Une annonce presse ne doit pas être confondue avec un publi-rédactionnel. Le « publi » est rédigé à la manière d'un article de presse par l'annonceur. C'est une prestation payante. La mention « Communiqué » ou « Publicité » doit apparaître sur ce document.

## 2 Les étapes de l'élaboration de l'annonce presse

### 1. Sélection du support presse

L'agence ou l'annonceur sélectionne en direct le journal ou le magazine dans lequel réserver un encart.

### 2. Récupération des contraintes techniques

Le service PAO du journal ou du magazine envoie au graphiste les contraintes techniques à respecter : format, fonds perdus...

### 3. Réalisation des maquettes

Le graphiste ou les membres de l'équipe créative créent des propositions de maquettes d'annonces presse pour les proposer à l'annonceur.

### 4. Validation par l'annonceur

Même démarche que pour la création du logo, de la charte graphique et de l'affiche.

### 5. Envoi du fichier d'exécution au service publicité/PAO du média

Lorsque le client valide le modèle d'annonce presse, le créatif envoie son fichier finalisé au service PAO du journal ou du magazine pour l'intégrer dans son support.

## 3 La forme

Les dimensions des encarts presse varient selon les supports. Les annonces sont vendues par formats :
- première, deuxième, troisième et quatrième de couverture ;
- pleine page ;
- double page ;

- 1/2, 1/4, 1/8, 1/16 de page;
- chandelle;
- bandeau.

Le prix augmente proportionnellement à l'attractivité de la rubrique dans laquelle il est positionné. Plus la visibilité est grande, plus le tarif est élevé.
Des tarifs dégressifs sont mis en place par les régies publicitaires selon le nombre d'encarts commandés. Ils permettent de réduire le coût unitaire de l'annonce.

## 4 Les acteurs en présence

Différents corps de métier interviennent dans l'élaboration de l'annonce presse:
- l'annonceur;
- le graphiste;
- la régie publicitaire;
- le service PAO du support: graphiste ou maquettiste du journal en interne vérifiant la conformité de l'annonce par rapport aux exigences techniques.

## 5 La finalité

L'objectif de l'encart est de promouvoir un annonceur auprès d'un lectorat ciblé, en fonction du titre du support presse. La diffusion et le taux de reprise en main du média sont des éléments stratégiques pris en compte par le concepteur du média-planning.

**Exemple d'encart presse**

# 22 PRODUCTION DE SUPPORTS ET D'OPÉRATIONS DE COMMUNICATION

# La fiche produit

**Une fiche produit est un outil de communication commerciale. Elle informe la cible des caractéristiques inhérentes à un produit ou à un service.**

## 1 Présentation

Ce support permet de faciliter la vente. On retrouve des fiches produits au cœur d'une unité commerciale ou dans les mains d'un vendeur. Après l'achat, cet outil peut être disponible dans l'emballage du produit ou remis en mains propres à l'acheteur (grandes surfaces, comptoirs, caisses de magasins...).

## 2 Les étapes de l'élaboration des fiches produits

### A Le *brief* client

Récupération des informations techniques.

### B La validation des schémas, plans, photos et informations techniques

Même démarche que pour la création du logo, de la charte graphique, de l'affiche et de l'annonce presse.

### C La réalisation de maquettes

Même démarche que pour la création du logo, de la charte graphique, de l'affiche et de l'annonce presse.

### D Les corrections et modifications

Même démarche que pour la création du logo, de la charte graphique, de l'affiche et de l'annonce presse.

### E La validation par le client

Même démarche que pour la création du logo, de la charte graphique, de l'affiche et de l'annonce presse.

## 3 La forme

Une fiche produit ne possède pas de format standard. Le nombre de pages des fiches produit varie selon les besoins d'information.
On retrouve des fiches produits sur des sites Internet et en téléchargement au format PDF.

# 4 Les acteurs en présence

Différents corps de métier interviennent dans l'élaboration de la fiche produit :
- l'annonceur ;
- le service technico-commercial de l'annonceur : force de vente de l'annonceur en lien direct avec la clientèle ;
- le graphiste ;
- le chef de publicité/chargé de clientèle.

# 5 La finalité

L'objectif principal d'une fiche produit est d'apporter des informations techniques destinées à compléter les autres supports de communication et ainsi de pousser le client à l'achat.

**Exemple de fiche produit**


PrimeTech
systèmes de brumisation
65 rue du Grand Gigognan
Z.I. Courtine - 84000 AVIGNON
Tél : 04 32 62 88 23 / Fax : 04 90 15 64 06
info@primetech.fr - www.primetech.fr


## Ventil'eau Mobile

Ventilateur brumisateur mobile avec pompe intégrée dans son pied et programmateur séquentiel.

Le seul brumisateur tout en un.

La température peut être abaissée jusqu'à 12 °C.

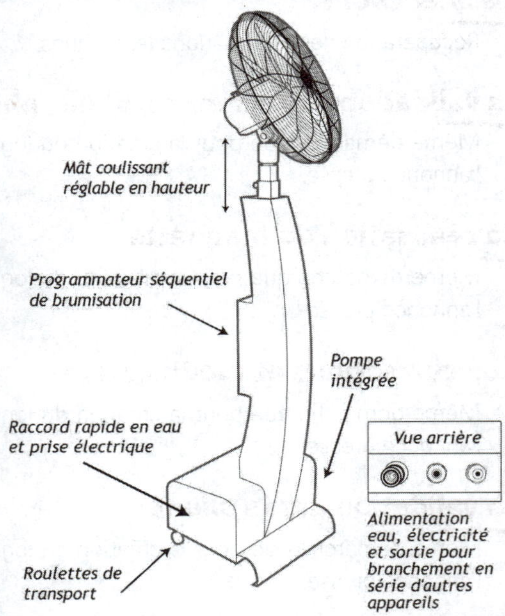


### Caractéristiques de la pomp

- Pompe à piston
- Régulateur de pression 60 bars
- Filtre 5 microns
- Manomètre (mesure la pression)
- Valve de vidange électronique
- Consommation : 0.25 kw/h
- Débit d'eau : 4.1 litre par heure et par (possibilité de réduire avec le programr
- Branchement à une arrivée d'eau de 3
- Branchement à une prise électrique de
- 3 appareils sans pompe peuvent y être

| **Réf : VENTIL'EAU** | Poids : 60 kg | Nbre de buses : 4 ou 6 |
|---|---|---|
| | Débit d'eau = 4 l/h/buse | Ø grille : 56 ou 65 cm |
| Hauteur : 196 à 225 cm | Surface traitée : 40 à 60 m² | Pompe : P = 60 Bars |
| Empiètement : 55 x 56 cm | Tête basculante : 45° | Tête oscillante : 90° |
| Débit d'air = 121 m³/min ou 210 m³/min | | |

### Différentes options

**Le système VENTIL'EAU Piédestal**

Produit similaire au Ventil'eau mais sans la pompe haute pression. Il peut être utilisé avec un module de pression indépendant ou être raccordé au Ventil'eau mobile.

**Le système VENTIL'EAU mural**

Système similaire au VENTIL'EAU mobile qui a la particularité de se fixer au mur.

**La ligne de brumisation**

Possibilité d'être branchée en série au Ventil'eau.

# La campagne teasing

**Le *teasing* est une technique de communication délivrant un message par étapes successives afin de développer un suspens dans la campagne et ainsi susciter la curiosité du public.**
**Le *teasing* peut être employé sur tous les types de médias visuels : presse, affichage, cinéma, Internet, télévision et radio.**

## 1 La mise en place de la campagne *teasing*

### A La demande initiale de l'annonceur

Même démarche que pour la création du logo, de la charte graphique, de l'affiche, de l'annonce presse et de la fiche produits.

### B Le *brief* client

Même démarche que pour la création du logo, de la charte graphique, de l'affiche, de l'annonce presse et de la fiche produits.

### C La proposition du concept

Le chef de publicité présente à son client le concept de la campagne pour obtenir une pré-validation permettant à l'équipe graphique de travailler sur le projet.

### D La définition du nombre d'étapes de diffusion du message

Durant la conception, les créatifs définiront le nombre de messages nécessaires avant de divulguer l'information.

### E La réservation des espaces publicitaires

Commande auprès des régies publicitaires compétentes des réseaux d'affichages, définition des créneaux horaires des spots radio ou télé, commande des encarts presse...

### F La planification de la diffusion

Définition du planning des parutions des différents messages.

### G La validation de la campagne par l'annonceur

Même démarche que pour la création du logo, de la charte graphique, de l'affiche, de l'annonce presse et de la fiche produits.

## 2 La forme

L'information n'est pas divulguée dans son intégralité, mais par étapes. Le format du message varie selon le support employé :
- spot pour la télévision et le cinéma ;
- affiche pour affichage ;
- vidéo ou bannière pour Internet ;
- encart pour la presse.

Dans les messages successifs, le lecteur retrouve des éléments visuels lui donnant une piste de réflexion sur l'identité de l'annonceur : morceau de logo, police d'écriture, couleurs, sons...

## 3 Les acteurs en présence

Différents corps de métier interviennent dans la mise en place de la campagne *teasing* :
- l'annonceur ;
- le chef de publicité/chargé de clientèle ;
- l'équipe créative ;
- la régie publicitaire.

## 4 La finalité

L'objectif d'une campagne *teasing* est d'interpeller le public. C'est une façon originale de communiquer. L'annonce se distingue ainsi dans le paysage publicitaire du moment. Peu importe le média sélectionné, le message ne passera pas inaperçu. La curiosité du public sera suscitée en engendrant un bouche à oreille important : c'est ce que l'on appelle le *buzz*.

# Mettre en œuvre et suivre une production

**La production est l'étape de fabrication des supports de communication. Elle intervient juste après la validation des maquettes par l'annonceur.**

## 1 La notion de mise en œuvre de production

La mise en œuvre de la production peut correspondre à :
- une création graphique ;
- une conception 3D ;
- une fabrication de produit;
- une impression ;
- ou à toutes autres prestations visant à réaliser un support de communication.

Cette mise en œuvre demande un suivi rigoureux de la part du chargé de projet. Avant de se lancer, il faut tout d'abord vérifier la conformité du fournisseur aux exigences préalablement définies en termes de délais et de qualité, par exemple.

Tous ces éléments doivent figurer dans le cahier des charges une fois ce dernier établi (Voir 10. Proposer des solutions et 38. Gérer des relations commerciales avec les prestataires).

La phase de vérification passe par un accompagnement constant tout au long de la réalisation par le biais de rendez-vous et de comptes-rendus par téléphone ou par e-mail avec le prestataire.

Il est possible d'être contraint de mettre en place des ajustements techniques.

## 2 Les methodes de suivi de production

Le suivi de production est impératif afin de garantir la qualité de réalisation des supports de communication du projet. Il existe plusieurs méthodes afin de contrôler la fabrication et ainsi éviter les mauvaises surprises lors de la livraison.

### A Le contrôle des couleurs

Dans le cadre d'impressions de supports de communication, la couleur est un facteur primordial. De nombreuses entreprises son reconnues par leurs couleurs, comme le jaune et le vert de Mc Donald's (anciennement jaune et rouge). Ce type d'annonceurs veille au strict respect du rendu de leurs couleurs sur tous les supports de communication portant leur nom. C'est pourquoi les couleurs sont inscrites dans la charte graphique des entreprises. Ces informations chromatiques sont normées par des pourcentages de couleurs primaires, selon les modes colorimétriques.

**Exemple de déclinaison sur différents supports d'un orange basique :**
- en quadrichromie, à partir des couleurs primaires Cyan Magenta Jaune Noir (CMJN) : C : 0 %, M : 50 %, J : 100 %, N : 0 % ;
- en mode numérique Rouge Vert Bleu (RVB) : R : 243, V : 146, B : 0 ;
- en mode exachromique, pour l'utilisation sur un site Internet : # F39200.

Certaines couleurs sont obtenues à partir d'une encre spéciale qui ne bénéficie pas d'un mélange des quatre couleurs primaires (Cyan Magenta Jaune Noir). C'est ce que l'on appelle des **couleurs Pantone**. Ces encres sont rarement utilisées car elles sont onéreuses. On les utilise donc lorsque les couleurs doivent impérativement être identiques d'un support à l'autre. Le Pantone est une référence internationale de couleurs. Peu importe le pays ou l'imprimeur, la couleur finale sera identique partout. L'intérêt pour un annonceur d'utiliser sa propre couleur Pantone est de garantir une uniformité dans tous ses supports de communication. L'image du client est ainsi sauvegardée.

## B L'épreuve chromatique

La couleur d'un document imprimé en quadrichromie peut légèrement différer d'un imprimeur à l'autre. Une machine possède des préréglages et des particularités pouvant foncer ou éclaircir l'impression.

Dans le cadre de la production d'un support haut de gamme où la couleur est un facteur clé du document, il est important pour le chargé de projet de vérifier la conformité de la couleur avant le passage en machine.

La seule possibilité de garantir la couleur de sortie avant l'impression est l'épreuve couleur (feuille de contrôle couleur d'une impression). Le terme générique employé est « **cromalin** ». Cette épreuve chromatique (relative exclusivement aux couleurs) porte le nom du produit développé par la société DuPont. Cette entreprise américaine, de son nom complet « E.I. du Pont de Nemours et compagnie », fût fondée en juillet 1802. Spécialisée à l'origine dans la fabrication de poudre à canon, elle s'est étendue par la suite au secteur de la chimie. Aujourd'hui, l'une de ses principales branches d'activité relève de l'électronique et des technologies de communication.

Le cromalin est un terme qui est rentré dans le langage courant. Les couleurs imprimées sur le cromalin sont les mêmes que celles qui seront présentes sur le document final.

L'épreuve chromatique est une méthode de suivi et de contrôle de production nécessaire dans le cadre d'un gros budget ou de l'impression d'un support haut de gamme. Si le document final ne correspond pas au cromalin antérieur à l'impression, le chargé de projet est en droit de refuser la commande et d'exiger sa réédition.

**Exemple de cromalin**

## C Le contrôle du document : le bon à tirer (BAT)

Le bon à tirer est une épreuve de contrôle avant l'impression, soumise au client pour validation. Dès l'acceptation du BAT par sa signature, le client engage sa responsabilité pour la suite de la fabrication. Dans le cas d'une impression d'un support de communication, le bon à tirer est le document indispensable pour tout suivi de production.

Dès que le BAT est signé, la production du support est lancée. Le signataire du BAT en prend l'entière responsabilité. Dès lors, toutes fautes d'orthographe, coquilles ou erreurs de montage ne pourront être reprochées au prestataire. D'où l'importance de ne jamais valider un bon à tirer à la légère. Les conséquences financières peuvent être dramatiques.

La validation du BAT doit être effectuée avec le cachet et la signature du responsable de la commande. Le bon à tirer peut être envoyé par courrier, par fax ou par e-mail. Ne jamais valider ce type de document par téléphone.

### Exemple d'un bon à tirer

**Bon à tirer**

| | |
|---|---|
| **Client :** Sandwicherie Mt Saint Michel | |
| **Création :** Cartes de visite | |
| **Date :** 31 Juillet 2012 | |

Le client est seul responsable des erreurs non signalées à la signature du BAT

**"Bon à tirer"**

Date :

Cachet et signature :

## D Le contrôle de l'impression : le bon à rouler

Le bon à rouler est la dernière étape de contrôle avant l'impression finale du document. Avant le passage en machine, l'imprimeur sort quelques pages de contrôle afin de finaliser le calibrage des couleurs (réglage de leur densité).

Le client ou le chargé de projet peut assister à cette étape de suivi de production : il peut valider la feuille d'impression qui servira de modèle pour les tirages suivants.

Les feuilles de contrôle du bon à rouler sont un échantillon du document final. En effet, elles sont imprimées par la machine et sur le papier qui servira à imprimer toutes les quantités commandées.

**Figure 24.1**
Le contrôle de l'impression

### Témoignage

**Xavier – Graphiste indépendant**

« Il existe en imprimerie une étape de vérification du support méconnue du grand public : le bon à rouler. Cette étape consiste à valider l'impression définitive du document. Une fois la machine calibrée (papier, encre...), la personne s'occupant de la machine (le conducteur offset) procède à de premiers tirages afin de régler l'intensité des couleurs.

Très peu de professionnels participent à cette étape. Ils considèrent que, dès la signature du BAT, le sort en est jeté. C'est faux, le BAT « fige » la mise en page des éléments textuels et visuels, mais en aucun cas ne garantit la couleur d'impression, sauf si vous avez réalisé en amont une épreuve chromatique telle qu'un cromalin. En tant que responsable de projet, j'assiste systématiquement au bon à rouler pour des réalisations exigeant des vérifications strictes de la couleur, ou pour des tirages en très grande quantité. Avec le conducteur offset, nous accentuons certaines couleurs afin d'obtenir le résultat répondant parfaitement à la demande. Cela évite les mauvaises surprises le jour de la livraison. »

25 PRODUCTION DE SUPPORTS ET D'OPÉRATIONS DE COMMUNICATION

# Réaliser des opérations de communication

**Une opération de communication peut être définie comme un ensemble d'actions organisées et mises en place à destination d'un public visé. Ces actions sont coordonnées dans le cadre d'un projet ou d'une campagne de communication.**

## 1 Avant de commencer

La réalisation d'opérations de communication est la situation préférée des amoureux de l'événementiel. Dans cette partie du projet, l'accent doit être mis sur l'organisation d'événements ou actions en tous genres. L'enjeu est de mener à bien une campagne créant une réelle proximité entre l'annonceur et sa cible. Si une opération de communication est un échec, l'image de la marque ou du produit sera entâchée.

Exemples d'opérations de communication :
- Événement de relations publiques ;
- Séminaire ;
- *Team building* ;
- Journée porte ouverte ;
- Événement sportif ;
- Salon, foire ou forum ;
- Tractage dans la rue ;
- Conférence ou voyage de presse ;
- Jeu concours ;
- Soirée d'innauguration ;
- Vernissage.

Lors d'une opération de communication, la première étape est de mobiliser la logistique nécessaire. Il est possible pour cela de s'aider des outils développés lors de la mobilisation des ressources. Il est important de bien répertorier les différentes tâches à effectuer.

## 2 Les étapes d'un événement

Après avoir mobilisé la logisitique et les moyens, il est temps de mettre en œuvre les techniques appropriées. L'événement devra suivre certaines étapes pour être optimisé.

**LES ÉTAPES DE L'ÉVÉNEMENT**

→ Étape 1 : Valider la date et le lieu.
→ Étape 2 : Réserver l'emplacement et demander les autorisations préalables.
→ Étape 3 : Mobiliser et allouer les ressources.
→ Étape 4 : Planifier l'opération.
→ Étape 5 : Gérer l'événement ou l'action de communication.
→ Étape 6 : Évaluer l'opération.
→ Étape 7 : Mettre en place des axes d'amélioration.

L'évaluation de l'opération est primordiale. Si l'action est vouée à être renouvelée, il est important d'en mesurer les conséquences.
Un questionnaire est facilement utilisable dans le cadre d'une enquête de satisfaction. Il permet d'identifier les points forts et les points faibles de l'opération, et de mettre ainsi en avant les améliorations à apporter pour la prochaine édition.

## 3 Les outils de gestion d'événements

Chaque opération de communication doit être suivie scrupuleusement par le chef de projet. Ce dernier maîtrise chaque étape et chaque date butoire. Grâce à 3 outils de gestion de projet événementiel, son travail de coordination est facilité. Ces outils peuvent être utilisés combinés ou séparément, en fonction des habitudes de travail et de l'expérience du professionnel.

### A Le rétro-planning

Dans toute action de communication, un rétro-planning est très utile. Il permet d'avoir une vision globale des tâches inhérentes à l'opération. De plus, l'opération de communication est découpée en étapes positionnées sur le calendrier, qui permettent au chef de projet de vérifier le bon respect des prestataires et intervenants vis-à-vis de l'échéancier.

### B Le conducteur d'événements

Le conducteur est plus communément appelé, dans le milieu professionnel de l'événementiel, « Whose who » (« qui fait quoi »). Cet outil se présente sous la forme d'un tableau permettant de visualiser chaque étape de l'opération et les personnes missionnées sur ces tâches. Le conducteur d'événements facilite la répartition des tâches. De plus, lors de l'opération, il permet de vérifier que chaque tâche est sous contrôle.
Dans le cas d'une absence le jour de l'événement, le chef de projet pourra remplacer la personne en question et la mobiliser sur toutes les missions de son prédécesseur sans bousculer le planning global.
Chaque étape de l'opération est scrupuleusement notifiée par ordre chronologique, et datée (jour ou heure) dans une colonne du tableau du conducteur. Dans la colonne suivante figurent les personnes allouées aux différentes tâches.

### Exemple de conducteur d'événements

**Conducteur : Journée porte ouverte du 31 juillet**

| Heures | Tâches | Personnes allouées |
|---|---|---|
| 8 h | Réunion de l'ensemble de l'équipe mobilisée | Marie-Pierre Prosper<br>Laurent Monnier<br>Audrey Ciampini<br>Catherine Bevilacqua<br>Laurence Sevel<br>Sandrine Triolle |
| 8 h 30 – 9 h | Mise en place des espaces de présentation | Audrey Ciampini<br>Catherine Bevilacqua |
| 8 h 30 – 9 h | Mise en place des kakémonos | Laurence Sevel<br>Sandrine Triolle |
| 8 h 30 – 9 h | Répartition de la documentation | Marie-Pierre Prosper<br>Laurent Monnier |
| 9 h 30 – 10 h | Vérification de l'ensemble des aménagements | Sandrine Triolle |
| 10 h | Ouverture de l'établissement et accueil du public | Catherine Bevilacqua |
| 10 h 30 – 12 h | 1re visite | Marie-Pierre Prosper |
| 12 h 30 – 13 h | Pause déjeuner équipe 1 | Marie-Pierre Prosper<br>Laurent Monnier<br>Audrey Ciampini |
| 13 h – 13 h 30 | Pause déjeuner équipe 2 | Catherine Bevilacqua<br>Laurence Sevel<br>Sandrine Triolle |
| 13 h 30 – 16 h | 2e visite | Audrey Ciampini |
| 16 h 15 | Fermeture des portes | Laurent Monnier |
| 16 h 30 – 18 h | Rangement | Marie-Pierre Prosper<br>Laurent Monnier<br>Audrey Ciampini<br>Catherine Bevilacqua<br>Laurence Sevel<br>Sandrine Triolle |
| 18 h 30 | Pot de fin de journée avec l'ensemble de l'équipe | Toute l'équipe |

## C L'organigramme technique de projet (OTP)

L'OTP est un outil de gestion de projet. Il s'utilise lors de l'organisation d'opérations de communication.

Cet organigramme représente schématiquement les différentes étapes du projet, en les regroupant généralement en grandes parties. Leur nombre peut varier selon l'opération préparée.

Ce découpage des tâches permet une meilleure visibilité du travail à effectuer.

## Exemple d'organigramme technique de projet

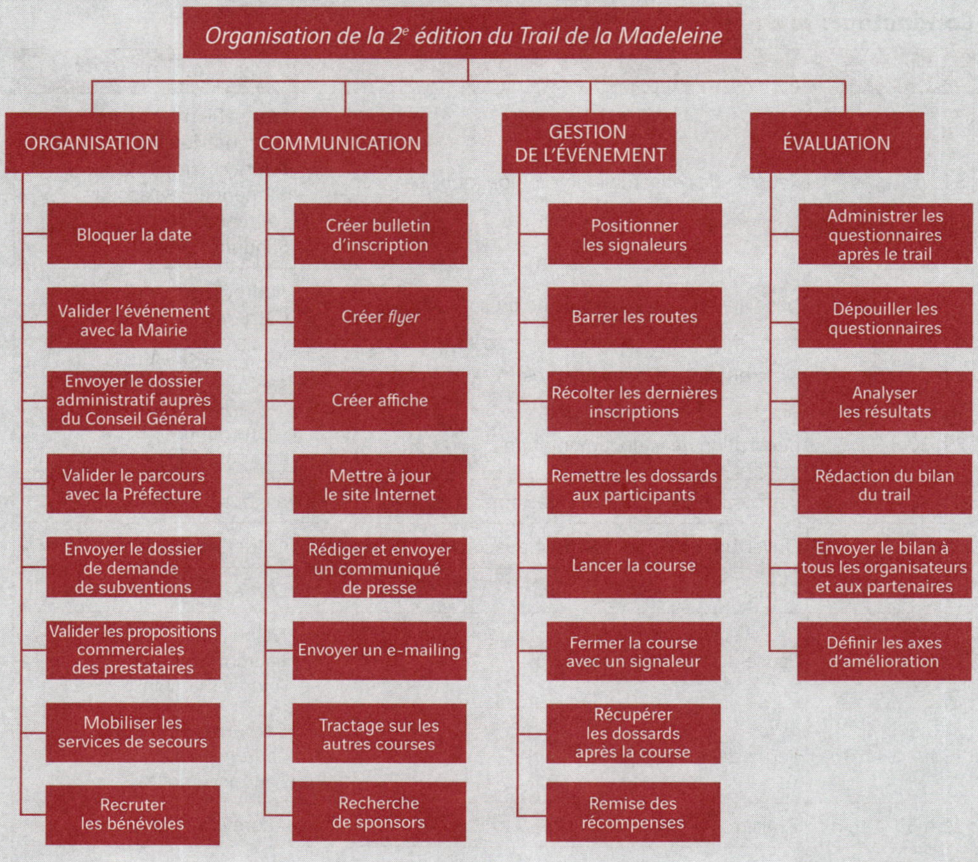


## Témoignage

**Virginie – Attachée de presse**

« Parmi les opérations de communication auxquelles j'ai pu participer, la plus délicate est pour moi la conférence de presse. À mes débuts, lorsque les journalistes ne me connaissaient pas, je devais réussir à les convaincre du bien-fondé du projet que je défendais. Tout comme en situation de vente, j'analysais le type de personnalité que j'avais en face de moi. Dans plusieurs cas, j'ai glissé dans la conversation que j'avais été correspondante de presse. Cela créait un lien d'empathie qui laissait le journaliste plus enclin à m'écouter. Je pouvais ensuite présenter plus facilement mon projet et compter sur sa présence à la conférence de presse. Dans la présentation du projet, il ne faut surtout pas mettre en avant un aspect commercial. J'avoue avoir perdu quelques contacts à cause de cette mauvaise approche. Par la suite, j'ai vite compris qu'il fallait mettre en avant l'organisation d'un cocktail, d'un diner, la présence de personnalités ou d'autres journalistes, et surtout l'annonce d'informations de première importance… ».

# Conseil et relation annonceur

# 2

# 26 VENTE DE SOLUTIONS DE COMMUNICATION

# Réaliser des outils d'aide à la vente

**Les agences de communication jouent un rôle de plus en plus commercial auprès des annonceurs. Pour répondre aux besoins de ces annonceurs, elles construisent des outils commerciaux composés d'outils d'aide à la vente, qui permettent au commercial d'argumenter face à son client et de mettre celui-ci en confiance.**
**Les outils d'aide à la vente permettent de valoriser l'offre des agences de communication aux yeux de leurs clients. Une belle plaquette, une présentation vidéo ou encore un guide d'entretien téléphonique sont autant de moyens qui seront utiles aux agences.**
**On distingue plusieurs outils d'aide à la vente.**

## 1 Le plan de découverte

C'est la liste de l'ensemble des questions à poser lors de la rencontre avec le prospect ou le client. Le prospect est un futur client. Il a le statut de prospect tant qu'il n'a pas signé de bon de commande. Dès lors qu'il a effectué un achat, il devient client.
Le plan de découverte est essentiel dans la démarche de gestion de la relation client (GRC) mise en place aujourd'hui dans toutes les entreprises. Ce support doit être structuré et préparé avant le rendez-vous pour ne pas omettre les questions primordiales.
Il a une structure en forme d'entonnoir : les questions abordées en premier lieu sont plutôt d'ordre général («Avez-vous déjà communiqué ?»), puis sont de plus en plus précises («Quel est le budget que vous souhaitez consacrer à cette campagne ?»).
Avec l'expérience, le vendeur connaît l'ensemble des points à aborder avec l'annonceur, et les questions apparaissent naturellement dans le cadre de la discussion.
Les réponses données par le prospect ou client permettent ainsi de compléter la fiche prospect/client, aujourd'hui gérée grâce à des logiciels ou prologiciels comme Microsoft Dynamics CRM, Salesforce ou Sage CRM.

### Témoignage

**Thomas, jeune commercial d'une agence de communication**
« Au cours de mon cursus scolaire, j'ai appris à construire un plan de découverte mais je trouvais cela très théorique et, à dire vrai, je n'y attachais pas beaucoup d'importance. Quand je suis entré dans cette agence de communication et que j'ai rencontré mes premiers clients seul, je me suis rapidement rendu compte qu'il me fallait établir un plan de découverte car mes entretiens n'étaient absolument pas structurés. Je pense que j'ai même loupé des ventes ! Je me suis donc créé une liste de questions incontournables et, désormais, je connais l'ensemble des éléments que je dois maîtriser pour répondre efficacement aux attentes de mon client. »

### Exemple de plan de découverte

| ANNONCEUR | ACTIONS |
|---|---|
| Nom de l'enseigne : | Temps forts de l'année : |
| Rattachement groupe : | Modes de vente : |
| Décisionnaires : | Message prioritaire (notoriété/trafic): |
| CA de l'année N: | Type de site Web (image/produit/marchand) : |
| Évolution : | Nombre de visiteurs uniques/mois : |
| Nombre de salariés : | Type de référencement : |
| Autres activités : | Efficacité vente : |
| | Médias et publicité : |
| | Supports : |
| | Budget par support : |
| | Préférence par hiérarchie : |
| | Hors média : |

## 2 L'argumentaire de vente

C'est un support commercial incontournable puisqu'il rassemble les caractéristiques essentielles d'un produit, les avantages que celles-ci procurent au client et les arguments que le vendeur peut avancer face à l'annonceur. Si le commercial ne maîtrise pas ce document, il sera obligatoirement, à un moment donné, mis en difficulté par le client qui lui avancera une objection à laquelle il ne pourra apporter aucune réponse.

L'argumentaire renvoie à une notion du marketing bien connue des commerciaux : **les mobiles d'achat selon SONCAS**.

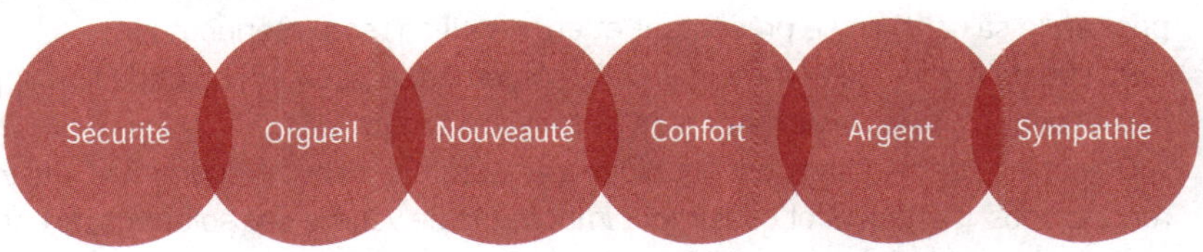


**Figure 26.1.** Les mobiles d'achat selon SONCAS

Un argumentaire de vente se construit en plusieurs étapes.

1. Repérer toutes les caractéristiques propres au produit ou service, qu'elles soient d'ordre technique (impression offset), commercial (prix en dessous du marché) ou psychologique (présence sur un salon de renommée internationale).
2. Retranscrire ces caractéristiques en avantages (la présence de logos sur le dos d'un tee-shirt pour un événement permet une meilleure visibilité).
3. Classer les avantages à l'aide de la méthode SONCAS. Grâce à cette méthode, le vendeur peut classer ses arguments en fonction des mobiles d'achat des prospects ou clients. Il hiérarchise ainsi l'argumentaire et le rend plus facile à exploiter.
4. Trouver une preuve à chaque avantage pour convaincre l'annonceur.
5. Construire chaque argument en le personnalisant afin que le client soit touché.

**Exemple d'argumentaire sur la vente d'encarts publicitaires dans une presse quotidienne régionale (PQR)**

| Caractéristiques | Avantages | Preuves | Arguments | SONCAS |
|---|---|---|---|---|
| **Techniques**<br>Format A3 | Format réduit | Montrer le journal | Avec ce format, la prise en main est facilitée, ce qui implique qu'il y a répétition du message. | Confort |
| **Commerciales**<br>Contact après chaque avancée du dossier | Suivi client régulier | Programmer des dates sur un agenda | Grâce à un suivi régulier de notre part, nous restons à votre entière disposition. | Sécurité |
| **Psychologiques**<br>Création en 1955 par un acteur incontournable de la région | Grande notoriété du journal | Montrer le *book* | Notre journal est implanté depuis 1955 dans la région et est devenu une référence pour les entreprises locales. | Orgueil |

## 3 Le plan d'appel téléphonique

Le plan d'appel est un guide d'entretien qui permet au commercial de mener sa prise de rendez-vous téléphoniques. Il peut ainsi parer à la plupart des objections des annonceurs en temps réel. Le démarchage téléphonique demande en effet une grande réactivité : on ne peut pas laisser de place aux blancs, car l'interlocuteur contacté n'est pas en attente de cet appel. Il faut garder en tête que toutes les objections peuvent être avancées, de « il n'est pas là » à « les budgets sont bouclés ».

Il existe une méthode bien connue de tous les commerciaux pour établir ce plan d'appel téléphonique : **la méthode CROC** (contact – raison de l'appel – objectif – congé).

– **C**ontact : lorsque le commercial décroche son téléphone, il prend contact avec son prospect en le saluant, en se présentant et en identifiant son interlocuteur.

– **R**aison de l'appel : le commercial doit rapidement présenter l'objet de son appel pour que le prospect n'ait pas la sensation de perdre son temps.

– **O**bjectif : le démarchage téléphonique a aujourd'hui un but prédominant, qui est la prise de rendez-vous. Il est en effet quasiment impossible de vendre des solutions de communication par téléphone, sauf si l'on contacte un client fidèle (par exemple pour un bouclage de presse).

– **C**ongé : une fois le rendez-vous décroché, le commercial doit reformuler la date et l'heure de celui-ci avant de saluer son prospect ou client.

Le plan d'appel ou guide d'entretien téléphonique est formalisé par un schéma qui facilite son utilisation.

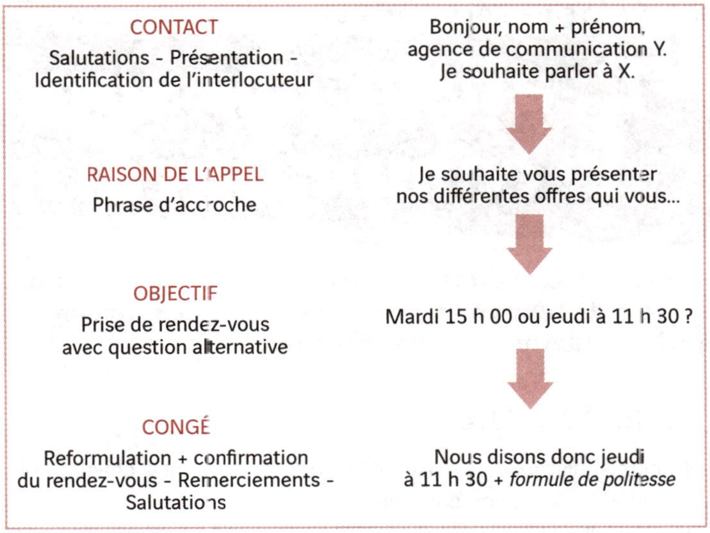


**Figure 26.2.** Schéma du plan d'appel téléphonique

Parallèlement à ce schéma, le commercial prépare les différentes réponses possibles aux barrages pouvant être faits par l'interlocuteur.

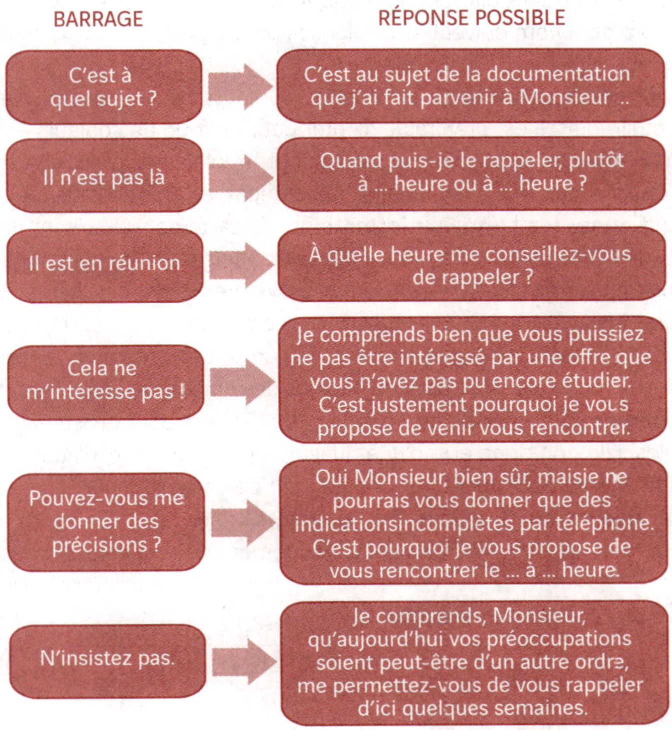


**Figure 26.3.** Réponses possibles aux barrages téléphoniques

# Réaliser des supports de communication

**Il existe des documents tout aussi importants que les outils d'aide à la vente dans la vie de l'entreprise, véritables outils de communication : la carte de visite, la plaquette ou le publipostage.**

## 1 La carte de visite

Le commercial distribue sa carte de visite pratiquement à chaque nouvelle rencontre afin de laisser une trace de son passage.

La carte de visite a une conception assez simple, l'objectif étant la prise de contact rapide entre l'annonceur et le commercial. Elle doit également être de moindre coût.

Pour créer une carte de visite, il faut tenir compte des 8 conseils suivants :

- **faciliter la lisibilité** : la taille de la police doit être suffisamment importante pour que chacun puisse la lire sans efforts. De même, il faut adapter la taille aux informations transmises : le prénom et le nom doivent être valorisés par rapport à l'adresse mail. Il est préférable de choisir une police connue de tous ;
- **privilégier la sobriété** : les lettres de couleurs ne sont pas privilégiées car elles sont souvent illisibles. Il est préférable d'opter pour un fond de couleur ;
- **penser au logo** : il faut pouvoir identifier l'entreprise grâce à sa charte graphique. Le client n'aura ainsi aucun mal à reconnaître rapidement la carte de l'agence ;
- **sélectionner les bonnes informations** : la carte de visite étant un document de taille réduite, les informations doivent aller à l'essentiel : prénom, nom, fonction, coordonnées ;
- **choisir un format adapté** : il ne faut pas faire preuve d'originalité. Le format le plus répandu et le plus judicieux demeure le 8,8 cm x 5,4 cm. Toutefois, la carte carrée a, en ce moment, le vent en poupe. Elle permet à l'entreprise de se démarquer vis-à-vis de ses concurrents ;
- choisir le même **sens de lecture** pour les deux faces : la lecture se retrouve ainsi facilitée ;
- **privilégier un papier de qualité** : la carte est faite pour être un « globetrotter » des portefeuilles. Elle doit donc être d'une qualité papier suffisante, d'au moins 300 grammes, et peut être vernie pour donner un aspect haut de gamme ;
- **noter des informations sur les deux côtés** (facultatif) : les informations au verso de la carte doivent apporter des éléments uniquement déterminants.

### Exemple de carte de visite

**RADIO CITADELLE**

Monsieur Gaëtan POUNE
Chargé commercial

02 .. .. .. .. 06 .. .. .. ..
radiocitadelle@....
Avenue de la Libération
49 100 Angers

## 2 La plaquette

La plaquette doit servir de support d'aide à la vente et être une trace de la visite du commercial. Elle doit être mûrement réfléchie dans sa conception pour avoir un impact sur le client. Généralement, la plaquette est utilisée pour présenter une gamme de produits, une entreprise ou ses collaborateurs. Ce support différencie l'entreprise de ses concurrents en mettant en avant ses atouts.

Une plaquette commerciale est un document qui se présente au minimum sur 4 pages au format A5, A4 ou 630 × 297 mm, avec un grammage compris entre 250 et 350g. L'entreprise peut ainsi s'exprimer grâce à ce support ; le graphiste en charge de la création graphique aura également l'opportunité de libérer son imagination et sa créativité.

L'agence doit s'interroger sur le rôle de sa plaquette. Elle peut être un véritable appui pour le commercial lors des démarchages physiques, ou être destinée à être envoyée lors de campagnes de prospection par publipostage ou mailing (voir page suivante). La plaquette doit fournir les éléments clés de l'entreprise : descriptif des produits stars, photos récentes, chiffres clés... On peut la construire à l'aide du modèle AIDA :

- **A**ttirer l'attention
- **I**ntérêt (susciter l')
- **D**ésir (faire naître le)
- **A**gir (pousser à)

Le concepteur peut, par exemple :

- attirer l'attention du lecteur avec un slogan accrocheur : « votre communication, notre affaire ! » ;
- susciter l'intérêt en décrivant l'ensemble des activités réalisées par l'agence : « impression, *webmaster*, définition de stratégie de communication... » ;
- faire naître le désir en montrant des photos des différentes réalisations de l'agence ;
- pousser à agir en insérant les coordonnées de l'agence.

L'agence doit également déterminer les cibles de la plaquette de façon à être percutante pour le lecteur. Il faut savoir qu'une plaquette passe en moyenne 5 secondes dans les mains de son destinataire. Elle doit donc rapidement faire ses preuves.

## 3 Le *book* client

Le *book* est l'une des preuves apportées lors de l'argumentation des avantages par le commercial. Il rassemble des réalisations de l'agence de communication, qui ont pour vocation de faire visualiser l'offre à l'annonceur sous forme écrite ou visuelle.

**Exemple : Chaque année lors des Journées gastronomiques, les organisateurs prennent de nombreuses photos, déterminent le nombre de visiteurs, évaluent les retombées médiatiques... et peuvent ainsi s'en servir lors de l'édition suivante pour trouver de nouveaux exposants ou des partenaires financiers ou matériels (mairie, conseil général, banque...).**

Les *books* sont la plupart du temps présentés sous la forme de dossiers écrits et sont montrés ou remis lors de la prospection si un potentiel du côté de l'annonceur est remarqué. Aujourd'hui, les entreprises disposent de nombreux outils informatiques qui permettent de réaliser des *books* numériques, vidéos ou interactifs.

## 4 Le publipostage

Le publipostage, également appelé « mailing », est une lettre commerciale qui fait une proposition au prospect ou client par courrier.

Il est constitué d'une enveloppe et d'une lettre, parfois accompagnées d'une plaquette.

| Avantages | Inconvénients |
|---|---|
| – Moyen efficace de prospection<br>– Sélectivité<br>– Personnalisation<br>– Créativité<br>– Mesure de l'efficacité aisée<br>– Vecteur persistant d'image<br>– Moyen d'enrichissement du fichier client | – Coûts<br>– Effets psychologiques négatifs car trop d'envois<br>– Nécessité d'être nominatif pour avoir une portée |

Deux techniques sont envisageables pour obtenir une lettre efficace :
– AIDA, vue précédemment pour la plaquette,
– les 8 PRO : méthodes mnémotechniques d'une aide précieuse pour le créateur du publipostage.

**Tableau 27.1** Les 8 PRO

| | |
|---|---|
| Face au PROspect, | → Cible |
| vous le PROposant | → Entreprise |
| devez bien connaître son PROblème | → Besoins, attentes |
| pour lui faire une PROmesse de solution | → Bénéfice prospect |
| grâce à votre PROduit. | → Produit |
| Il vous dira « PROuvez-le ». Vous vous appuyerez sur les PROpagandistes. | → Spécificités techniques<br>→ Référence à des témoignages |
| Il sera convaincu et vous dira « Quelle est votre PROposition ? » | → Prix et garantie |

## Exemple de publipostage

Une régie de radio locale lance une campagne de publipostage auprès de ses clients fidèles pour leur proposer une offre de fin d'année.

| | |
|---|---|
| **Cible** | Les commerçants de centre-ville |
| **Notre entreprise** | Régie radio locale NRJ |
| **Besoins, attentes** | Communication de fin d'année pour achats de Noël |
| **Bénéfice prospect** | Notoriété de la radio |
| **Le produit** | Spot de 30′ avant météo |
| **Spécificités techniques** | Chiffres d'écoute |
| **Référence à des témoignages** | Citer les entreprises déjà signataires |
| **Prix et garantie** | Prix avantageux |

Le publipostage est ensuite diffusé auprès des prospects ou clients soit par l'agence elle-même par courrier postal, soit grâce à une entreprise de routage. Cette dernière se charge de concevoir les envois et de les acheminer. Ainsi, la mesure des conséquences est facile car il suffit de comptabiliser le nombre d'envois et le nombre de retours.

# 28 VENTE DE SOLUTIONS DE COMMUNICATION

# Gérer le portefeuille annonceurs et assurer son suivi commercial

**Une fois les outils d'aide à la vente créés, le commercial peut envisager des actions. Pour cela, il doit tout d'abord avoir une parfaite connaissance du marché afin de pouvoir constituer un portefeuille clients qualifié, c'est-à-dire un fichier exploitable d'un point de vue commercial.**

## 1 La connaissance du marché

Dès qu'une entreprise est détentrice d'informations sur un marché, elle possède déjà une longueur d'avance sur la concurrence. C'est pourquoi le commercial doit régulièrement pratiquer des opérations de veille, en écoutant ses clients parler de la concurrence ou en se rendant lui-même sur des salons. De même, il est important pour le commercial de se tenir informé sur la situation locale, régionale, voire nationale de son marché : les nouvelles réglementations, les nouvelles infrastructures commerciales…

### A L'analyse SWOT

Pour avoir une bonne connaissance du marché, le commercial peut s'appuyer sur une analyse SWOT :
- **Strenghts** (les forces) ;
- **Weaknesses** (les faiblesses) ;
- **Opportunities**, (les opportunités) ;
- **Threats** (les menaces).

Il dispose de nombreuses sources d'information, qu'elles soient externes, internes, primaires ou secondaires. On peut ainsi citer les pages professionnelles comme le Kompass, qui est un annuaire professionnel de *business to business* (BtoB) permettant de collecter des informations sur les entreprises, mais aussi de les promouvoir.
Le commercial a également la possibilité d'exploiter les fichiers de l'agence déjà constitués par les équipes, ou encore les sondages émis par l'agence destinés à connaître les aspirations des annonceurs.
L'analyse SWOT permet d'avoir une vision plus claire du marché. Elle se présente sous la forme d'un tableau à double entrée.

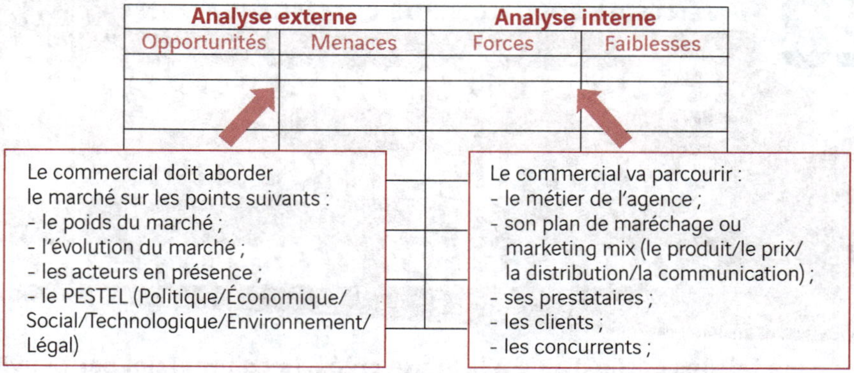


**Figure 28.1** L'analyse SWOT

## B La recherche exploratoire de prospects

En s'appuyant sur le SWOT, le commercial a la possibilité de lister l'ensemble des prospects potentiels sans les distinguer. Ce n'est que lors de la segmentation qu'il les classera. Les Pages Jaunes permettent par exemple de réunir un maximum de prospects, sans distinction. Il s'agit donc simplement de collecter des noms et adresses.

Exemple : Impression d'un fichier de la chambre du commerce et de l'industrie sans tri.

## C La segmentation

La segmentation est une démarche qui permet de découper le marché en groupes homogènes de clients afin que les propositions de solutions commerciales soient parfaitement adaptées à la cible.

### 1. Les critères de segmentation

Le commercial peut opter pour différents critères de segmentation :
- la localisation des annonceurs;
- leur typologie (entreprise/association/collectivité);
- la taille de l'annonceur;
- le chiffre d'affaires qu'il dégage;
- le type d'activité, etc.

Il choisit celui ou ceux qui vont lui permettre de dégager le plus fort potentiel de chiffre d'affaires.

### 2. Les qualités des critères de segmentation

Un critère de segmentation doit avoir plusieurs qualités : être objectif, être mesurable et être discriminant.

### 3. Les segments

De ce fait, le commercial obtient des segments :
- **homogènes** : les éléments du segment sont très proches d'un point de vue comportemental;
- **stables** : le segment dure dans le temps;
- **accessibles**;
- **fertiles** : le segment permet une rentabilité.

Libre ensuite au commercial de choisir l'une des 4 stratégies de segmentation existantes.

**Tableau 28.1** Les 4 stratégies de segmentation

| | | |
|---|---|---|
| **Segmentation indifférenciée** |  Le marché = un segment = 1 plan de marchéage global. | C'est « l'anti segmentation » par excellence, puisqu'il s'agit de toucher l'ensemble du marché avec ses produits.<br>Ex. : Euro RSCG C&O est une agence globale. |
| **Segmentation différenciée** | 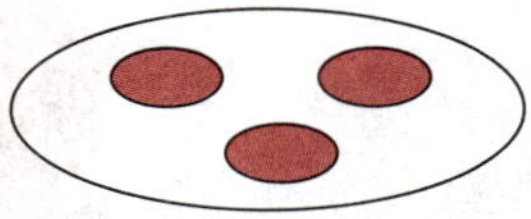 3 segments = 1 plan de marchéage par segment. | Chaque produit correspond à un segment.<br>Ex. : Clear Channel est présent sur le mobilier urbain, sur l'affichage 4x3, la radio... |
| **Segmentation concentrée** | 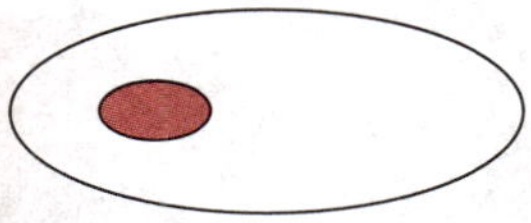 1 seul segment sur le marché = 1 plan de marchéage. | L'agence ne touche qu'un seul segment. On parle de « stratégie de niche » ou de « créneau ».<br>Ex. : Sportmarket est une agence de communication spécialisée dans le sport. |
| **Segmentation adaptée** | 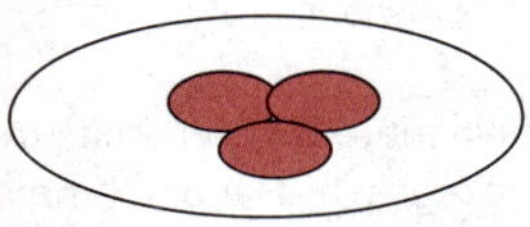 Plusieurs segments très proches et des plans de marchéage similaires. | L'agence va proposer des activités très similaires à chaque segment, ce qui lui coûtera beaucoup moins cher.<br>Ex. : Humans Connexion, agence toulousaine, propose des produits adaptés à divers supports médias ou hors-médias. |

La segmentation est aujourd'hui une réalité pour les entreprises, qui n'ont plus forcément les moyens de couvrir l'ensemble du marché ou qui ont constaté qu'elles pouvaient être largement plus rentables en ne touchant qu'une partie du marché. En répondant plus précisément à la demande formulée, elles peuvent justifier un prix plus élevé.

# 2 La création du portefeuille annonceurs

Le portefeuille (ou fichier) annonceurs se présente aujourd'hui sous forme numérique. L'outil informatique a largement contribué à une meilleure gestion du portefeuille annonceurs.

## A La législation en matière de fichiers

La création d'un portefeuille annonceurs implique donc de répondre aux exigences de la CNIL (Commission nationale de l'informatique et des libertés): chaque fichier doit être déclaré pour pouvoir être exploité à des fins commerciales.

La CNIL est chargée de veiller à ce que l'informatique soit au service du citoyen et qu'elle ne porte atteinte ni à l'identité humaine, ni aux droits de l'homme, ni à la vie privée, ni aux libertés individuelles ou publiques. Elle exerce ses missions conformément à la loi informatique et libertés, qui la qualifie d'« autorité administrative indépendante ». Elle est constituée de 17 membres, qui élisent leur président. Celui-ci recrute librement ses collaborateurs. La CNIL a un budget relevant du budget de l'État.

### Les missions de la CNIL

De nombreux fichiers ou traitements contenant des données personnelles sont dispensés de formalités déclaratives auprès de la CNIL, parce qu'ils ne portent pas atteinte à la vie privée ou aux libertés. En-dehors des cas d'exonération prévus, déclarer un fichier ou un traitement de données personnelles est une obligation légale.
Les données enregistrées sont relatives à l'identité du client, aux moyens de paiement utilisés, à sa situation familiale, économique et financière, à la relation commerciale et aux règlements des factures. La collecte du numéro de sécurité sociale (ou NIR) est exclue. Les données clients ne peuvent être conservées au-delà de la relation commerciale.
Les données prospects ne sont conservées que pour la durée nécessaire à la réalisation des opérations de prospection (durée préconisée : 1 an maximum après le dernier contact ou sans réponse après deux sollicitations successives). Les personnes concernées sont informées, lors de la collecte des informations, des droits d'accès, de rectification ou d'opposition qui leur sont reconnus par la loi du 6 janvier 1978 modifiée.

## B Les outils utilisés

Le portefeuille annonceurs peut être créé à partir de logiciels classiques comme Excel, qui permettent de collecter des données (chiffrées ou non) et que l'on peut par la suite trier facilement. Cependant, les agences vont plutôt utiliser aujourd'hui des logiciels spécifiques de gestion de fichiers, voire des progiciels tels que Wavesoft ou Prospective.

### Témoignage

**Paul, directeur d'une régie publicitaire**
Depuis la mise en place d'un logiciel de gestion de la relation client au sein de mon agence, je constate que les fichiers sont plus aisément mis à jour et que la rentabilité des opérations de prospection a évolué. Finis les classeurs où les fichiers s'entassaient, raturés, parfois illisibles car ils passaient de main en main. L'outil informatique a vraiment révolutionné notre approche des prospects.

# Construire un plan de prospection

**Le plan de prospection est un outil qui permet au commercial de contacter ses prospects dans les meilleures conditions. La prospection rentrant dans la démarche stratégique de l'agence, elle ne peut pas faire l'objet d'une improvisation : le plan de prospection a donc un rôle très important. Il doit être bien préparé en amont et personnalisé à chaque campagne de prospection.**

## 1 Les questions à se poser

Le commercial de l'agence est amené à se poser les questions suivantes :

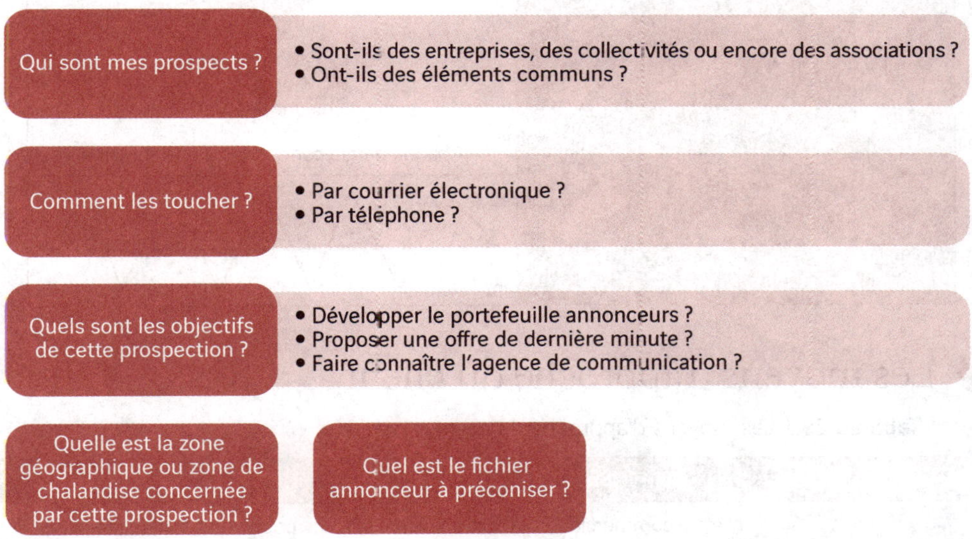


**Figure 29.1** Les questions à se poser

Le commercial doit se doter de tous les outils nécessaires construits lors de la première étape pour argumenter et convaincre les annonceurs : l'argumentaire, le plan d'appel ou encore la plaquette.

# 2 Les 4 méthodes de prospection

De même, pour être le plus opérationnel possible lors d'un face à face avec le prospect, le commercial doit organiser physiquement sa prospection. Ainsi, il peut utiliser 4 méthodes : le trèfle, la spirale, la marguerite et le zigzag.

| | |
|---|---|
| **1 Le trèfle**<br>La semaine est répartie en 4 jours. Chacun concerne un secteur géographique. |  |
| **2 La spirale**<br>La répartition se fait sur 4 jours mais aussi sur le mois. | <br>1 couleur par semaine |
| **3 La marguerite**<br>Elle est adaptée à un secteur de taille importante et aux cycles de visite longs. | <br>Chaque pétale correspond à une semaine |
| **4 Le zigzag**<br>Parfaitement adaptée aux secteurs allongés, il consiste à s'éloigner en ligne droite et à revenir en balayant la zone. | 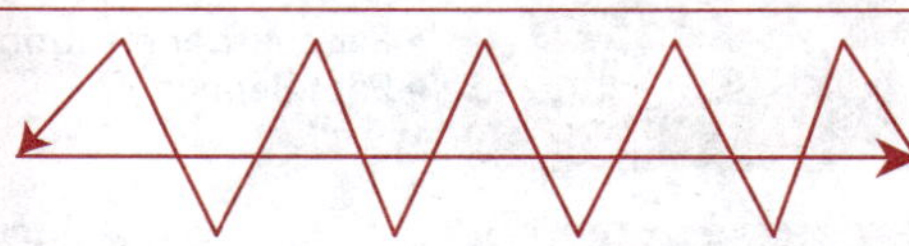 |

# 3 Les moyens d'approche du client

**Tableau 29.1** Les moyens d'approche du client

| Moyens d'approche | Définitions | Avantages | Inconvénients |
|---|---|---|---|
| Le publipostage ou mailing | Lettre commerciale qui fait une proposition au prospect ou client par courrier. | C'est une arme efficace pour doper les ventes et il est facile d'évaluer l'impact de la campagne de prospection. | La rentabilité est très faible du fait de la profusion de publipostage. |
| Le fax mailing | Diffusion d'offres commerciales par fax. | Il permet de toucher directement la cible professionnelle. | Il n'est quasiment plus utilisé à cause de l'arrivée de l'e mailing. |
| L'e-mailing | Courrier électronique envoyé à de nombreux contacts. | Idéal dans le B to B (*Business to business*), il est peu ou pas coûteux et est réactif. | C'est une approche intrusive qui est fortement utilisée ; aujourd'hui, elle a donc moins d'impact. |

.../...

.../...

| | | | |
|---|---|---|---|
| **La mercatique téléphonique ou *phoning*** | Contact de prospects par l'intermédiaire du téléphone. | C'est un outil interactif qui permet de mettre rapidement une campagne de prospection en place. | Les prospects sont de plus en plus sollicités par téléphone et ont tendance à esquiver ces appels. |
| **Le face à face** | Rencontre entre le vendeur et l'acheteur potentiel en v su. | Le contact direct permet de mieux cerner le client. | Il est coûteux et prend du temps. |
| **Les salons professionnels** | Lieux où sont réunis les différents protagonistes du marché pour présenter leurs offres commerciales. | Ils permettent d'avoir de nombreux contacts directs en un minimum de temps. | Les coûts des salons sont élevés et les contacts n'apportent pas toujours une rentabilité. |

Quel que soit le mode de contact lors de la prospection, le commercial devra remplir une fiche prospect pour étoffer son portefeuille prospects, mais surtout pour avoir une connaissance rapide de ce dernier.

## Modèle de fiche prospect

| | |
|---|---|
| Auteur de la fiche : | Date : |
| Les coordonnées du prospect | |
| Nom de l'entreprise :<br>Adresse : | Site Internet :<br>Tél. : |
| La présentation rapide du prospect | |
| Activité :<br>Chiffre d'affaires :<br>Dirigeant :<br>Nos interlocuteurs : | Effectif : |
| Les fournisseurs actuels du prospect : | |
| Origine du contact avec le prospect : | |
| Les opportunités envisageables | |
| Intérêt représenté par le prospect : | |
| Possibilités commerciales envisageables : | |
| Contraintes éventuelles : | |

## 4 Les stratégies de prospection

Le commercial peut pratiquer sa prospection de diverses manières plus ou moins efficaces :
– **stratégie de conquête** : tous les prospects sont considérés comme intéressés par l'offre. Il faut les convertir à tout prix en clients. Le commercial sera donc extrêmement présent sur le terrain. Cette stratégie n'est pas la plus rentable puisque l'on estime un taux de réussite entre 5 et 10 %.
– **stratégie de rebond** : elle a pour objectif de proposer et de vendre la même prestation chez d'autres annonceurs potentiels qui ont les mêmes caractéristiques que vos annonceurs actuels. Le taux de réussite est ici bien meilleur car il peut être estimé à 30 %.
– **stratégie d'épandage** : elle s'applique à des opérations de prospection sur la clientèle actuelle et consiste à proposer de nouveaux produits. Elle est largement en tête concernant le taux de remontée puisqu'on l'estime à 50 %.
– **stratégie tous azimuts** : elle n'est pas à conseiller car elle ne respecte aucune règle. Le commercial va partir à la conquête de contrats sans méthodologie. En général, les résultats ne sont pas à la hauteur des espérances du commercial.

## 5 L'évaluation de la prospection

Une fois l'opération de prospection réalisée, il est obligatoire d'évaluer les résultats afin de valider la mission du commercial ou de se repositionner pour de futures recherches d'annonceurs.
L'efficacité de l'action peut être mesurée à l'aide de divers ratios.

**Tableau 29.2** Les ratios de l'efficacité de l'action

| Ratios | Formules | Significations |
|---|---|---|
| Taux de contact | $\frac{\text{Prospects contactés}}{\text{Nombres de contacts}} \times 100$ | Ce ratio permet de vérifier si le fichier était à jour et suffisamment qualifié. |
| Taux de remontée | $\frac{\text{Entretiens déroulés}}{\text{Prospects contactés}} \times 100$ | Ce ratio permet de constater si le commercial a pu décrocher un rendez-vous. |
| Taux de transformation | $\frac{\text{Ventes}}{\text{Entretiens déroulés}} \times 100$ | Ce ratio montre le taux de réussite du commercial. |
| Chiffre d'affaires moyen | $\frac{\text{Chiffre d'affaires}}{\text{Nombre de ventes}}$ | Il est intéressant pour le commercial de connaître la valeur moyenne de ses prises de commandes. |
| Coût d'acquisition | $\frac{\text{Coût total}}{\text{Nombre de ventes}}$ | Ce ratio évalue quel est le coût de l'opération de prospection menée. Il est en général rapporté au chiffre d'affaires moyen pour évaluer si la prospection a été payante. |

### Exemple d'évaluation de la prospection

L'agence de communication M&F a mené dernièrement une campagne de prospection auprès d'annonceurs locaux, les commerces de proximité, pour leur proposer des stickers de vitrine, la conception de flyers, d'affiches... Elle souhaite aujourd'hui en connaître les répercussions. Elle fournit les éléments suivants :

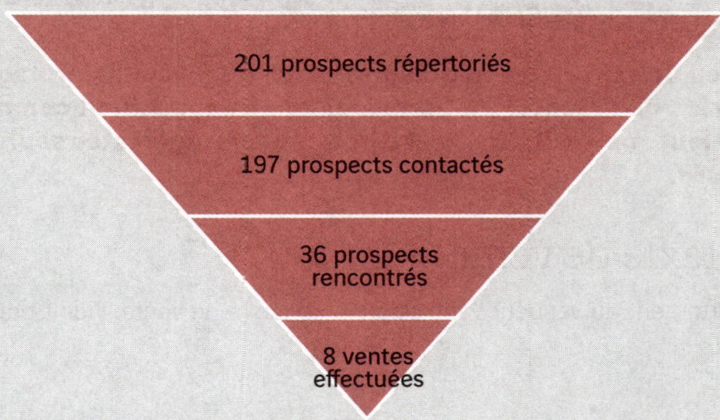


***Les 8 ventes ont rapporté un chiffre d'affaires de 4800 euros. La prospection a coûté 145 €.***

| Ratios | Formules |
| --- | --- |
| Taux de contact | 197/201 x 100 = 98 % |
| Taux de remontée | 36/197 x 100 = 18,30 % |
| Taux de transformation | 8/36 x 100 = 22,22 % |
| Chiffre d'affaires moyen | 4 800/8 = 600 € |
| Coût d'acquisition | 1500/8 = 187,5 € |

Dans cet exemple, on constate que les chiffres sont plutôt satisfaisants car il n'y a quasiment pas de perdition de prospects (2 %) : le fichier a été bien construit. Le taux de transformation est de 22 % environ pour un taux de remontée plus faible de 4 points. Le commercial de l'agence a donc su convaincre une fois le prospect «attiré» par son offre, d'autant que le CA moyen est correct puisqu'il est de 600 € pour des commerces de proximité. Enfin, les coûts sont réduits car dans ce type de campagnes, le commercial va d'abord appeler chaque prospect ; le coût est ici nul. Enfin, l'agence a effectué ses déplacements dans un périmètre restreint, qui n'est là encore presque pas chiffrable.

Le commercial doit s'auto-évaluer afin de ne pas réitérer certaines propositions non fructueuses, ou doit prendre appui sur son vécu.

L'analyse peut également être de type qualitatif : le suivi de la prospection peut être complété par une enquête réalisée auprès des prospects afin de connaître leurs réactions face à une offre commerciale.

# 30 VENTE DE SOLUTIONS DE COMMUNICATION

# Préparer un entretien de vente

**L'entretien de vente met en présence deux ou plusieurs protagonistes ayant des intérêts divergents. On parle alors de « négociation commerciale » car, même si leurs objectifs sont différents, les protagonistes souhaitent aboutir à un accord.**

## 1 Le contexte de vente

Le comportement du vendeur varie selon le contexte de vente. Il doit prendre en compte 4 facteurs.

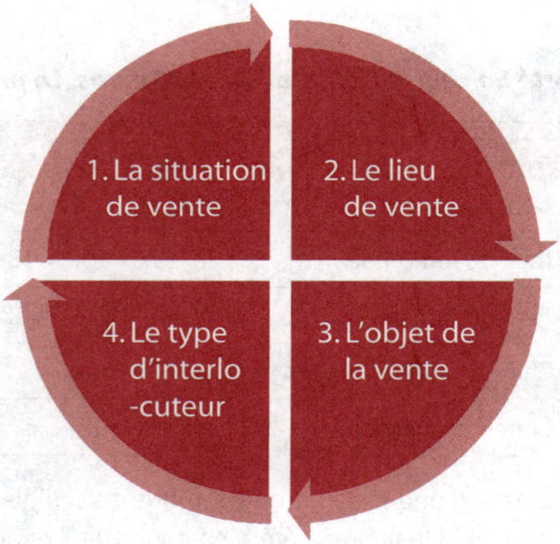


**Figure 30.1** Les 4 facteurs à prendre en compte par le vendeur lors de la vente

1. La vente peut se dérouler en face à face ou par téléphone. Toutefois, le téléphone est plutôt un outil permettant la prise de rendez-vous.
2. Le lieu de la négociation est important : si la négociation a lieu chez le client, le vendeur n'a pas une totale maîtrise de l'entretien, alors que si le client est reçu au sein de l'agence, le vendeur a plus d'assurance.
3. L'objet de la vente est évidemment déterminant. Le vendeur doit estimer le montant, les conditions de l'accord, sa marge de manœuvre...
4. L'interlocuteur peut être une entreprise (*Business to business*), une collectivité ou administration, ou encore une association.

Le vendeur doit enfin prendre en compte l'identité de l'interlocuteur (son âge, son sexe, sa personnalité, sa position hiérarchique, sa typologie...) afin d'adapter lui-même son propre comportement. On parle ainsi d'**empathie**.

**Tableau 30.1** Typologies de négociateurs

| | |
|---|---|
| **L'agressif**<br>**Le convivial** | – Cherche le conflit<br>– Instaure un climat de confiance |
| **Le dominateur**<br>**Le dominé** | – A une forte personnalité, charismatique<br>– Se soumet par la contrainte ou par admiration |
| **Le séducteur**<br>**L'irritateur** | – Cherche la sympathie pour établir une relation de proximité<br>– Provoque, exaspère |
| **L'analytique**<br>**L'intuitif** | – Analyse le problème puis expose sa solution<br>– Agit en tenant compte de son expérience |
| **L'optimiste**<br>**Le pessimiste** | – Estime qu'il y a toujours une solution<br>– A du mal à construire une solution |



## 2 Les objectifs de négociation

Il y a 3 objectifs possibles à une négociation :
– **la recherche d'informations sur le client**: détenir des informations sur l'annonceur place l'agence de communication en situation de force lors d'une future rencontre. Cet objectif est principalement recherché lorsque le prospect n'est pas connu de l'agence (exemples d'informations à recueillir : campagnes de communication antérieures, situation de l'entreprise, stratégie globale de l'entreprise, nom des décideurs...);
– **la création ou la gestion de la relation client**: l'agence de communication doit aujourd'hui montrer de plus en plus à ses clients annonceurs qu'elle est à leur écoute car le contexte concurrentiel ne lui permet pas de perdre un client;
– **la conclusion totale ou partielle d'un contrat**: il ne faut parfois pas se poser trop de questions lors d'un entretien de négociation : l'objectif premier est de vendre.

Le vendeur doit se fixer des objectifs restreints en nombre, qui doivent être mesurables (capables d'être chiffrés), cohérents (en adéquation avec le reste de la stratégie de négociation) et clairement écrits, pour réussir la négociation.

## 3 Les marges de manœuvre

La négociation doit fixer une marge de manœuvre. En effet, les objectifs des deux parties étant souvent en opposition, un rapport de force va s'instaurer et déterminer le comportement que chaque partie va adopter :
– **la soumission** : le vendeur accepte la demande de l'acheteur en raison de l'importance de la négociation;
– **le refus** : le vendeur est en position dominante et ne consent aucun avantage face au client;
– **la satisfaction partagée** : chaque partie fait des concessions pour aboutir à un accord.

Ces marges de manœuvre seront fixées au cas par cas, en fonction des contraintes financières, commerciales ou temporelles.

## 4 Le diagnostic de la situation de négociation selon Watkins

**Tableau 30.2** Le diagnostic de la situation de négociation selon Watkins

| | |
|---|---|
| Les acteurs | **Qui va participer ou pourrait participer aux négociations?**<br>Pour un entretien de vente, il faut connaître le profil de la personne qui est en face de soi : en fonction du profil de l'acheteur, le résultat peut être radicalement différent. |
| Les règles | **Quelles sont les règles du jeu ?**<br>Avec certains annonceurs et dans le cadre de certaines ventes, il est possible d'être en présence d'habitudes et de codes particuliers. |
| Les questions | **Quelles sont ou quelles pourraient être les questions à négocier ?**<br>Cela revient à se fixer les marges de manœuvre vues précédemment. |
| Les intérêts | **Quels objectifs poursuivez-vous ? et les autres ?**<br>C'est souvent là que réside la difficulté de l'entretien de vente, car les deux parties sont en opposition. |
| Les options | **Que faire dans l'hypothèse d'un non accord ?**<br>Si le commercial ne veut pas abaisser ses conditions de vente, il peut « simuler » un retrait. Il arrive que le client revienne sur sa décision en réalisant ce qu'il va perdre. Il faut savoir que toute négociation n'aboutit pas. |
| Les accords | **Y a-t-il des accords potentiels qui conviendraient aux deux parties ?**<br>On envisage ici déjà un peu le partenariat afin que chacun trouve satisfaction. |
| Les liens | **Les négociations actuelles sont-elles liées à d'autres négociations ?**<br>Le commercial va chercher à fidéliser son interlocuteur en lui proposant des conditions avantageuses pour les futures collaborations. |

Ce diagnostic va permettre au commercial d'envisager une stratégie de négociation.

## 5 Les stratégies de la négociation commerciale

Les deux parties doivent choisir une stratégie pour parvenir au meilleur accord possible. Elles ont 3 options envisageables.

**Tableau 30.3** Les 3 options de la négociation commerciale

| La négociation coopérative ou intégrative | La négociation distributive ou conflictuelle | La négociation mixte ou compromis |
|---|---|---|
| Encore appelée « gagnant-gagnant », cette stratégie permet de trouver des solutions optimales et de satisfaire les deux parties.<br>Elle permet aussi d'établir une relation durable avec l'acheteur. | On parle ici de « gagnant-perdant ». Les deux parties cherchent la confrontation et ne cèdent sur aucun point. | Le vendeur et l'acheteur font tous deux des concessions pour aboutir à un accord final. |

Le choix de la stratégie incombe au vendeur et dépend des éléments vus précédemment. Un point majeur est cependant à prendre en compte : la personnalité du « négociateur ».

**Témoignage**

**Mehdi, commercial de vente d'espaces publicitaires pour le média affichage**
« Au cours de ma vie professionnelle, j'ai compris combien il était important de s'orienter vers une négociation intégrative car trouver de nouveaux clients n'est pas chose aisée dans ce contexte concurrentiel. Alors, j'ai plutôt tendance à créer une relation durable avec mes clients, voire même de sympathie. Avant d'exposer mon offre, je parle de choses et d'autres avec mon client : de ses passions, de sa famille, de sa voiture... bref, j'aborde tous les sujets qui me permettent de le placer dans une bonne dynamique. Puis j'essaie de trouver la meilleure option pour mon client et pour moi, bien évidemment. »

# 6 La préparation matérielle et psychologique

## A La préparation matérielle

Le commercial doit se doter de l'ensemble des outils à sa disposition au sein de l'agence : la carte de visite, la plaquette, le plan de découverte...
Il peut par ailleurs organiser la présentation de ces documents, par exemple sous format numérique grâce à un Powerpoint. On imagine très bien aujourd'hui le commercial muni de sa tablette numérique et présentant ses différentes offres. De même, pour certaines prestations, des maquettes peuvent être un apport important dans la négociation.

## B La préparation psychologique

La préparation psychologique est quant à elle plus complexe car elle intègre toutes les notions de connaissance de soi et de prise en compte de l'autre.
La connaissance de soi passe par deux grandes notions :
– **la perception** : l'individu perçoit certains éléments qui l'entourent, puis les interprète. Cette perception peut cependant être modifiée par des facteurs environnementaux comme la lumière, le son ou le mouvement, par des facteurs physiologiques, c'est-à-dire les 5 sens ou encore par des facteurs psychologiques (motivations, expérience...) ;
– **le développement personnel**, qui comprend l'image de soi et l'optimisation de son potentiel. La prise en compte de l'autre implique qu'il faille tenir compte du langage, de la culture, des valeurs, des croyances et des attitudes de son interlocuteur. De plus, pour être efficace d'un point de vue relationnel, le commercial doit faire preuve de qualités distinctives :
– **l'assertivité** : s'affirmer tout en respectant son interlocuteur ;
– **la maîtrise du stress** : il sera atténué par une bonne préparation ;
– **la maîtrise du verbal** : être capable de transmettre les informations au client ;
– **la maîtrise du non-verbal** : gérer la position de ses mains, de ses jambes, la posture de son corps et de ses mimiques. Ces éléments ne doivent pas trahir le commercial devant l'annonceur (en reflétant par exemple son manque de confiance et son hésitation).

# L'offre commerciale : la notion de produit

**L'offre commerciale d'une agence de communication peut être très diversifiée afin de pouvoir répondre aux besoins formulés par la majeure partie des annonceurs. De plus, avec une concurrence de plus en plus vive, les agences doivent maîtriser le concept de l'offre, à savoir les notions de produit et de prix.**

## 1 Définition

Au sens large, le produit est le résultat de l'activité de l'entreprise. Il peut être un bien matériel (impression d'une affiche) ou un service (réalisation d'une campagne de communication) qui répond à un ou plusieurs besoins identifiés.

Une agence de communication caractérise plutôt son activité par des services, qui sont des prestations ou des performances permettant de mettre à la disposition de l'annonceur une capacité technique ou intellectuelle. L'agence fait ainsi partie de la notion de service s'adressant au mental. Par exemple, concevoir une campagne d'e-mailing pour un client permet de le faire profiter de l'expérience de l'agence en matière d'e-mailing afin de bénéficier de retombées intéressantes sur ses ventes.

## 2 Spécificités des services

Les services possèdent 4 grandes spécificités.

### A Ils sont intangibles

Il est impossible de les exposer avant l'achat. On peut bien sûr présenter, *via* un « *book* », les différentes réalisations effectuées auprès d'annonceurs, mais pas la prestation concernant le client avant qu'elle ne soit réalisée.

### B Ils ne sont pas stockables

L'offre n'étant pas extensible, cette spécificité pose parfois des problèmes face à la demande des annonceurs. Un afficheur ne peut par exemple, une fois ses réseaux d'affichage vendus, plus répondre à la même demande de la part d'un autre client (le réseau étant vendu).

### C Ils sont variables

Cette spécificité des services représente un véritable atout car elle signifie que les services ne sont pas standardisés et que l'agence de communication bénéficie d'une certaine liberté pour proposer des produits « sur-mesure ».

### D Leur production et leur consommation sont simultanées

L'agence de communication sera présente le jour d'un événement organisé pour l'annonceur.

**Exemple : Pour un salon ou une journée porte ouverte, le travail de l'agence ne sera effectif que le jour où se déroule cette manifestation.**

## 3 Le cycle de vie des produits

Cette analyse permet aux entreprises de suivre la vie de leurs produits en fonction du critère « ventes ». On distingue 4 phases principales dans le cycle de vie des produits.

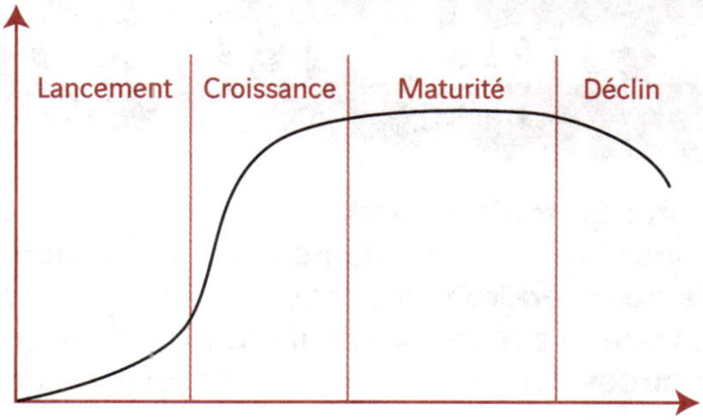


**Figure 31.1** Les 4 phases du cycle de vie du produit

**Le lancement** correspond au moment où le produit apparaît sur le marché. Celui-ci est encore peu connu, donc peu vendu, et il ne souffre pas vraiment de la concurrence. Il représente par contre un véritable coût lié aux investissements réalisés en amont et lors de sa sortie.
**La croissance** symbolise l'envol du produit en termes de ventes. Le produit a séduit les clients potentiels et doit désormais faire face à l'arrivée des concurrents. L'entreprise fait encore des investissements, mais elle peut en fin de croissance commencer à dégager des bénéfices.
**La phase de maturité** est de loin la phase la plus rentable ; les entreprises s'attachent à faire en sorte que les produits y restent le plus longtemps. Les entreprises commencent à faire des économies d'échelle du fait de l'expérience qu'elles ont du produit : elles ne communiquent quasiment plus et n'investissent pas. Les concurrents sont en grand nombre.
**La phase de déclin** signe la fin de la vie du produit. Elle implique une décision difficile à prendre pour les entreprises quand il s'agit de retirer le produit du marché car un produit n'est pas simplement synonyme de chiffre d'affaires : il est lié à la rentabilité mais aussi à l'image de l'entreprise. En contrepartie, l'entreprise doit cependant se résoudre à abandonner le produit quand celui-ci ne séduit plus suffisamment les clients.

### DIFFÉRENCIER L'OFFRE DE SES CONCURRENTS

Les entreprises proposent aujourd'hui des offres pratiquement similaires les unes aux autres en raison d'une surabondance de propositions. Toutefois, elles doivent chercher à se différencier pour faire leur place sur le marché. Elles peuvent le faire en prenant en compte :
– les caractéristiques intrinsèques de l'offre : la fonctionnalité, la performance, ou encore la stylique pour certains éléments de l'offre ;

**Exemple : Un support glacé qui donnera une image haut de gamme à une plaquette, par rapport à un support cartonné** ;

– les services associés : il est important pour l'annonceur d'assurer un suivi auprès de sa clientèle ou encore de proposer la livraison des supports ;
– le positionnement, c'est-à-dire l'image de l'agence dans l'esprit des clients par rapport à la concurrence. On parle de plus en plus d'agence de communication « verte » de la part des agence qui utilisent des matières recyclées pour leur campagne de promotion ;
- le personnel de l'agence. Bénéficier d'une équipe pluridisciplinaire peut être un atout vis-à-vis de la concurrence car l'annonceur va se sentir totalement pris en charge par l'agence.

# 32 VENTE DE SOLUTIONS DE COMMUNICATION

# L'offre commerciale : la notion de prix

**La variable prix est toujours assez complexe à aborder pour les vendeurs car c'est un élément qui sera fatalement en opposition avec les acheteurs : les vendeurs veulent vendre leur produit ou service au plus cher, tandis que les acquéreurs veulent acheter au meilleur prix. Toutefois, l'agence peut disposer de techniques pour que l'annonce du prix soit acceptée.**

## 1 Les composantes du prix

Le prix représente la valeur du produit ou de la prestation vendus. Il est déterminé en prenant en compte :

– **le coût d'achat ou le coût de revient** du produit ou de la prestation. Il correspond à la valeur d'un produit une fois fabriqué ou à la valeur de son achat. Le coût d'achat représente le prix auquel l'agence va acheter un encart presse au magazine *L'Équipe* par exemple. Le coût de revient est le résultat de l'addition des coûts variables (coûts qui évoluent en fonction de l'activité de l'agence, par exemple les frais administratifs de chaque dossier) et des coûts fixes (qui ne changent aucunement en fonction de l'activité, par exemple le loyer d'un bâtiment). Lorsqu'une agence prévoit une campagne de mailing pour un de ses annonceurs, elle va déterminer son coût de revient en tenant compte du nombre d'envois de courriers commerciaux (charges variables) et du salaire de son commercial (charges fixes);

– **la marge** requise par l'agence, c'est-à-dire la part de bénéfice que s'octroie l'agence;

– **les réductions de prix** éventuelles pour fidéliser le client, par exemple ;

– **la TVA** (Taxe sur la valeur ajoutée). Le taux de TVA applicable dans le domaine de la communication est de 19,6 %;

– **les autres charges**, telles que le transport.

Lors d'un entretien de vente, le commercial doit maîtriser l'ensemble de ces notions pour pouvoir établir son devis à l'annonceur.

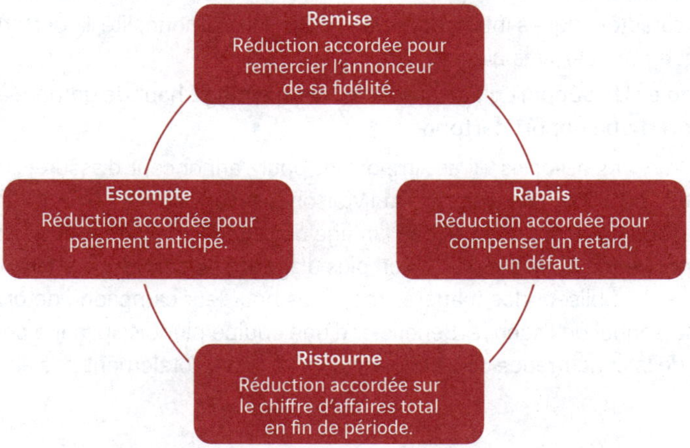


**Figure 32.1** Les différentes réductions commerciales

# 2 La détermination d'un prix

Elle peut s'appuyer sur 3 concepts.

## A Fixation du prix à partir des coûts

| Le coût complet (*full costing*) | Le coût direct (*direct costing*) |
|---|---|
| Il s'agit de calculer le coût de revient en y ajoutant un montant donné de marge nette, exprimé en % du coût total. | Il s'agit d'ajouter aux charges ou coûts variables une marge couvrant les charges ou coûts fixes. On peut ainsi dégager une marge sur coût variable et calculer le seuil de rentabilité. C'est au-delà du seuil de rentabilité que l'on peut dire que l'entreprise est bénéficiaire.<br>Le point mort correspond quant à lui à la date à laquelle le seuil de rentabilité est atteint. |

**Formules**

| | | | |
|---|---|---|---|
| **Taux de marque** | $\frac{\text{Marge commerciale x 100}}{\text{P.V. H.T.}}$ | Seuil de rentabilité (S.R.) | $\frac{\text{C.A. x C.F.}}{\text{M/C.V.}}$ Ou $\frac{\text{C.F.}}{\text{Taux de M/C.V.}}$ |
| **Taux de marge** | $\frac{\text{Marge commerciale x 100}}{\text{P.A. H.T.}}$ | M/C.V. | C.A. - C.V. |
| **Marge commerciale** | P.V. H.T. - P.A. H.T. | Taux de M/C.V. | $\frac{\text{M/C.V. x100}}{\text{C.A.}}$ |
| | | Point mort | $\frac{\text{S.R. x 360}}{\text{C.A.}}$ |

### Exemples de fixation des prix à partir des coûts

La société de signalétique La Flèche vend des tableaux d'affichage extérieur aux municipalités. Elle propose diverses vitrines et doit établir son prix de vente TTC pour établir son nouveau tarif. Le modèle le plus vendu est le 712436, qui a une porte levante avec vérins et un coût de revient de 419,52 €. Le taux de marge est fixé à 8 % et ces produits sont assujettis à une TVA. de 1,6 %. Le prix de vente TTC est de :

PV HT = 419,52 x 1,08 = 453,08 €

PV TTC = 453,08 x 1,196 = 541,88 €.

Un commercial débutant, Laurent Caro, a rendez-vous avec son premier client. Afin de pouvoir préparer son entretien et fixer sa marge de manœuvre, il souhaite déterminer le taux de marque du modèle à porte double que lui a demandé son client. Le coût de revient est de 1,196 € et la vitrine est vendue 876,67 € TTC Le taux de marque pratiqué habituellement est de 10 %.

PV HT = $\frac{876{,}67}{1{,}196}$ = 733 €.

Taux de marque = $\frac{733 - 645{,}05}{733}$ x 100 = 11,99 %.

Laurent Caro, sachant que son taux de marque est de 12 %, peut se fixer une marge de manœuvre de 2 % car le taux habituel pratiqué est de 10 %.

→ → →

→ → →

Une entreprise de presse gratuite vous donne ses éléments d'exploitation :

| Charges fixes | Taux de marge sur coût variable | Prix de vente unitaire d'un encart |
|---|---|---|
| 655 200 € | 40 % | 200 € |

Seuil de rentabilité = $\frac{655\,200}{0{,}40}$ = 1 638 000 €.

L'entreprise devra donc vendre 8 190 encarts pour être rentable (1 638 000/200).

Le chiffre d'affaires annuel étant de 2 457 000 €, le seuil de rentabilité sera atteint :

$\frac{1\,638\,000 \times 360}{2\,457\,000}$ = 240 jours soit 8 mois (240/30).

On peut donc dire qu'à partir du 1er septembre, l'entreprise sera bénéficiaire.

## B Fixation des prix en fonction des clients

Il s'agit de mettre en place une étude de **prix psychologique** ou **prix d'acceptabilité**. L'agence détermine une fourchette de prix pour sa prestation et pose les 2 questions suivantes à un échantillon d'annonceurs : Au-dessus de quel prix estimeriez-vous que la prestation serait trop chère ? En dessous de quel prix qualifieriez-vous cette prestation de mauvaise qualité? Une fois les réponses collectées, elle construit un tableau qui lui permet de trouver le prix le plus juste pour l'échantillon interrogé.

### Exemple de fixation des prix en fonction des clients

Devant des demandes de plus en plus nombreuses de clés USB/goodies, un commercial souhaite les rentrer au catalogue mais ne sait pas réellement à quel prix. Il décide de faire une étude de prix psychologique et pose les deux questions habituelles en proposant un niveau de prix allant de 10 à 20 euros. Il obtient les réponses suivantes.

| Prix (€) | Prix trop élevé | % Prix trop élevé | % Cumulé croissant prix trop élevé (A) | Mauvaise qualité | % Mauvaise qualité | % Cumulé décroissant mauvaise qualité (B) | % Favorables au prix 100 - (A+B) (C) |
|---|---|---|---|---|---|---|---|
| 10 | 0 | 0 | 0 | 75 | 37,5 | 100 | 0 |
| 11 | 0 | 0 | 0 | 50 | 25 | 62,5 | 37,5 |
| 12 | 5 | 2,5 | 2,5 | 30 | 15 | 37,5 | 60 |
| 13 | 10 | 5 | 7,5 | 23 | 11,5 | 22,5 | 70 |
| 14 | 15 | 7.5 | 15 | 10 | 5 | 11 | 74 |
| 15 | 20 | 10 | 25 | 7 | 3,5 | 6 | 69 |
| 16 | 40 | 20 | 45 | 5 | 2,5 | 2,5 | 52,5 |
| 17 | 50 | 25 | 70 | 0 | 0 | 0 | 30 |
| 18 | 50 | 25 | 95 | 0 | 0 | 0 | 5 |
| 19 | 10 | 5 | 100 | 0 | 0 | 0 | 0 |
| 20 | 0 | 0 | 100 | 0 | 0 | 0 | 0 |
| | 200 | 100 | | 200 | 100 | | |

A + B = C

Au regard du tableau, on constate que 74 % des annonceurs interrogés pensent que le prix idéal pour la clé USB serait de 14 €.

### C Fixation des prix à partir de la concurrence

L'agence peut fixer ses prix en étudiant la stratégie de ses concurrents. Elle dispose ainsi de 3 options :

- se mettre au niveau du marché. Elle pratique dans ce cas une **stratégie d'alignement** sur ses concurrents ;
- se situer en dessous du marché ; elle peut dans ce cas craindre une guerre des prix. On parle ici de **stratégie de pénétration**. L'entreprise pratique des prix bas et compte sur le volume de ventes pour assurer ses bénéfices ;
- se positionner au-dessus du marché si elle bénéficie d'une image de marque forte. Il s'agit d'une **stratégie d'écrémage**.

## 3 Les documents commerciaux

L'agence de communication doit établir des documents pour concrétiser son offre. Ces derniers ont une incidence en matière de comptabilité mais également au niveau juridique. On peut en recenser 4 incontournables.

### A Les tarifs

Il s'agit d'un tableau de prix pour chaque prestation fournie par l'entreprise.

#### › Étoile® Évolution

| | |
|---|---|
| • PLANCHES | 2 x 118 € |
| • MÂTS Ø 100 MM | 2 x 1,70 ml x 68 € |
| • PARECLOSES | 6 x 1,70 ml x 8 € |
| **KITS DE FIXATION ÉVOLUTION** | **2 x 46 €** |
| • SABOTS DE MÂT Ø 100 MM | 2 x 129 € |
| **TOTAL :** | **899 €*** |

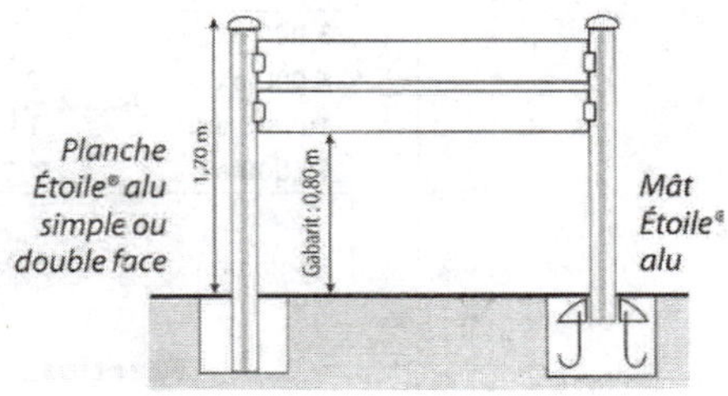


#### › Étoile® Classic

| | |
|---|---|
| • PLANCHES | 2 x 118 € |
| • MÂTS Ø 100 MM | 2 x 1,70 ml x 68 € |
| • PARECLOSES | 6 x 1,70 ml x 8 € |
| • KITS DE FIXATION CLASSIC | 2 x 12 € |
| • SABOTS DE MÂT Ø 100 MM | 2 x 129 € |
| **TOTAL :** | **831 €*** |

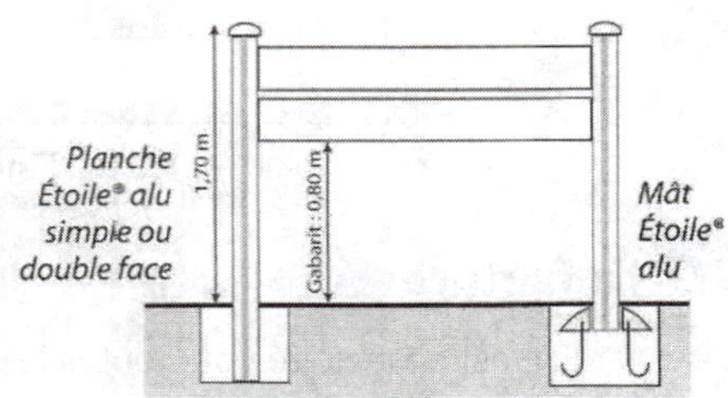


**Figure 32.2** Extrait de tarifs 2011 d'une société de signalétique

### B Le devis

C'est une proposition chiffrée, datée et limitée dans le temps, remise au client. Il engage juridiquement l'agence. Ce n'est qu'une fois le devis accepté par l'annonceur que le commercial est tenu de réaliser la prestation dans les conditions prévues à l'intérieur. Le devis engage aussi le client dès lors qu'il a signé.

**IMPRIMERIE ABC**

Société MASERATI
MLLE Julie SANCHEZ
18, avenue Andrea Paco
BP 77
75007 PARIS CEDEX

**DEVIS N° 0998000077**

Paris, le 11 septembre 2008

*Nous vous prions de bien vouloir prendre connaissance de notre meilleure offre de prix concernant :*

| | |
|---|---|
| **Désignation** | **: Dépliant de présentation** |
| Format pages | : 297 × 210 mm ouvert (148 × 210 mm fermé) |
| Prépresse | : Maquette<br>2 sélections couleur<br>Films réalisés par nos soins |
| Papier | : Couché moderne brillant 115 g/m$^2$ |
| Impression | : R° quadri / V° quadri |
| Façonnage | : Pliage : 1 pli |
| Départ | : Dans caisses carton par 1 500 ex. |

| | |
|---|---|
| **3 000 ex.** | **683,40 € HT** |
| **5 000 ex.** | **885,01 € HT** |
| **10 000 ex.** | **1 084,91 € HT** |
| **15 000 ex.** | **1 329,14 € HT** |

Règlement : Par traite à 30 jours fin de mois

**Benoît GRIVEAU**
Directeur commercial

**Figure 32.3** Devis d'imprimeur

## C La facture

Elle est obligatoire pour toutes les entreprises redevables de la TVA dès lors qu'elles livrent des biens ou rendent des services à un autre assujetti ou à une personne morale non assujettie. Le vendeur est tenu de délivrer la facture dès la réalisation de la vente ou de la prestation de services. Cette facture permet de justifier le droit à déduction par le client. Elle remplace le contrat de vente.

Les mentions suivantes doivent obligatoirement figurer sur la facture :
- les date et numéro de facture ;
- les noms et adresses des parties;
- la date de la vente ou de la prestation ;
- les quantités et dénominations des marchandises vendues ou des services rendus ;
- le prix unitaire de chaque bien ou service ;

- les numéros d'identification à la TVA du vendeur et de l'acquéreur pour les livraisons intra-communautaires, et une mention spécifique;
- le numéro d'identification à la TVA du prestataire ainsi que celui fourni par le preneur pour les prestataires de services, dans certains cas ;
- les caractéristiques du moyen de transport neuf pour les livraisons intra-communautaires des biens.

Lorsque la TVA doit être payée par le client, la facture doit le préciser.

## D Le contrat de vente

Il peut être établi entre le vendeur et l'acheteur pour conclure la transaction entre les deux parties. Il donne ainsi l'obligation au vendeur de transfert de propriété et l'obligation à l'acheteur de s'acquitter de la somme convenue.

Il n'est pas obligatoirement écrit mais est le plus souvent matérialisé par la facture de l'agence.

33 VENTE DE SOLUTIONS DE COMMUNICATION

# Conduire un entretien de vente

**L'annonceur doit être conquis et fidélisé par le prestataire en communication. Ce dernier doit donc se différencier de ses concurrents en personnalisant son offre.**
**Le vendeur joue évidemment un rôle prépondérant dans la relation commerciale car il influence « la relation affective » avec son client. C'est pourquoi il doit respecter certaines règles.**

## 1 L'entretien de vente

Les entretiens de vente se déroulent selon des règles immuables qui permettent aux deux parties de se comprendre et ainsi de parvenir à un éventuel accord.

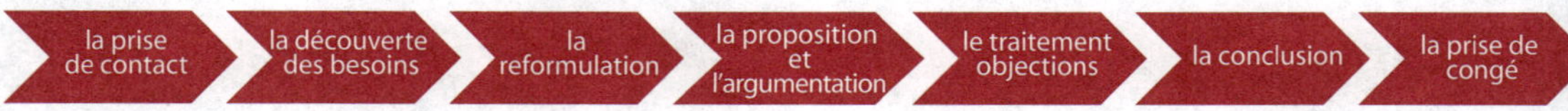


**Figure 33.1** Schéma de l'entretien de vente

## 2 La prise de contact

Le vendeur doit bien préparer son premier contact avec le client, car tout se joue dans les premiers instants. Il existe d'ailleurs une règle pour cela, appelée « règle des 4 x 20 ».

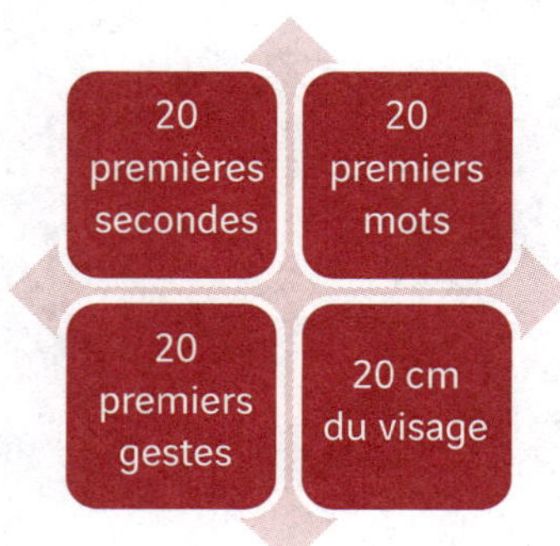


**Figure 33.2** Règle des 4 x 20

Cette phase prend donc en compte aussi bien le verbal que le non-verbal, à savoir la gestuelle, la posture, la tenue, l'expression du visage...
Les objectifs sont :
– d'installer une relation de confiance avec l'annonceur, ce qui implique que le commercial doit se présenter dans les plus brefs délais et identifier son interlocuteur. Cette phase peut

être appuyée par un support qui aura été préalablement construit, comme la carte de visite;
- d'accrocher l'acheteur en rappelant l'historique de leur entretien, s'il ne s'agit pas d'une première rencontre, ou en éveillant la curiosité du prospect avec une question du type : « augmenter très rapidement votre notoriété vous intéresse certainement, n'est-ce pas ? »;
- de présenter son entreprise sans commencer son argumentation afin de rassurer son interlocuteur;
- d'observer pour appréhender son prospect et détecter le potentiel de celui-ci. Certains « indices » peuvent aider le commercial à découvrir qui il a véritablement en face de lui : son apparence physique, son équipement, son environnement...

## 3 La découverte des besoins

Le vendeur doit faire parler l'acheteur pour découvrir ses attentes et son profil psychologique. Ses questions doivent donc cerner les besoins du client et décoder ses expériences, ses craintes, ses croyances.
Le commercial doit pour cela connaître plusieurs notions telles que les **besoins de Maslow** :
- besoin physiologique : se nourrir, boire;
- besoin de sécurité : avoir un toit où dormir;
- besoin d'appartenance : faire partie d'un club sportif;
- besoin d'estime : se faire valoriser au sein d'un club;
- besoin de réalisation de soi : s'accomplir dans son travail.

Il est important d'aider le client à se faire une idée précise de ce qu'il souhaite acheter ou de ce qui serait susceptible de lui apporter une solution de communication adaptée. Vendre le produit qui lui correspond, c'est la certitude de le satisfaire, mais surtout de le fidéliser.
Le vendeur va s'appuyer sur les motivations d'achat du prospect, qui peuvent être de plusieurs types :
- **motivations hédonistes** : se faire plaisir en utilisant un support qui a ses faveurs. Exemple: un annonceur passionné de cyclisme sera ravi d'être présent sur le tour de France ;
- **motivations oblatives** : faire plaisir à l'autre en choisissant un support ayant les faveurs de son équipe. Exemple : un annonceur qui souhaite acheter un encart publicitaire sur NRJ car c'est la chaîne radio préférée de sa fille;
- **motivations d'auto-expression** : se valoriser en sélectionnant un support reconnu. Exemple : Un producteur de miel local qui a un stand au salon de l'agriculture.

Le SONCAS est également un formidable soutien pour le vendeur au cours de cette phase (voir 26. Réaliser des outils d'aide à la vente). Si le commercial perçoit le bon mobile d'achat du client, il répondra au mieux à ses attentes.

**Exemple : Le client utilise les mots « coûts », « prix », « bonne affaire » : le commercial décèlera qu'il est du type « Argent ». Il utilisera ainsi les arguments appropriés, comme : « En ce moment, vous bénéficiez d'une remise si vous prenez 3 spots radio ». Sans cette notion, le vendeur pourrait répondre sur un registre complètement différent au client, qui ne serait pas convaincu.**

Le commercial doit varier les types de questions pour découvrir son prospect – ce qui ne signifie pas qu'il faut privilégier la quantité à la qualité. Chaque question dessert un objectif précis : s'informer, approfondir, orienter...

**Tableau 33.1** Les différents types de questions

| Types | Définition | Exemple |
|---|---|---|
| Question ouverte | Elle fait parler et incite le prospect à développer les informations déjà fournies. Elle commence par : « comment », « qu'est-ce que », « quel », « pourquoi »... | « Quels sont les supports que vous avez déjà utilisés pour vos précédentes campagnes ? » |
| Question fermée | Elle permet d'obtenir des réponses précises du prospect. Elle commence par : « qui », « quoi », « pensez-vous que », « pouvez-vous »... | « Pouvez-vous me dire quelle est votre zone de chalandise ? » |
| Question alternative | Elle permet d'orienter le dialogue et est souvent utilisée pour conclure. | « Préférez-vous diffuser votre message radio en matinée ou en fin d'après-midi ? » |
| Question en retour | Elle consiste à renvoyer la question à l'interlocuteur pour lui faire approfondir un point. | « Vous me demandez comment ma société envisage le partenariat. À quoi correspond cette notion pour vous ? » |
| Question ballon d'essai | Elle consiste à émettre une hypothèse sur une motivation que l'on croit avoir repérée et en vérifier la pertinence. | « Vous faire connaître est au centre de vos préoccupations, n'est-ce pas ? » |
| Question relais | Elle aide à faire compléter une réponse qui mérite un développement. | « Pouvez-vous me donner un exemple de campagne de communication qui vous a séduit ? » |
| Question de contrôle | Elle pousse le client à préciser sa pensée. | « Si je vous suis bien, il vous faut un taux de notoriété de plus de 10 % ? » |

Les questions ouvertes sont à utiliser dès le début du questionnement car elles permettent au client ou prospect de s'exprimer, et donc de prendre confiance. Les questions relais ou ballon d'essai, qui cherchent à faire préciser les éléments déjà fournis par le client, seront au contraire plutôt à la fin de cette phase.

Ces questions apparaissent ainsi dans le **plan de découverte** (Voir 26. Réaliser des outils d'aide à la vente). Cet outil d'aide à la vente doit être élaboré selon la technique de l'entonnoir, qui consiste à traiter les questions les plus larges en allant vers les plus précises. Tout au long de cette phase de découverte des besoins, le vendeur doit mettre en avant 2 qualités :

– **pratiquer l'écoute active**, ce qui signifie qu'il doit écouter son prospect avec une grande attention pour être capable à tout moment d'intervenir pour préciser, orienter... ;

– **faire preuve d'empathie**, c'est-à-dire être capable de se mettre à la place du client pour que celui-ci s'exprime le plus précisément possible.

## 4 La reformulation

Il s'agit de reprendre l'ensemble des points abordés par le client lors de la découverte, grâce au questionnement.

La reformulation présente un triple avantage :

– elle permet de montrer au client l'intérêt que le vendeur lui porte ;

– elle permet de vérifier les informations recueillies ;

– elle permet de faire préciser certains éléments par le client.

Le vendeur reprend ainsi les points cruciaux de la phase de découverte. Il peut utiliser 3 types de reformulation.

**La reformulation déduction**

**Fait progresser dans la découverte**

- « La concurrence étant de plus en plus vive, je pense augmenter mon budget communication. »
- « Vous voulez donc être présent massivement sur la région ? »

**La reformulation résumé**

**Rappelle et conclut la découverte des besoins.**

- « Vous venez de me dire que vous souhaitez être présent dans l'ensemble des supports locaux..., je vous propose maintenant de voir ensemble les possibilités qui s'offrent à vous. »

**La reformulation active**

**Verrouille les points développés.**

- « Si je comprends bien, vous voulez une communication par le biais de la presse écrite. »

**Figure 33.3** Les 3 types de reformulation

# 5 La proposition et l'argumentation

Le vendeur propose différentes options possibles au prospect grâce aux éléments collectés précédemment, et prend appui sur l'argumentaire préalablement établi lors de la construction des outils d'aide à la vente.

C'est lors de cette phase que le vendeur va devoir présenter son prix, ce qui est parfois difficile pour lui. 4 méthodes sont à sa disposition.

**L'addition**
On additionne tous les avantages pour justifier le prix.

Exemple : « Vous bénéficiez de la construction gratuite du message, de la diffusion au moment où vous le souhaitez... ».

**La soustraction**
On montre au client ce qu'il perd en n'achetant pas le produit.

Exemple : « La semaine prochaine, je ne pourrais pas vous faire profiter de cette offre de bouclage ».

**Le positionnement**
On affirme la place du produit, en général haut de gamme.

**La multiplication**
On grossit les avantages procurés par l'achat du produit en les multipliant par leur durée de vie.

Exemple : « En prenant cette formule, vous avez la présence de votre enseigne toutes les semaines pendant 6 mois à la une ».

**La division**
On divise le prix du produit par sa durée d'utilisation.

Exemple : « Cet emplacement publicitaire ne vous coûte que 5 € par jour ».

**Figure 33.4** Les techniques d'annonce du prix

La défense du prix par le vendeur peut suivre un processus qui vise à ne «lâcher» sur le prix qu'après avoir défendu le produit et à certaines conditions.

## 6 Le traitement des objections

L'objection est une réfutation du client à l'argumentation du vendeur. Elle est souvent le reflet d'un frein pour le client mais, parallèlement, signifie que le client s'intéresse à la proposition. On rencontre 2 types d'objections.

**Tableau 33.2** Les 2 types d'objections

| Les objections vraies | Les objections fausses |
|---|---|
| Le client ou prospect exprime clairement un doute à propos de l'offre, justifié ou non. | Le client cherche à reporter son intention d'opter pour l'offre. |

Le vendeur dispose de plusieurs techniques pour réfuter ces objections.

**Tableau 33.3** Les techniques de traitement des objections

| Techniques | Objectifs | Objections | Réfutations |
|---|---|---|---|
| Boomerang ou appui | Transformer l'objection en argument. | « Cet encart est trop cher. » | « La diffusion et l'audience lui donnent ce poids... » |
| « Oui, mais... » | Relancer l'entretien de façon positive. | « C'est trop cher. » | « Vous avez raison de parler du prix, mais votre investissement sera rentable dès la première parution. » |
| Reformulation interrogative | Transformer l'objection en question. | « C'est trop cher. » | « C'est trop cher par rapport à quoi ? » |
| Report | Reporter la réponse en permettant d'éviter une question gênante. | « Vous avez un gros concurrent sur la région. » | « Votre remarque est pertinente et avant de vous répondre je vais vous montrer que nous avons également une bonne place sur le marché. » |
| Anticipation | Permettre de traiter les objections fréquentes avant qu'elles ne soient exprimées. | | « Vous allez sans doute me dire que nous ne sommes que la deuxième publication sur le département... » |

Une fois que le vendeur a réussi à répondre à ces objections, il peut envisager la conclusion.

## 7 La conclusion

Le vendeur doit repérer des signes d'approbation, qu'ils soient verbaux ou non.
Ainsi, lorsque le client se détend, qu'il sourie ou encore que ses mains se décroisent, on peut penser que le vendeur l'a convaincu. De même, s'il pose des questions sur des détails ou qu'il demande un avantage supplémentaire, le vendeur a gagné une bataille.
Toutefois, il faut parfois que le vendeur utilise des techniques pour obtenir l'accord définitif de son prospect.

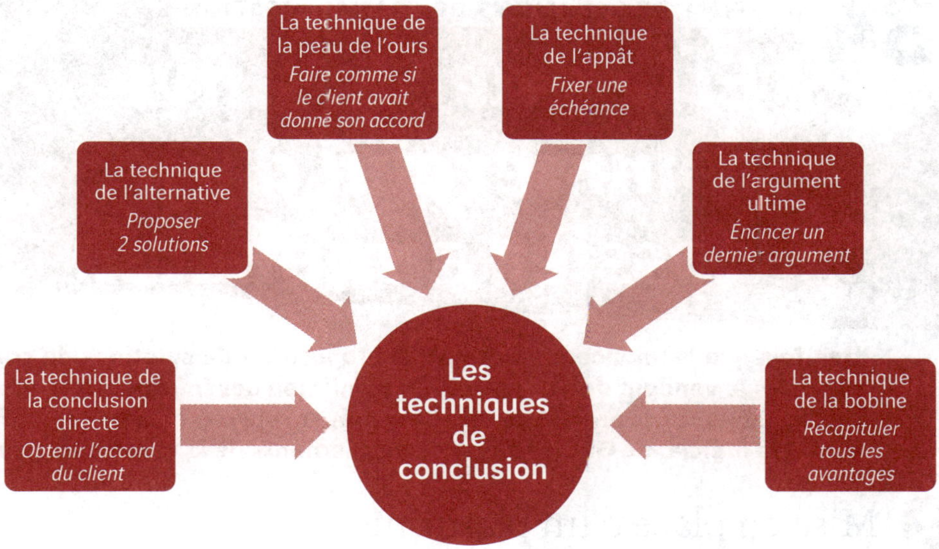


**Figure 33.5** Les techniques de conclusion

L'accord va se formaliser par l'établissement d'un devis ou directement par une facture, selon la prestation conclue. Le devis devra être validé par le client et servira alors de contrat de vente. Juridiquement parlant, tout acheteur a un délai de rétractation de 7 jours à partir de la signature de l'accord, ce qui signifie que le vendeur doit être prudent.

## 8 La prise de congé

Le vendeur doit, jusqu'à la fin de l'entretien de vente, montrer que le client revêt une importance pour lui. En effet, il ne doit en aucun cas être distant une fois les documents commerciaux signés. C'est également par cette étape que le vendeur va fidéliser sa clientèle.
Il faut bien évidemment saluer son client et lui rappeler que le commercial reste à sa disposition pour tout questionnement.

### Conseil

**Un entretien de vente doit être structuré afin que le vendeur, tout comme l'acheteur, puissent évoluer vers un accord. Le travail du vendeur est ainsi facilité et la confiance de l'acheteur est totale.**

**Dans les entretiens de vente, il ne faut surtout pas négliger l'aspect humain car aujourd'hui, les produits étant quasi-équivalent, c'est le vendeur qui va faire la différence.**

# 34 VENTE DE SOLUTIONS DE COMMUNICATION

# Effectuer le suivi commercial d'un dossier annonceur

**Une fois que l'annonceur a accepté la proposition de solutions de communication, le vendeur doit assurer la transmission des informations à tous les protagonistes de la prestation ainsi que gérer le dossier client en interne (saisir sur le logiciel de GRC de l'agence les éléments de la vente, par exemple).**

## 1 Mise en place d'un planning

Le vendeur dispose de plusieurs outils pour gérer au mieux les différentes étapes de l'accord, qui passeront notamment par la mise en place d'un rétro-planning. Ce planning inversé permet d'acquérir une meilleure organisation pour de meilleurs résultats. Il est élaboré à partir de la date de fin du projet.

Plusieurs méthodes de rétro-planning s'avèrent efficaces et reconnues : c'est le cas des méthodes PERT et GANTT, qui permettent de prévoir les différentes tâches à accomplir pour la réalisation de la prestation de l'annonceur.

Il existe des logiciels pour gérer ces tâches et ces projets, comme par exemple GanttProject, qui permet de lister l'ensemble des tâches à réaliser et de programmer leur réalisation dans le temps.

Le planning est primordial dans l'élaboration d'un projet.

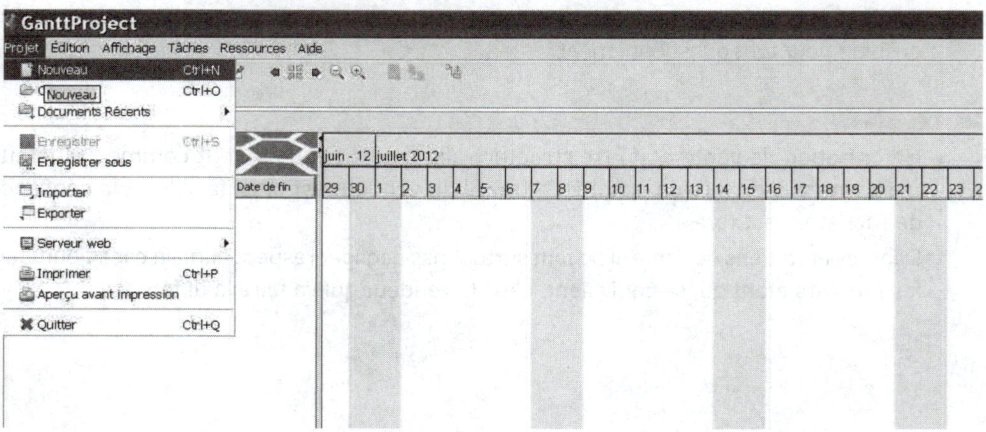


**Figure 34.1** Logiciel GanttProject

Le document de gestion du temps généré par le logiciel sera ensuite transmis à l'ensemble des acteurs du projet afin de respecter l'échéancier.

## 2 Les outils de contrôle

Parallèlement, le commercial doit mettre en place des points de contrôle réguliers jusqu'à la réalisation de la prestation. Il utilise en général :

– Internet, en envoyant régulièrement des mails à son annonceur et aux prestataires engagés;

– le téléphone, qui permet un contact direct et rapide. Le téléphone est à privilégier si la mise en place de l'accord rencontre des difficultés.

Comme tout prestataire de service, une agence de communication assure également un suivi commercial vis-à-vis de ses clients.

Dès la signature du bon de commande, le chargé de projet ou le chef de publicité assurent la liaison entre les différents acteurs du projet, qu'ils soient internes ou externes à l'entreprise. Dans ce contexte, la coordination des équipes de création et des différents fournisseurs est indispensable.

Le suivi commercial d'un client se réalise à travers plusieurs étapes.

### A Ouverture d'un dossier client

Après réception du bon de commande signé, un dossier client est créé. Il faut pour cela saisir les informations concernant le client dans la base GRC (gestion de la relation client) de l'entreprise : coordonnées de l'entreprise, nom du contact, historique des commandes.

À l'intérieur du dossier client seront placées toute la correspondance avec le client pendant la réalisation du projet, ainsi qu'une fiche de suivi client retraçant toutes les étapes de la prestation. Cette fiche de suivi constitue l'élément clé du suivi du dossier annonceur car elle répertorie toutes les informations relatives à cet annonceur.

### B Envoi des propositions au client

Dès que l'équipe graphique a terminé la réalisation des maquettes, celles-ci sont envoyées au client par le chargé de projet. Ce dernier est le seul interlocuteur du client : cela est primordial pour la qualité commerciale de la relation avec le client. De même, ces propositions doivent être présentées avec un formalisme identique afin de faciliter le repérage des informations par l'annonceur.

### C Phase de correction et BAT

Par retour d'e-mails ou par entretiens téléphoniques, le client apporte des corrections et des modifications aux maquettes proposées. C'est ce que l'on appelle la **phase de corrections**. Cette partie est toujours intégrée et notée dans le devis initial.

Dès que les modifications sur le fichier en fonction des corrections du client sont terminées et vérifiées par le client, l'équipe graphique conçoit le bon à tirer (BAT). Cette étape importante transfert la responsabilité de toutes erreurs éventuelles vers le client. Dès la signature de ce document, l'agence ne peut pas être tenue comme responsable en cas de fautes d'orthographes, d'erreurs de mise en page, etc.

### D Envoi du fichier au prestataire

Une fois le BAT signé par le client et reçu par l'agence, le fichier d'exécution est envoyé au prestataire (imprimeur, webmaster...) pour qu'il sache quelles sont les conditions de réalisation.

## E Appel du client

Dès que la commande est prête (imprimée, reliée…), elle est livrée directement chez le client. À ce moment, le chargé de projet contacte le client afin de mesurer sa satisfaction.

### 1. Si le client n'est pas satisfait

Il faut dans ce cas trouver l'élément défectueux pour qu'il ne se reproduise pas. Il faut ensuite tenter d'expliquer le dysfonctionnement afin de convaincre le client. Dans tous les cas, une remise sur sa prochaine commande lui sera offerte.

### 2. Si le client est satisfait

Dans ce cas, il faut rappeler la disponibilité de toute l'équipe pour répondre à ses demandes et lui envoyer la facture de la prestation effectuée.

***Exemple de fiche de suivi***

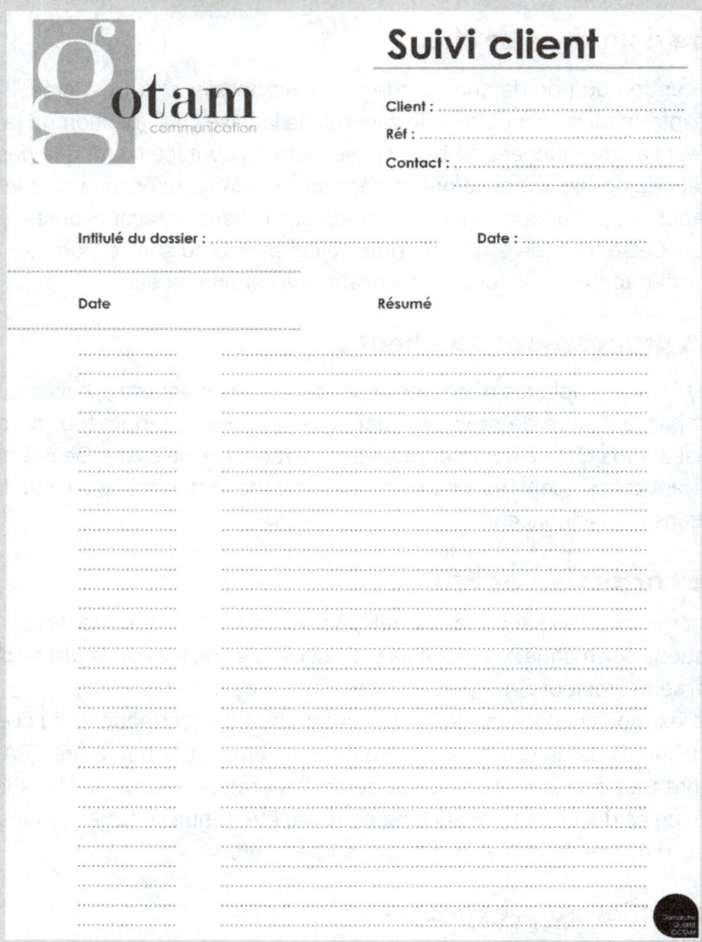
gotam
communication

Suivi client

Client : ..............................

Réf : ..............................

Contact : ..............................

Intitulé du dossier : ..............................

Date : ..............................

| Date | Résumé |
| --- | --- |
| | |

Démarche Qualité GOTAM

## F Clôture de la prestation

Dès le paiement du client réceptionné, la mention « Payé » est apposée sur la fiche de suivi client. La prestation et la relation commerciale son terminées.

# 35 VENTE DE SOLUTIONS DE COMMUNICATION

# Gérer la relation annonceurs

**Un annonceur satisfait est un client qui revient acheter ! Dès le deuxième achat, une relation de confiance est considérée comme établie avec l'agence et les prestations appréciées. Cependant, dans un contexte fortement concurrentiel, les agences doivent désormais chercher à fidéliser leurs clients. C'est pourquoi elles doivent mettre en place une gestion de la relation client (GRC) efficace.**

## 1 L'évaluation de la satisfaction de l'annonceur

La satisfaction est la phase préalable à la fidélisation. Les agences de communication doivent la mesurer pour parvenir à discerner au mieux les attentes des annonceurs et à y répondre au plus près. Elle s'effectue par la mise en place d'un sondage, à travers des enquêtes permanentes ou ponctuelles.

### A Les enquêtes permanentes

L'agence s'appuie sur un panel d'annonceurs qu'elle construit à partir de son fichier clients. Il s'agit d'une clientèle d'habitués qui doit être capable de juger l'agence sur un ensemble de points : nature des prestations, aspects relationnels, respect des obligations...
Elles se déroulent souvent juste après la campagne pour que le client n'ait pas à faire appel à sa mémoire. Les enquêtes permanentes doivent être rapides, c'est pourquoi elles sont le plus souvent constituées de moins de 10 questions et administrées par téléphone. Le fait que le contact soit direct constitue un gain de temps : le commercial de l'agence pourra ainsi mesurer la sincérité des réponses et le fondement des remarques. Les enquêtes permanentes ne doivent pas constituer un coût supplémentaire pour l'agence.

### B Les enquêtes ponctuelles

Après certaines prestations, l'agence peut chercher à connaître la satisfaction de son client en lui administrant un questionnaire. Elle montre ainsi à ce dernier l'intérêt qu'elle lui porte et peut réajuster son offre sur les prestations futures. L'agence pratique ainsi la veille, c'est-à-dire la recherche d'informations dans le but d'enrichir son fichier. Cela lui permet de surveiller les nouvelles tendances souhaitées par les clients. Les enquêtes ponctuelles se déroulent dans les mêmes conditions que les enquêtes permanentes mais peuvent également être administrées par mail selon la longueur du questionnaire.

## 2 La mise en place d'une gestion de la relation annonceurs

Elle s'appuie sur la mise en place d'une gestion de la relation clients appelée *Customer Relationship Management (CRM).* C'est une stratégie par laquelle l'entreprise cherche à comprendre, anticiper et gérer les besoins des clients actuels et potentiels.

## A Les enjeux de la gestion de la relation annonceurs

### 1. Personnalisation de la politique clients

Les propositions de solutions de communication sont adaptées à chacun des annonceurs. On se rapproche du « *one to one* ».

### 2. Anticipation des besoins

L'agence connaît si bien son client qu'elle peut imaginer l'impact d'une offre commerciale à venir sur celui-ci. Il s'agit donc d'un gain de temps pour l'agence, surtout par rapport à sa concurrence.

### 3. Segmentation de la clientèle

Elle permet d'avoir une meilleure productivité et donc une meilleure marge sur les solutions de communication proposées. Dès lors que le produit proposé est parfaitement adapté à son annonceur, l'agence peut le vendre plus cher.

### 4. Maîtrise des coûts d'obtention de nouveaux clients

Ce système permettant de fidéliser sa clientèle, les coûts de gestion du portefeuille annonceurs sont moindres. L'agence peut donc consacrer un budget plus important à la prospection.

## B La mesure de l'efficacité de l'agence de communication

L'efficacité de l'agence est évaluée à partir de 2 ratios. Il s'agit soit de prendre en compte les clients que l'on a conservé pour mesurer leur degré de fidélité, soit de s'appuyer sur les clients perdus, partis chez la concurrence et n'ayant pas à nouveau communiqué.

**Tableau 35.1** Les 2 ratios de l'évaluation de l'agence

| | | |
|---|---|---|
| **Taux de rétention** | Mesure du taux de clients conservés d'une période sur une autre. | $\frac{\text{Clients conservés}}{\text{Clients totaux}} \times 100$ |
| **Taux d'attrition** | Constat du nombre de clients perdus d'une période sur une autre. | $\frac{\text{Clients perdus}}{\text{Clients totaux}} \times 100$ |

L'entreprise doit évidemment rechercher les causes de ses clients perdus.

## C Les outils de gestion de la relation annonceurs

Les agences disposent aujourd'hui de toute la technologie avancée pour pouvoir gérer au mieux les relations avec sa clientèle. Elles ont bien entendu l'usage d'Internet à l'aide de :
- **leur site**, qui permet de collecter des informations, de prospecter de nouveaux annonceurs ou encore de prendre contact avec la clientèle ;
- **leur blog**, qui est un outil qui se développe de plus en plus car moins coûteux que le site et très interactif. Il dénote également d'une image de dynamisme. Toutefois, il apparaît moins officiel que le site Internet ;
- **leur courriel**, qui permet d'avoir un contact personnalisé avec les annonceurs à un coût quasi-inexistant.

Les agences disposent parfois également des nouveaux moyens de communication, comme les centres d'appels (*call centers*), qui favorisent une relation « sur mesure » (*one to one*). Enfin, pour gérer au mieux leurs fichiers annonceurs, elles peuvent faire appel à des entrepôts de données (*data warehouse*) où sont stockées l'ensemble des informations collectées.

# 3 L'instauration d'un système de fidélisation

La nécessité de fidéliser s'inscrit dans un contexte de plus en plus concurrentiel : l'objectif est d'accroître la rentabilité de l'entreprise. De même, l'agence, en donnant une image de sérieux et de qualité au client, permettra à celui-ci de véhiculer cette image autour de lui. C'est pourquoi l'on dit souvent qu'un client satisfait est « l'ambassadeur » de l'entreprise.

## A Analyse des clients

Avant de mettre en place des techniques de fidélisation, l'agence doit dresser une analyse précise de son portefeuille annonceurs, qualitativement et quantitativement. Elle détermine ainsi la valeur de chaque annonceur, c'est-à-dire ce que chacun représente en termes de chiffre d'affaires ou de rentabilité, et les hiérarchise pour différencier l'offre de fidélisation qu'elle leur propose.

On peut utiliser les outils suivants pour hiérarchiser des annonceurs :

– **la loi des 20/80, dite loi de Pareto** : 20 % des clients apportent 80 % de rentabilité à l'agence, et 80 % d'entre eux apportent 20 % ;

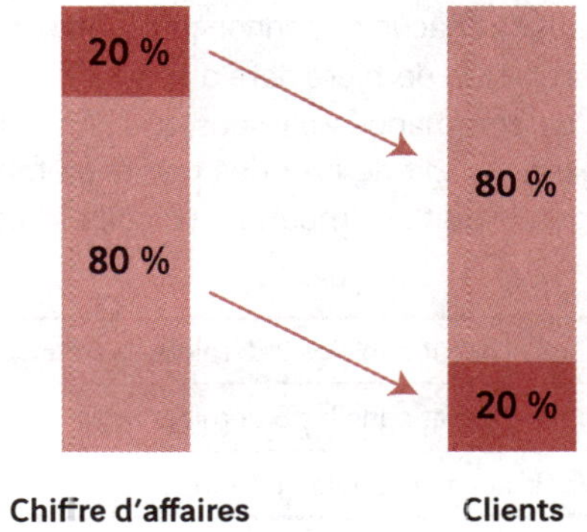


**Figure 35.1** Loi de Pareto

– **la loi ABC**, qui reprend la méthodologie de la précédente mais comporte 3 catégories de clients : 60 % des ventes sont réalisées par 10 % des clients, 30 % des ventes sont assurées par 40 % des clients, et enfin 10 % des ventes représentent 50 % des clients ;

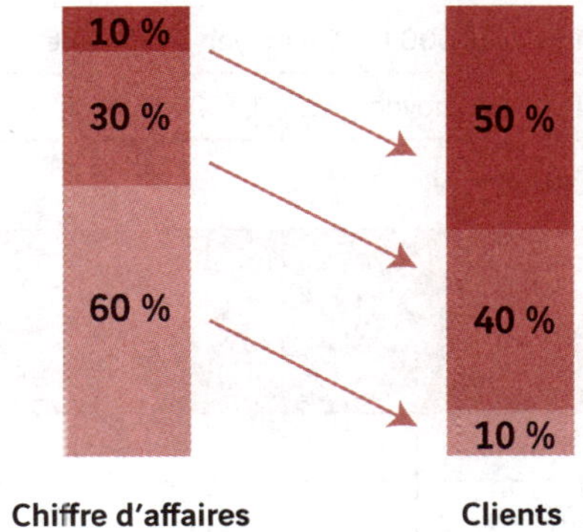


**Figure 35.2** Loi ABC

– **l'analyse de la maturité**, qui distingue 4 groupes de clients selon leur cycle de vie : «l'enfance» est la phase qui consacre les nouveaux clients, «l'adolescence» celle qui consacre les clients depuis moins d'un an, « l'âge adulte » est représenté par la majorité des clients, et enfin la vieillesse concerne les clients partis chez la concurrence mais que l'on pourra peut-être un jour récupérer.

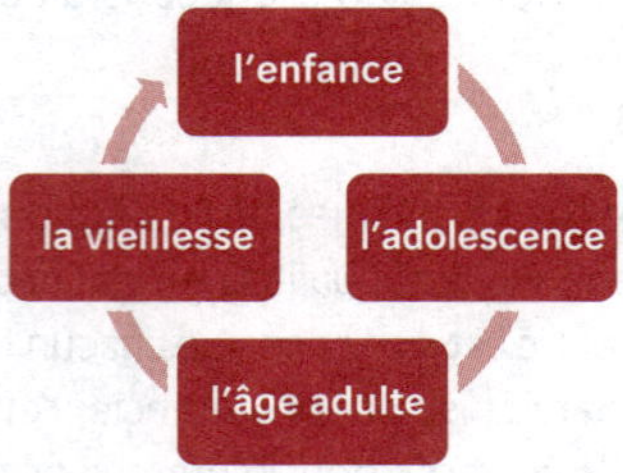


**Figure 35.3** Les 4 groupes de clients

– **la méthode Récence Fréquence Montant** (RFM) qui permet, à l'aide de points attribués, de différencier le statut de chacun des annonceurs; on parle de *scoring* ou *scorage*. La récence est déterminée à partir de la dernière date d'achat de prestations, la fréquence est évaluée à partir du nombre de commandes passées, et enfin le montant est calculé au regard du chiffre d'affaires réalisé. Il s'agit de fixer des points en fonction de ces critères. Une fois les points attribués, l'agence doit les imputer à ses différents clients.

Exemple

| | |
|---|---|
| Récence | 5 points si achat dans les 2 derniers mois |
| | 2 points si achat dans les 6 derniers mois |
| | 1 point si achat au cours de l'année |
| Fréquence | 5 points si plus de 5 commandes dans l'année |
| | 2 points si entre 5 et 2 commandes dans l'année |
| | 1 point si 1 commande dans l'année |
| Montant | 5 point si CA moyen > à 50 000 € |
| | 2 points si 10 000 € < CA moyen > 50 000 € |
| | 1 point si CA moyen < ou = 10 000 € |

Situation au 31 décembre N

| Clients | Date du dernier achat | Nombre d'achats annuels | Montant moyen en € d'un achat HT | R | F | M | Score |
|---|---|---|---|---|---|---|---|
| X | 13/07/N | 2 | 54 000 | 2 | 1 | 5 | 8 |
| Y | 17/01/N | 18 | 10 000 | 1 | 5 | 1 | 7 |
| Z | 09/08/N | 4 | 23 500 | 2 | 2 | 2 | 6 |

On constate que le client X se positionne mieux au sein de l'agence selon ces 3 critères. Elle doit donc prévoir un «traitement» spécifique en matière de remise, ou tout simplement un suivi afin de le fidéliser.

## B Détermination de la valeur des annonceurs

La valeur des annonceurs est évaluée par des **indicateurs** (éléments de référence en termes d'évaluation pour les entreprises). On trouve :
- **le chiffre d'affaires** dégagé par chacun ;
- **la marge commerciale**, qui est un indicateur plus pertinent que le précédent ;
- **l'indicateur de rentabilité**, qui s'obtient par un rapport entre la marge et le chiffre d'affaires (marge/chiffre d'affaires) ;
- **l'indicateur de productivité**, qui s'obtient en calculant le chiffre d'affaires/nombre de clients. Cet indicateur permet de mesurer ce que chaque client peut procurer à l'entreprise.

## C Élaboration d'un fichier annonceur hiérarchisé

Dans cette 3e étape, l'agence va rassembler tous les résultats des travaux précédents et les réunir dans un document facilement exploitable avant la mise en place d'une opération de fidélisation. Ce document peut être exploité informatiquement à l'aide d'un tableur (Excel par exemple).

**Tableau 35.2** Les outils de la fidélisation

| | |
|---|---|
| **Les clubs** | Ils ont pour objectif de créer un groupe identitaire qui va renforcer l'image de marque, enrichir la base de données annonceurs et mobiliser les annonceurs à fort potentiel. |
| **La newsletter** | L'objectif de la newsletter est d'assurer une présence récurrente auprès des annonceurs. Il est plutôt d'ordre qualitatif. |
| **L'e-mailing** | Il est assez commun mais fonctionne bien et est peu coûteux. |
| **Les cadeaux** | Les agences utilisent cette technique pour « récompenser » les clients les plus rentables. |
| **Les invitations à des événements** | Il s'agit de valoriser le client en le faisant bénéficier d'une soirée « VIP ». |

Toute technique peut être employée dès lors qu'elle permet de fidéliser les annonceurs.

### Témoignage

**Matthieu, responsable d'agence de communication de Marseille**

« Avec la culture foot que l'on connaît à Marseille, je sais que lorsque j'offre des places pour des matchs au vélodrome, je suis sûr de gagner des points auprès de mes annonceurs. De plus, le domaine sportif étant lui-même très riche en matière de communication, cela leur donne des idées ! Je suis vraiment gagnant. »

# Sélectionner des prestataires

**Un prestataire est une personne qui fournit une prestation. Dans le secteur de la communication, il peut revêtir différents métiers : graphiste, *webmaster*, imprimeur, loueur de salle... De sa sélection dépendra la qualité du travail de l'agence.**

## 1 Le cahier des charges

Le cahier des charges est un document qui a pour vocation de réunir l'ensemble des éléments qui vont répondre au besoin exprimé. Il est :
- un **outil de communication** interne entre le responsable du projet et ses exécutants ;
- un **outil contractuel** entre le prestataire et le client ;
- un **outil de comparaison** ;
- un **outil légal** répondant à l'obligation générale d'information du code du commerce.

Le cahier des charges est envoyé aux différents prestataires par voie postale ou, de plus en plus, par voie électronique.

Il existe différents types de cahiers des charges : le cahier des charges fonctionnel, qui exprime le besoin sous forme de fonctions attendues du service pour y répondre, et le cahier des charges technique, grâce auquel le demandeur exprime l'ensemble des caractéristiques du produit attendu.

### *Exemple de plan d'un cahier des charges*

1. **Finalités de la demande**
2. **Contexte**
   Nature des prestations demandées.
   Parties concernées par la demande.
   Caractère confidentiel s'il y a lieu.
3. **Énoncé du besoin** (finalités du produit pour le futur utilisateur tel que prévu par le demandeur)
4. **Expression fonctionnelle du besoin**
   Fonctions de service principales de la demande.
   Fonctions de service complémentaires de la demande.
   Contraintes.
   Critères d'appréciation (en soulignant ceux qui sont déterminants pour l'évaluation des réponses).
   Niveaux dont l'obtention est imposée.
   Niveaux souhaités mais révisables.
5. **Cadre de réponse**
   Solution proposée.
   Prix de la réalisation de la version de base.
   Options et variantes proposées non retenues au cahier des charges.
   Mesures prises pour respecter les contraintes et leurs conséquences économiques.

## 2 La recherche de fournisseurs : le *sourcing*

L'agence de communication dispose aujourd'hui de nombreuses sources d'information, des Pages Jaunes aux sites Internet spécialisés, en passant par les salons professionnels. Il existe également des sites d'*e-sourcing*, qui mettent en relation les donneurs d'ordre et les prestataires.
Une fois la collecte des fournisseurs effectuée, l'agence diffuse son cahier des charges préalablement établi par voie postale ou électronique – actuellement privilégiée.
Il peut y avoir une recherche réalisée par le biais d'un appel d'offres qui, cette fois, doit respecter des consignes de forme et de fonds. L'appel d'offres est matérialisé par un dossier formalisé dans lequel figurent :
- la désignation du produit ;
- le délai et la livraison du produit ;
- la quantité demandée ;
- les contraintes éventuelles ;
- les conditions générales d'achat ;
- les éléments de réponse particuliers ;
- les modalités d'organisation de l'appel d'offre (date de remise du dossier, lieu de remise…).

## 3 La comparaison des offres des prestataires

Le responsable du projet doit, dans un premier temps, se fixer des critères de comparaison afin que son choix soit le plus objectif possible. Ces critères peuvent être d'ordre technique ou commercial : qualité de la prestation, délai de réalisation, notoriété du prestataire, prix… Puis, chaque critère est pondéré en fonction de l'importance que le responsable du projet veut lui accorder. Des notes sont ensuite attribuées à chacun de ces critères pour évaluer les prestataires en fonction de leur adéquation avec le cahier des charges. Il faut ensuite dresser un tableau comparatif des offres (également appelé « tableau multicritères »), qui permettra d'asseoir le choix de l'entreprise.

### Exemple de comparaison des offres

| | Critères de choix | Cœfficient de pondération |
|---|---|---|
| 1 | Délai de réalisation | 5 |
| 2 | Qualité de la prestation | 4 |
| 3 | Prix de la prestation | 3 |
| 4 | Notoriété du prestataire | 2 |
| 5 | Capacité des chapiteaux | 1 |

Une agence de communication recherche un fournisseur de chapiteaux pour l'organisation d'événements. Elle s'est fixé les critères de choix ainsi que les cœfficients de pondération suivants.
3 prestataires, A, B et C ont été recensés, auxquels on a attribué les notes suivantes.

Tableau multicritère de choix

| Critères | 1 | | 2 | | 3 | | 4 | | 5 | |
|---|---|---|---|---|---|---|---|---|---|---|
| | Note | **N.P.** | Note | **N.P.** | Note | **N.P.** | Note | **N.P.** | Note | **N.P.** |
| A | 5 | **5*** | 7 | **21** | 6 | **24** | 8 | **16** | 4 | **20** |
| B | 7 | **7** | 7 | **21** | 9 | **36** | 8 | **16** | 7 | **35** |
| C | 6 | **6** | 5 | **15** | 6 | **24** | 7 | **14** | 3 | **15** |

N.P. = note pondérée *note x cœfficient de pondération
Il suffit de faire le total des notes pondérées pour chaque prestataire.

| | | |
|---|---|---|
| A | 5 + 21 + 24 + 16 + 20 | 86 |
| B | 7 + 21 + 36 + 16 + 35 | 115 |
| C | 6 + 15 + 24 + 14 + 15 | 64 |

Grâce à la méthode « linéaire additif », qui a pour objectif de sélectionner le prestataire qui a obtenu le total le plus élevé, le choix se porte sur le prestataire B, qui répond au mieux aux attentes de départ.

# 37 ACHATS DE PRESTATIONS

# Conduire un entretien d'achat

**L'agence de communication est amenée à négocier des achats avec différents prestataires pour pouvoir satisfaire la demande de ses annonceurs. Cette mission est confiée à une personne au sein de l'agence, ou à un acheteur professionnel.**

## 1 La préparation de la négociation

Elle se mène de la même manière que celle de l'entretien de vente.

### A La mise en place d'une veille sur le prestataire

Il s'agit de collecter des informations sur le prestataire : son activité, son marché, ses produits... Il est également intéressant de faire une analyse du fournisseur de type SWOT (diagnostic interne et externe), c'est-à-dire d'évaluer les forces et les faiblesses de celui-ci sur sa capacité de développement, sa notoriété, son image, sa santé financière...

### B La fixation d'objectifs et d'une marge de manœuvre

L'acheteur cherche les points à négocier et les hiérarchise par ordre d'importance. Il met en évidence les différentes clauses du contrat, qu'elles soient :
- **techniques** : sur la qualité de la prestation en elle-même ;
- **commerciales** : sur les prix ;
- **juridiques** : sur les conditions générales de vente.

Les objectifs peuvent être à court terme si l'acheteur souhaite uniquement obtenir un prix, ou à moyen terme s'il recherche une vraie relation de partenariat. L'acheteur sait que toutes ses conditions ne seront pas admises par le vendeur et qu'il devra faire des concessions. C'est pourquoi il va se fixer une marge de manœuvre avec un objectif plancher, en-dessous duquel il ne peut imaginer descendre.

### C La préparation de l'argumentation

Construire son argumentation pour faire face aux propositions du prestataire est essentiel pour avoir une petite avance sur son interlocuteur. L'acheteur peut faire ici un argumentaire, mais cette fois pour défendre sa position d'acheteur. Le contexte est donc différent, mais la technique reste la même : CAP/SONCAS.

### D L'instauration d'une technique de négociation

La stratégie peut consister à obtenir des accords partiels, qui permettent à l'acheteur d'asseoir sa position dominante. Elle peut également être globale, et l'accord se fait de façon à ce que chacune des parties soit gagnante. L'acheteur peut utiliser diverses techniques pour présenter sa demande.

**Tableau 37.1** Techniques de présentation de la demande

| Technique | Explication |
|---|---|
| Expression d'un point non négociable | Il s'agit de présenter en premier lieu un point tout à fait acceptable par le vendeur. Cela permet de mettre le vendeur en confiance ; l'acheteur arrive ainsi en position dominante car il a obtenu un premier point d'accord dans la négociation. |
| La fausse piste | L'acheteur va proposer la négociation sur des points mineurs pour lui dès le départ et va donc accepter les conditions du vendeur. Il lui reste alors à exposer les points primordiaux. Le vendeur est moins exigeant dans la mesure où il a obtenu des accords sur les points précédents. |
| La mise en perspective | L'acheteur va montrer au vendeur que la signature du contrat peut amener à une collaboration fructueuse pour l'avenir. |

### E La préparation matérielle

Se préparer matériellement, à savoir prévoir le lieu, le moment, l'environnement, etc., est déterminant pour la réussite d'un entretien. Il est préférable d'être en terrain conquis.

## 2 Les étapes de l'entretien d'achat

L'entretien d'achat se déroule, à quelques éléments près, comme un entretien de vente. On peut distinguer 6 étapes.

### A La prise de contact

Elle permet d'établir la relation commerciale future et de créer une empathie avec l'autre partie. C'est en général l'acheteur qui expose en premier lieu le contexte de la négociation. Cela lui permet d'asseoir sa position dès le début de la rencontre. Comme dans l'entretien de vente, les deux acteurs vont aussi bien analyser le verbal que le non verbal.

### B La présentation de l'offre

L'acheteur rappelle le contenu de l'offre qui lui a été transmise par le prestataire, ainsi que les points qu'il souhaite approfondir. Il doit montrer qu'il a une parfaite maîtrise du sujet pour pouvoir ensuite imposer ses conditions. L'acheteur peut d'ailleurs, dans ce cas, se faire aider d'une personne plus « technique ». Par exemple, dans la vente de prestations Web, le commercial peut se faire assister de la personne chargée de l'informatique de l'agence car le vocabulaire est bien spécifique.

### C L'étude des positions

Chaque partie va exposer ses points d'accord possibles, mais aussi les divergences qui peuvent gêner la finalisation de l'accord. Il est clair que les deux acteurs sont opposés dès le départ car l'un veut le prix le moins élevé, et l'autre tirer un profit maximum. Il est cependant important de souligner que certains éléments de l'entretien sont acquis pour l'un et l'autre afin de montrer une certaine ouverture à la discussion.

## D La rencontre

L'acheteur comme le vendeur vont argumenter leurs positions pour pouvoir ressortir gagnants de l'entretien. Si toutefois la rencontre devenait conflictuelle, c'est lors de cette étape que chacun doit trouver une zone d'accord possible. Ici, l'acheteur doit maintenir ses exigences avec fermeté tout en respectant l'argumentation du vendeur : c'est ce que l'on appelle « l'assertivité ». Elle est en général plus payante que le conflit.

## E La signature de l'accord

Si les deux parties ont suffisamment de points de convergence, l'accord peut être établi. Il est, en général, matérialisé par un document écrit : contrat ou bon de commande.

Il arrive cependant que l'accord ne puisse pas aboutir en raison de points de divergence trop importants, ou que les deux protagonistes aient provoqué un réel conflit entrainant la rupture de la discussion.

Si, malgré tout, le contrat est important et doit trouver accord, les parties doivent procéder à l'étude de la nature du conflit. Il peut être de deux ordres :

– lié à **l'attitude d'un interlocuteur qui a pu froisser l'autre**. Cela peut être du registre du verbal ou du non verbal (exemple : mots négatifs et attitudes dédaigneuses);

– lié au **cœur de la négociation**, avec une analyse différente de chaque partie.

Le vendeur, pour obtenir l'accord de l'acheteur peut :

– travailler sur la notion de coopération en présentant le partenariat possible;

– jouer sur ses sentiments;

– le manipuler;

– lui imposer sa décision.

Tout dépend du profil de l'acheteur décelé.

## F Le suivi de la négociation

Il est essentiellement fait par le vendeur, qui doit assurer le bon déroulement de l'accord. L'acheteur doit simplement s'acquitter du montant de la prestation.

### Témoignage

**Monsieur Pascual, acheteur d'espaces publicitaires pour son client Nuit et Sommeil auprès d'un grand afficheur**

« Avant de rencontrer le commercial de la société d'affichage, je prépare mon entretien, c'est-à-dire que je me fixe une marge de manœuvre concernant essentiellement le prix. Car, pour mes clients, c'est le point crucial. J'amène souvent le commercial à négocier sur le type de réseau, prétextant par exemple que je veux absolument celui du centre-ville, alors que ce n'est pas ma priorité. Comme je sais que ce sont des produits prisés, je m'oriente par la suite vers un autre réseau en demandant un geste commercial du fait que le produit que je souhaite n'est plus disponible. Cela ne marche pas à tous les coups mais, dans l'ensemble, je ne m'en sors pas mal ! »

# Gérer des relations commerciales avec les prestataires

**L'agence de communication qui fait appel à des prestataires pour répondre aux besoins de son annonceur doit, en aval, gérer ses relations commerciales. Elle met ainsi son fichier à jour pour optimiser son travail dans le futur.**

## 1 L'évaluation des prestataires

Pour maintenir son fichier fournisseurs performant, l'agence doit évaluer ses fournisseurs après chaque prestation. Elle doit élaborer une fiche d'évaluation qui lui permettra éventuellement d'envisager de nouvelles collaborations. Les critères d'évaluation sont propres à chaque agence de communication et peuvent également varier selon le type de prestations. Toutefois, il y a des critères que l'on retrouve fréquemment, comme les délais, la qualité de la prestation, le relationnel...

**Exemple de fiche d'évaluation**

| | |
|---|---|
| NOM :<br>Activité : | Type de prestation :<br>Date : |

| Critères d'évaluation | Appréciation | | | |
|---|---|---|---|---|
| | TB | B | M | P |
| Réactivité du prestataire | | | | |
| Qualité de la relation commerciale | | | | |
| Disponibilité du prestataire | | | | |
| Qualité du suivi | | | | |
| Clarté de l'offre | | | | |
| Pertinence de l'offre | | | | |
| Qualité de la prestation | | | | |
| Prix | | | | |

*TB : très bien - B : bien - M : moyen - P : passable*

## 2 La mise en place d'un partenariat technique

Le partenariat est un contrat, par exemple entre une agence de communication et un prestataire, qui intègre la réalisation de prestations, leur paiement et leur suivi, le tout sur une longue période.

Il permet un meilleur respect des délais et des coûts, et un équilibre des risques et des responsabilités entre partenaires.

Le contrat mentionne :

- la répartition des risques entre les contractants sur une durée fixée ;
- les objectifs de performance technique clairement définis et mesurables ;
- la rémunération de la prestation.

Cette démarche facilite les relations entre les partenaires sur un marché de plus en plus concurrentiel.

### Éléments essentiels d'un contrat de partenariat

**CONTRAT DE PARTENARIAT**

Entre ...............................
Société ...............................
SARL au capital de ...............................
Coordonnées : ...............................
Tél. : ...............................
Fax : ...............................
Courriel : ...............................
Nom du signataire : ..............., en sa qualité de Gérant
D'une part,

Et
L'entreprise : ...............................
Adresse : ...............................
Tel : ...............................
Fax : ...............................
Courriel : ...............................
Nom du signataire : ...............................
D'autre part.

Ce contrat a pour objet de définir les rapports entre la société et le signataire, dans le cadre des relations commerciales qu'ils entretiennent en vue de ...............................

*I. Nature du contrat*

*A. Définitions*

*B. Objet*

*II. Durée du contrat*

*III. Contenu du contrat*

*IV. Engagement du partenaire*

*V. Montant et facturation*

*VI. Nullité du contrat*

*Le document doit être signé par les deux parties avec la mention « Lu et approuvé ».*

## 3 Le développement du réseau des prestataires

Il s'agit pour l'entreprise d'alimenter de façon régulière son portefeuille de prestataires pour le renouveler, et ainsi obtenir des conditions plus avantageuses. L'agence se doit donc d'être toujours en veille sur son marché et de saisir toutes les opportunités de travailler avec de nouveaux partenaires. Elle peut :

- faire des recherches sur des annuaires professionnels : Pages Jaunes, Kompass... ;
- pratiquer la veille lors de salons professionnels : les salons offrent de nombreuses possibilités en termes de récolte d'informations. On peut disposer, sur un lieu concentré géographiquement, d'un panel de prestataires important. De plus, sur les salons, les exposants sont souvent à l'affût de prospects et peuvent éventuellement faire des propositions avantageuses;
- utiliser le réseau déjà existant : il s'agit de parler avec les prestataires existants et ainsi de trouver de nouveaux contacts. Cette pratique est particulièrement intéressante car elle fonctionne avec une dose « d'affectif » puisque les prestataires se connaissent, s'apprécient en général.

Une fois repérés, ces nouveaux prestataires peuvent être répertoriés dans le fichier de l'entreprise, et ainsi être utilisés dès que la demande est exprimée.

# 3

# La veille opérationnelle

39 RECHERCHE PERMANENTE D'INFORMATION

# Organiser des flux d'informations : la collecte

**Une information est une indication, un renseignement ou une précision que l'on donne ou que l'on obtient sur quelqu'un ou quelque chose. Dans le cadre professionnel de la communication, les informations sont les facteurs clés pour toute action, qu'elle soit commerciale ou publicitaire.**

## 1 La notion d'information

La notion d'information est très vaste. Elle englobe les caractéristiques de l'annonceur (son contexte, son environnement...), la législation, l'actualité et bien d'autres.

Tous les éléments susceptibles d'aider un communicant à traiter un dossier client sont capitaux; c'est pourquoi les agences de communication et les responsables communication chez l'annonceur mettent en place une recherche permanente d'informations. Cela leur permet de rester en veille sur des sujets primordiaux relatifs à leur activité : concurrence, règlementation...

## 2 Les flux d'informations

Un flux d'informations est un échange de données entre plusieurs interlocuteurs. Ces interlocuteurs peuvent être des personnes physiques ou des personnes morales (associations, entreprises...).

Le flux peut se matérialiser sous plusieurs formes :
- oral : discussion entre deux personnes ;
- écrit : envoi de courriers, d'e-mails, de tweets... ;
- digital : notifications automatiques d'applications ou de sites Internet.

Il est important dans une entreprise de visualiser les flux d'informations. Cela permet au responsable d'identifier l'endroit où des informations peuvent se perdre. On schématise les échanges d'informations sous la forme d'un **diagramme de flux**. Cette représentation fait apparaître chaque collaborateur d'une entreprise et le sens des échanges d'informations.

Sur un diagramme, on matérialise deux types de flux :
- flux ascendants : informations reçues par l'interlocuteur X ;
- flux descendants : informations transmises par l'interlocuteur Y.

Pour le confort visuel, les flux ascendants et descendants sont représentés par des couleurs différentes.

### Exemple de diagramme de flux

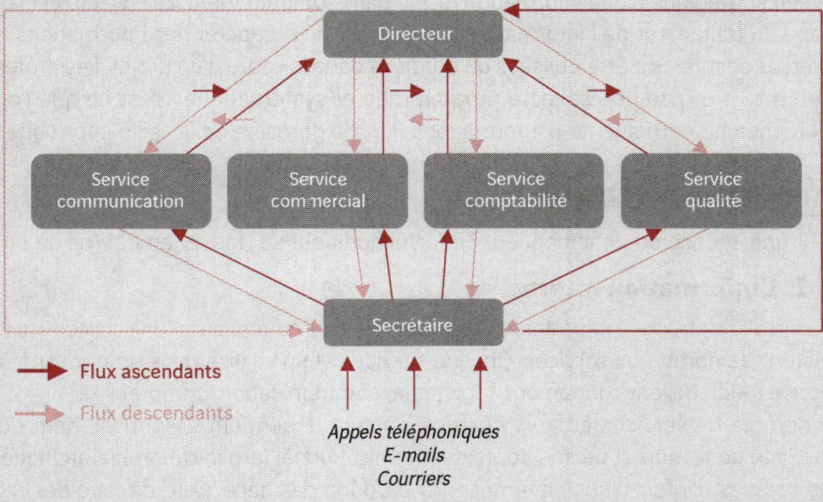


Ce diagramme de flux traduit un bon échange d'informations. La communication interne fonctionne bien, puisque chaque collaborateur communique avec l'autre. L'équilibre entre les flux ascendants et descendants est respecté.

### Exemple de diagramme de flux défaillant

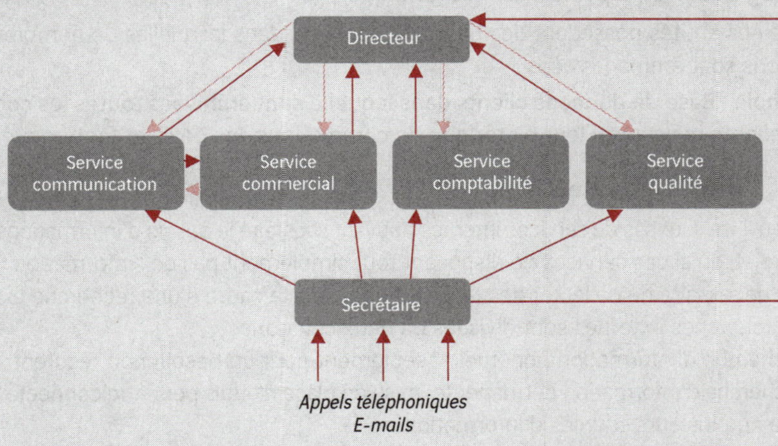


Cette configuration des échanges d'informations n'est pas performante. Des dysfonctionnements apparaissent dans le manque de flux descendants. Aucun service ne fait redescendre d'informations à la secrétaire ; c'est pourtant la première personne en ligne avec les clients de la société. Elle doit être au courant de tous les dossiers pour répondre à toutes les questions éventuelles. De plus, hormis le service commercial et communication, aucun service n'échange d'informations. L'effet de synergie de la structure n'est pas optimisé. Un manque de communication entre les collaborateurs amène une perte d'informations et de performance dans la gestion des affaires courantes.

## 3 La collecte d'informations

L'enjeu stratégique d'une information réside dans son traitement. La collecte est la première étape du traitement de l'information. Elle permet de récupérer des informations d'origines diverses destinées à être utilisées ou étudiées dans le cadre d'un projet. Les professionnels mettent en œuvre une collecte programmée et systématique. C'est ce que l'on appelle la « recherche permanente d'informations dans le domaine de la veille informationnelle ».

### A L'origine de l'information

Pour une agence ou un annonceur, l'information peut se trouver en interne ou en externe.

#### 1. L'information interne

Au sein d'une structure importante, telle qu'une grosse entreprise ou une collectivité territoriale existent de nombreux services. Chaque service est spécialisé dans un domaine d'activité : service juridique, environnement, logistique, communication, comptabilité...
Le nombre de services et leurs champs d'action dépendent essentiellement du secteur d'activité de l'entité et de son contexte organisationnel (organisation hiérarchique). Ils sont des sources d'informations internes : il n'est donc pas nécessaire de faire des recherches externes pour obtenir des informations émanant de ces services.

**Exemple : Dans le cadre d'un projet de communication pour une grosse PME, la personne en charge de la campagne a besoin de différents types d'informations :**
**– le nombre de ventes prévisionnelles : service marketing/commercial ;**
**– le chiffre d'affaires des trois dernières années : service comptabilité ;**
**– les procédures de traitement de commandes clients : service qualité ;**
**– la législation à respecter : service juridique.**

Certaines entités possèdent des bases de données, dans lesquelles de nombreuses informations sont emmagasinées.

**Exemple : Base de données clients dans laquelle sont archivées toutes les coordonnées des clients mais aussi leur historique de commandes, les devis et factures réalisés...**

#### 2. L'information externe

Lorsqu'il n'existe pas de services internes pouvant satisfaire le besoin d'informations du chargé de projet, ou si ces services ne disposent tout simplement pas de l'information demandée, il est nécessaire de collecter des informations dans le cadre d'une recherche externe.
Les recherches externes sont divisées en deux catégories :
– recherche d'information ponctuelle : seulement pour un besoin non récurent ;
– recherche d'information permanente : mise en place d'outils pour être connecté en continu à une ou plusieurs sources d'informations.

### B Les moyens de collecte de l'information

Il existe différents outils techniques permettant de collecter des informations. Le choix de la méthode se fait en fonction du type d'information souhaité.

#### 1. L'information commerciale

À travers une campagne commerciale, il est important d'acquérir des informations relatives à des coordonnées de prospects. Afin de collecter ce type d'informations, l'entreprise à l'origine de cette action peut acheter des fichiers auprès d'entreprises spécialisées dans la location ou la vente de fichiers de démarchage commercial.

## Attention

Même s'il s'agit d'informations publiques, toute base commerciale constituée doit être déclarée auprès de la CNIL.

**CNIL**

➜ La Commission nationale de l'informatique et des libertés est chargée de veiller à ce que l'informatique soit au service du citoyen et qu'elle ne porte atteinte ni à l'identité humaine, ni aux droits de l'homme, ni à la vie privée, ni aux libertés individuelles ou publiques.

➜ La CNIL exerce ses missions conformément à la loi informatique et libertés qui la qualifie d'« autorité administrative indépendante ».

Autre possibilité (gratuite) : la capture d'annuaires. Des logiciels ont été développés afin de collecter des informations de type « coordonnées prospects » sur des annuaires. Cette technique constitue au final un fichier Excel que le service commercial pourra exploiter.

### Démonstration : logiciel de capture d'annuaire Yellow Engine

**Étape 1**

Lancez le logiciel. Sélectionnez « Pages Jaunes » dans l'onglet « Site ».

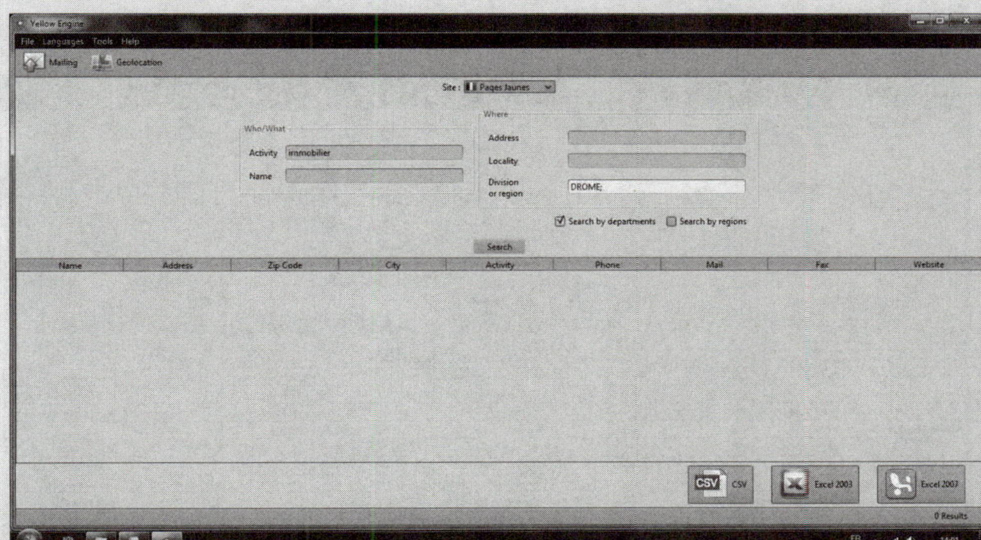

## Étape 2

Remplissez les champs de recherche en sélectionnant un secteur d'activité, l'immobilier par exemple.

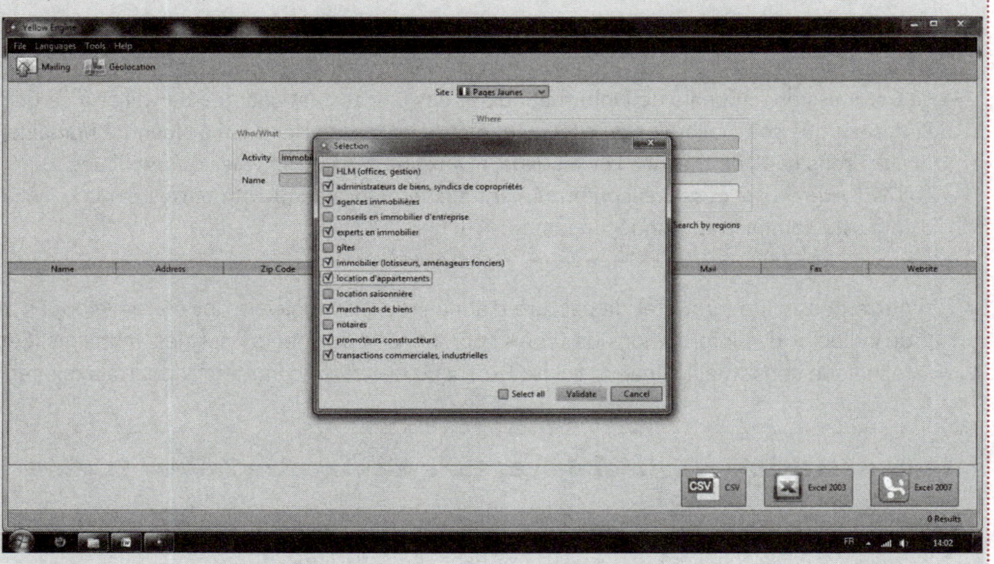


## Étape 3

Consultez les données trouvées par le logiciel.

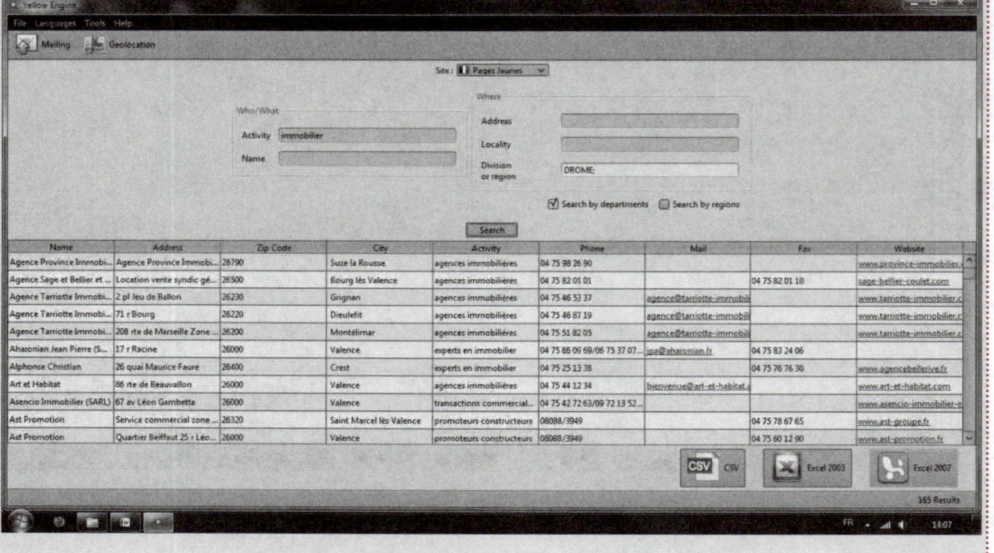

### Étape 4

Exportez ce fichier et enregistrez-le sur votre environnement de travail.

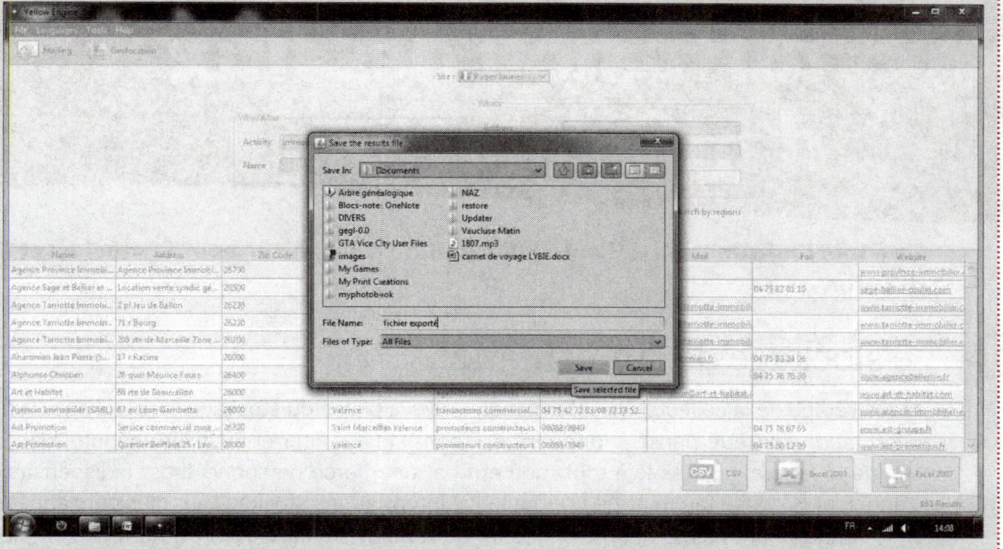


À partir du dossier exporté, une base d'informations de type prospects peut ainsi être assimilée à une base déjà existante ou être utilisée ainsi dans une démarche commerciale (*phoning*, e-mailing, publipostage...).

## 2. L'actualité

Les actualités sont collectées par l'intermédiaire de la presse ou de sites Internet de journaux. Des applications permettent d'être connecté en permanence à une source et ainsi de collecter l'information en temps réel.

# 40 RECHERCHE PERMANENTE D'INFORMATION

# Le stockage et la diffusion des flux d'information

**Une fois l'information collectée, il s'agit de s'organiser pour la stocker et la diffuser.**

## 1 Le stockage de l'information

Après l'étape de la collecte de l'information arrive la phase du stockage. Le stockage d'une information doit être pensé à long terme. Il consiste à ranger et archiver une information afin de la rendre accessible à tout moment par une tierce personne. Il est indispensable d'anticiper la consultation aisée de toutes les informations stockées sur plusieurs années. Les Archives nationales, l'Institut national de l'audiovisuel (INA) sont autant d'exemples d'institutions dont le stockage est un facteur primordial.

### A Les règles de rangement

Chaque individu possède sa propre logique de rangement. C'est pourquoi il est très difficile de comprendre l'organisation d'affaires qui ne sont pas les nôtres. Afin de faciliter la recherche d'informations stockées, des règles simples de rangement existent.

#### 1. Le rangement alphabétique

Un dossier est classé alphabétiquement en fonction de la première lettre du mot le plus important pouvant le qualifier.

**Exemple : Le dossier « Traitement des déchets » est classé parmi les documents dont la première lettre commence par « T ».**

Le principal inconvénient de cet ordre de rangement est son manque de précision. En effet, tout le monde ne possède pas la même perception de l'information principale. En reprenant l'exemple précédent, une autre personne aurait pu classer le dossier dans les D, estimant que la notion de déchets est plus importante que la notion de traitement.

#### 2. Le rangement chronologique

Les informations sont rangées dans ce cas selon leur date de parution, ce qui permet une précision temporelle dans le classement. Selon le nombre d'informations à traiter, le classement chronologique s'effectue par jour, par semaine, par mois ou par année.

#### 3. Le rangement thématique

Ce type de classement comporte une approche plus intuitive que les deux précédents, une information étant classée dans un dossier relatif à un thème précis. Cela facilite des recherches documentaires éventuelles.

Si la personne en charge du classement utilise un logiciel d'archivage, elle complètera son rangement par l'attribut de mots clés sur le dossier. C'est ce que l'on appelle techniquement le « **thesaurus** ».
Ce rangement permet aux personnes effectuant des recherches sur un sujet particulier de consulter toutes les informations en lien avec le sujet de recherche initial.

## B Les procédures de stockage

Le stockage doit permettre de protéger l'information dans le temps tout en la rendant facilement disponible à la demande.

### 1. Les logiciels

De nombreux programmes ont été développés dans l'objectif d'archiver et de stocker l'information. Ce sont des outils indispensables lors de traitements réguliers de centaines informations. On distingue deux types de logiciels :
- **logiciels d'archivage** : destinés à stocker et à compresser les documents ;
- **logiciels de gestion de l'information opérationnelle** : destinés à classer et ranger des informations en vue d'être consultées comme une base documentaire.

### 2. Les sauvegardes

Une sauvegarde est un procédé permettant de copier des données informatiques dans le but de les protéger en cas de détérioration.
Il existe 4 types de sauvegardes.

- **La sauvegarde complète ou totale**

Cette méthode copie l'intégralité des informations d'un support (ordinateur) vers un autre (disque dur externe, par exemple). L'objectif est de posséder toutes les données d'une période précise. On appelle ce type de sauvegarde « *Back up* » dans le langage courant des informaticiens.

- **La sauvegarde incrémentielle**

Cette méthode copie uniquement les dossiers ou fichiers ayant subi des modifications depuis la dernière sauvegarde effectuée, quelle que soit sa forme (complète, différentielle ou incrémentielle). Elle est donc plus rapide qu'une sauvegarde totale. En contrepartie, les dossiers modifiés sont écrasés à chaque opération. Il n'est donc pas possible de retrouver un fichier antérieur à sa modification.

- **La sauvegarde différentielle**

Cette méthode sauvegarde uniquement les dossiers ou fichiers ayant subit des modifications depuis la dernière sauvegarde complète. Une sauvegarde totale est indispensable en amont pour lancer une sauvegarde incrémentielle.

- **La sauvegarde système**

Cette méthode copie l'intégralité d'un disque sans discriminations du type de fichiers (fichiers système, dossiers de travail...). Elle créée en quelque sorte un clonage du disque. C'est ce que l'on appelle l'« image *ghost* ».

### 3. Les moyens techniques de sauvegarde

La sauvegarde de fichiers et d'informations se réalise de différentes manières.

- **La sauvegarde sur lecteur de bande**

Un lecteur de bande est un périphérique de stockage. On l'utilise pour sauvegarder des données sur une bande magnétique.

Exemple : DAT, LTO, RDX...

- **La sauvegarde sur disque**

Ce procédé est le plus couramment utilisé. On utilise un disque dur dédié à la sauvegarde.

Exemple : Disque dur interne ou externe.

- **Le *cloud computing***

Le *cloud computing* est un procédé qui consiste à sauvegarder des informations par l'intermédiaire d'un logiciel sur un serveur dédié. On trouve des logiciels gratuits pour une utilisation de base.

Exemple : Logiciel de *cloud* gratuit Wuala.

## Procédé du cloud computing

### Étape 1

Identification du compte

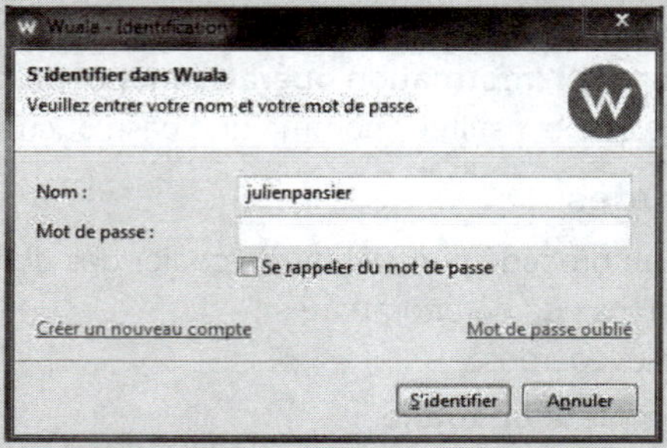


### Étape 2

Transferts d'informations

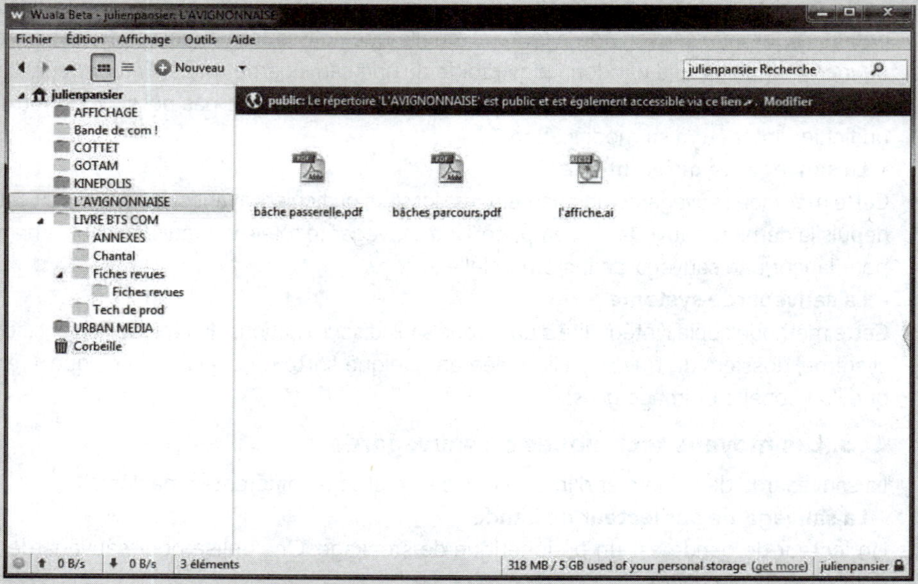

# 2 La diffusion de l'information

L'information au sein d'une organisation est la base de ce que l'on appelle la « communication interne ». Cette notion est un enjeu stratégique pour le bon fonctionnement d'une structure ; c'est pourquoi il est important que l'information collectée soit transmise à tous les collaborateurs d'une entreprise ou soit disponible en libre consultation. Cette masse de données est filtrée par un professionnel de la communication et diffusée par la suite. Dernière étape du traitement de l'information, la diffusion peut s'effectuer de diverses façons en interne.

## A L'intranet

L'intranet est un réseau informatique utilisé en interne dans une organisation. C'est un outil de communication servant à diffuser des informations réservées aux collaborateurs d'une entité. Aucune personne extérieure à l'entreprise ne peut avoir accès aux informations de l'intranet.

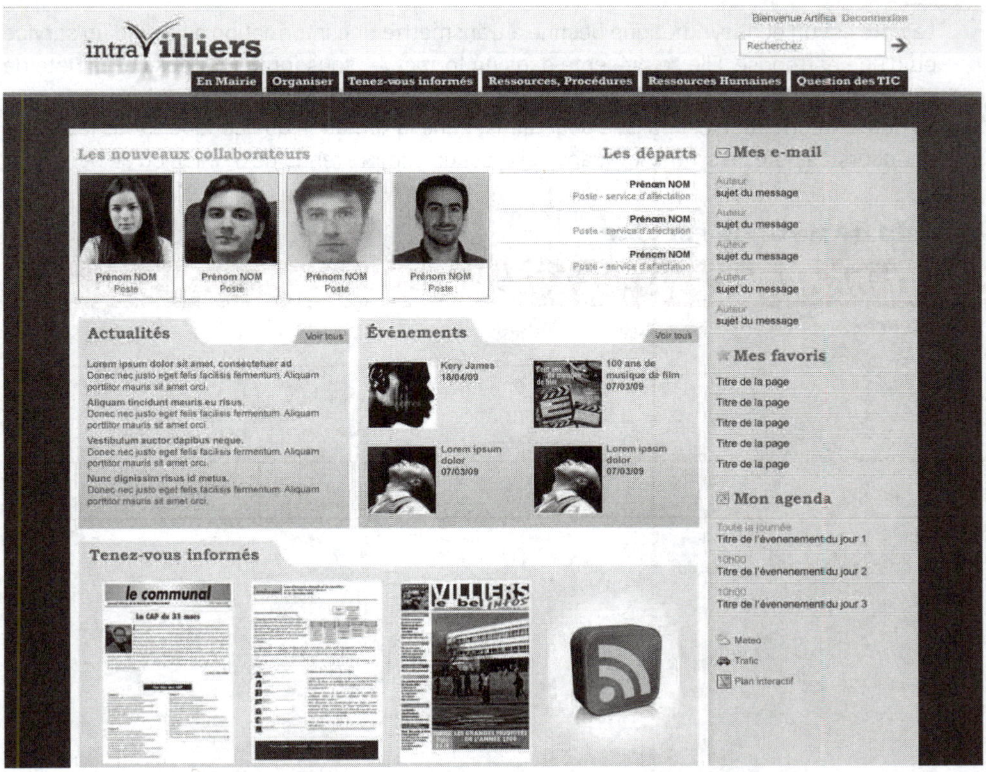


**Figure 40.1** Exemple d'un intranet d'une collectivité territoriale

# B Le journal interne

Le journal interne est un support de communication interne destiné à diffuser l'information au sein d'une structure. Sa forme varie selon les organisations dans lesquelles il est diffusé. Dans de grosses entreprises, le journal interne revêt un rôle d'information essentiel auprès des salariés. Son nombre de pages n'est pas standardisé. Le choix des rubriques doit intéresser les collaborateurs car, dans le cas contraire, ce support ne sera pas lu. Un journal interne, comme tout support presse, doit avoir un rédacteur en chef et un directeur de publication.

# C La note de service, d'information, de synthèse

La note est un écrit synthétique destiné à transmettre une information au sein d'un service ou d'une entreprise. Elle se présente dans un format A4 sous forme de tableau. La note de service est destinée à communiquer une information relative à l'organisation d'une structure. La note d'information est utilisée pour diffuser une information quelconque à tous les collaborateurs. La note de synthèse, quant à elle, est un compte rendu de réunion ou de décisions.

**Modèle de note de service**

<table>
<tr><th colspan="3">NOTE DE SERVICE N°</th></tr>
<tr><td rowspan="2">Émetteur :</td><td colspan="2">Destinataires :</td></tr>
<tr><td colspan="2">❏ Pour action<br>❏ Pour information<br>❏ Pour archivage</td></tr>
<tr><td colspan="2">Objet :</td><td>Date :</td></tr>
<tr><td colspan="3">TEXTE<br><br><br>Signature : (obligatoire)</td></tr>
<tr><td colspan="3">Pièces jointes :</td></tr>
</table>

## D L'e-mail

L'e-mail ou courriel est le vecteur de communication le plus simple en interne. On peut rédiger un message rapide et l'envoyer à un destinataire ou à des groupes de contacts. On peut également transférer des e-mails reçus. Cela permet une diffusion rapide mais non officielle de l'information, sauf si elle est envoyée par une personne missionnée.

**Exemple d'en-tête de courriel**

***Nom de l'annonceur***

| | |
|---|---|
| De : | Julien [bandecom@gmail.com] ***adresse e-mail de l'expéditeur*** |
| Envoyé : | lundi 27 février 09:52 ***date d'envoi*** |
| À : | contact@imprimeur.com ***adresse e-mail du destinataire*** |
| Objet : | BAT flyer course l'Avignonnaise ***objet du courriel*** |

TEXTE

Les e-mails sont automatiquement datés dès leur envoi ou leur réception, ce qui permet de les classer chronologiquement. Des logiciels de gestion de messagerie tels que Microsoft Outlook permettent de stocker et de retrouver des messages par mots clés.

# 41 RECHERCHE PERMANENTE D'INFORMATION

# Les domaines de veille

**À travers un projet ou un suivi régulier de campagne, le professionnel de la communication identifie des sources afin de satisfaire son besoin d'informations. Il met ainsi en place ce que l'on appelle une veille informationnelle.**

## 1 Les domaines de veille

La recherche d'informations se compose de deux catégories distinctes, à utiliser selon le besoin :
- **veille formelle** : recherche permanente d'informations ;
- **veille informelle** : recherche ponctuelle d'informations.

Il existe plusieurs activités de veille. Elles se déclinent selon la nature de l'information recherchée. Tous ces types de veille sont regroupés dans la notion de **veille stratégique**. La veille stratégique est elle-même intégrée dans l'intelligence économique. Cette notion se définit comme un ensemble d'actions coordonnées de recherche, de traitement, de distribution et de protection de l'information utile aux acteurs économiques. Toutes ces données sont obtenues en toute légalité. L'intelligence économique est à ne pas confondre avec l'espionnage industriel.

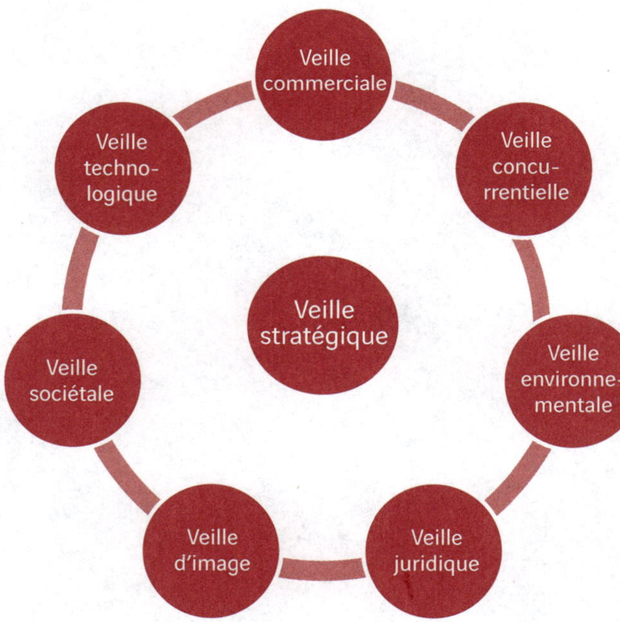


**Figure 41.1** La veille stratégique

## 2 Les types de veille



### A La veille commerciale

La veille commerciale et marketing réunit la collecte, le traitement et la diffusion des informations pour un type de produit sur un marché donné. On utilise ce type de veille dans un objectif stratégique lors de lancements de nouveaux produits, par exemple. Elle peut également servir lors de l'identification de nouveaux marchés potentiels ou de la détection de nouveaux prospects.

Une veille commerciale prend appui, entre autres, sur des études qualitatives ou quantitatives, mais aussi sur l'observation de la clientèle, des fournisseurs, des sous-traitants, des distributeurs...

### B La veille concurrentielle

Elle permet de surveiller les activités de la concurrence d'une entreprise. Elle se déploie sur des domaines très vastes d'un concurrent direct ou indirect :

- ses nouveaux secteurs d'activité ;
- ses dépôts de brevets ;
- ses recherches menées ;
- ses offres ;
- sa clientèle ;
- ses forces et faiblesses ;
- sa politique de prix et sa grille tarifaire ;
- ses méthodes de travail ;
- ses cadres dirigeants ;
- ses bilans financiers...

La veille concurrentielle est un élément essentiel du *benchmarking*, technique qui permet de repérer un concurrent et de le comparer avec l'annonceur commanditaire de la veille sur les points énumérés ci-dessus.

### C La veille environnementale

Ce type de veille est, comme son nom l'indique, relative au domaine de l'environnement. Elle prend appui sur des données d'études, de rapports, de règlementations, de décrets.

La plupart des informations liées à l'environnement traitent de facteurs tels que l'eau, l'air, le sol, la faune, la flore, la biodiversité des espèces...

### D La veille juridique

La veille juridique est relative aux nouvelles règlementations, lois ou autres supports législatifs. Une entreprise a pour intérêt de mener ce type de recherche permanente afin de conserver une ligne de conduite respectant la législation en vigueur.

Une modification de législation peut avoir des répercutions économiques importantes sur l'activité d'une entreprise. Il est donc nécessaire que la veille juridique anticipe un changement éventuel de règlementation afin de ne pas prendre l'entreprise au dépourvu lors de l'entrée en application d'une nouvelle loi, par exemple.

## E La veille d'image

Ce type de veille identifie les éléments constitutifs de l'image de marque d'un annonceur et vérifie son impact sur le public. La veille d'image mesure la réputation de l'annonceur. Depuis l'essor des forums et, plus particulièrement, des réseaux sociaux, de nombreux avis sont échangés. Ce nouveau type d'informations peut porter un préjudice d'image si les commentaires postés sur Internet sont négatifs. De plus en plus de veilles d'image sont menées sur Internet. C'est ce que l'on appelle l'« e-réputation ».

## F La veille sociétale

Ce domaine de veille est relatif aux informations caractérisant une population et les mœurs de la société. Les veilles sociétales sont utiles dans la perception des habitudes d'achat des consommateurs. Une entreprise peut anticiper la création d'une gamme de produits en fonction de l'évolution du mode de vie d'un groupe d'individus.

## G La veille technologique

La veille technologique permet d'anticiper et de maîtriser l'évolution de l'environnement technologique d'un annonceur. L'objectif est de rester informé sur les dernières innovations afin d'anticiper l'utilisation de nouveaux outils (logiciels, matériels informatiques, machines outils…).

# Les sources d'informations

**Chaque veille, formelle ou informelle, s'appuie sur des sources d'informations. Les données de ces sources sont à la base des recherches d'informations, qui ont des origines diverses.**

## 1 Les différentes sources d'informations

### A Les recherches Internet

Sans doute le type de recherche le plus répandu, il n'en est malheureusement pas le plus fiable. Internet est une gigantesque source d'informations quasiment illimitée. La naissance des moteurs de recherche permettent une recherche instantanée de données sur une thématique. Les sites Internet sont alors classés par ordre de pertinence par rapport au sujet de la recherche initiale : c'est le **référencement naturel**.
L'espace de liberté que représente Internet laisse imaginer que de nombreuses publications peuvent être postées sur la Toile sans être vérifiées. C'est pourquoi le professionnel de la communication se doit d'être prudent dans sa collecte d'informations.

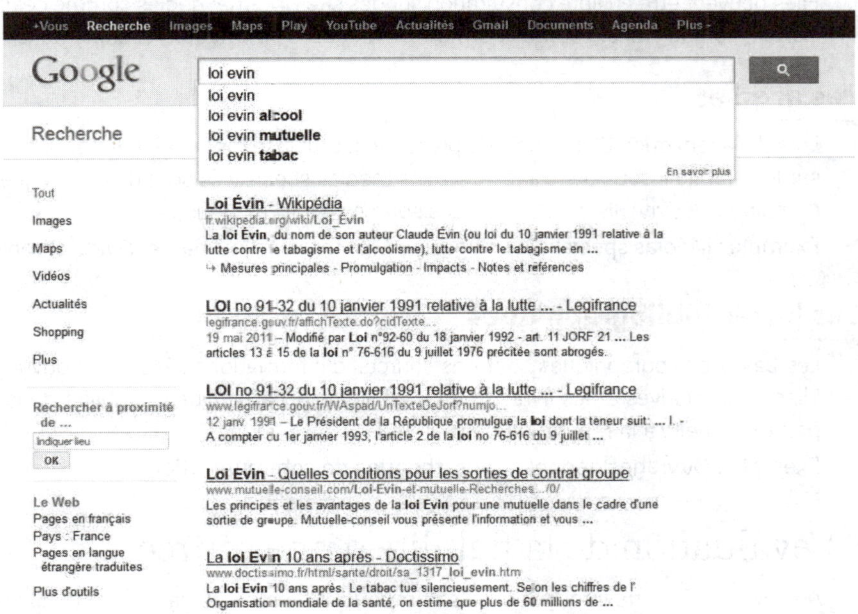


**Figure 42.1** Exemple d'une recherche Internet

## B Les bases documentaires d'organismes et de ministères

Les organismes spécialisés dans un domaine d'activité ou les ministères sont des sources fiables pour toute recherche d'informations. Ils mènent des études documentaires ou ponctuelles sur des sujets relatifs à leur champ de compétences. La qualité et la rigueur de leur méthode de travail est le gage d'une information de qualité. Celle-ci peut être utilisée comme source et citée en référence.

**Exemple : L'Ademe, la Direction régionale des affaires culturelles, le ministère de la Santé...**

## C Les banques de données

Les banques de données sont conçues pour être consultées par des utilisateurs particuliers ou professionnels. La consultation peut être gratuite ou payante, en accès libre ou réservée à des personnes abonnées. Leur contenu diffère selon leur utilité. On retrouve des données pour tous les types de veille.

**Exemple : Banques de données disponibles : INSEE, santé publique, legifrance...**

## D Les études

De nombreuses études sont menées chaque année sous forme d'enquêtes par des organismes spécialisés dans les enquêtes par questionnaires tels que CSA et IPSOS. Elles se décomposent en deux catégories : les études quantitatives et les études qualitatives.

Il existe de nombreux types d'études couramment utilisées en ressources d'informations dans la réalisation d'un projet de communication : études de marché ; études documentaires, études de notoriété, études d'image...

Elles peuvent être en libre consultation sur des sites Internet dédiés comme celui de l'INSEE. Certains organismes d'études permettent un accès payant aux résultats de leurs études.

## E Les articles

Lors de la rédaction d'un article de presse, le journaliste mène un réel travail d'investigation sur le sujet qu'il souhaite traiter. Certains médias spécialisés sont des références dans leur domaine d'activité. Ils constituent des sources d'informations fiables.

**Exemple : Médias spécialisés : magazine *Management*, journal *Les Échos*, chronique radio...**

## F Les bases bibliographiques

Les bases bibliographiques sont des sources d'informations liées à des ouvrages publiés. Elles sont relatives à des livres traitants d'un sujet particulier. La fiabilité de la source est proportionnelle à la réputation de l'auteur.

**Exemple : Ouvrages géopolitiques, théories de communication...**

# 2 L'évaluation de la fiabilité d'une source

Afin de qualifier une information, il est important de mesurer la fiabilité de la source ou de l'auteur. Cette évaluation est capitale avant la diffusion de l'information. Si une information fausse est diffusée ou utilisée par un annonceur, c'est sa réputation et la véracité du projet qui sont ébranlées.

Un professionnel de la communication utilise une grille d'évaluation avec des indices de fiabilité pour hiérarchiser ses sources.

| Nom de la source | | |
|---|---|---|
| Critères / Évaluation | *Insatisfaisant (note 0)* | *Satisfaisant (note 2)* |
| Notoriété de la source | | |
| Publication régulière d'informations | | |
| Ancienneté de la source | | |
| Qualité rédactionnelle | | |
| Professionnalisme du nom de la source | | |
| TOTAL | .../10 | |

**Figure 42.2** Exemple de grille d'évaluation de la fiabilité de la source

À la suite de l'évaluation de chaque source, ces dernières sont ensuite rangées dans une grille de hiérarchisation. Ce support permet de visualiser directement le niveau de confiance des sources de liens permanents.

| Nom de la source | Niveau de confiance | | | | Indice de confiance sur 10 |
|---|---|---|---|---|---|
| | ++ 10 | + 7 | – 4 | – – 1 | |
| Ministère de l'environnement | ☑ | | | | 10/10 |
| ADEME | ☑ | | | | 10/10 |
| Maison de l'eau | ☑ | | | | 10/10 |
| WWF | | ☑ | | | 7/10 |
| Fondation Nicolas Hulot | | ☑ | | | 7/10 |
| Greenpeace | | | ☑ | | 4/10 |

Les ministères et les organismes d'État sont des sources fiables à 100 %. Leurs informations émanent directement des législateurs. Ces sources sont des références dans leur domaine.
Les organismes non gouvernementaux (ONG) sont également des sources d'information importantes. Toutefois, le contenu des diffusions de leurs informations ne sont pas contrôlés par l'État. Il se peut donc que des données erronées se glissent parmi les publications.
Les associations et groupes de pression (lobbies) publient une grosse quantité d'informations. Certaines associations sont engagées dans des actions militantes (environnement, social..). À travers leur combat, elles peuvent diffuser des informations non objectives et influencer le lecteur. C'est pourquoi les associations ne peuvent pas être considérées comme des sources fiables.

**Figure 42.3** Exemple de grille de hiérarchisation des sources liées à l'environnement

# Créer des liens permanents à des sources d'informations

**Dans le cadre d'une veille formelle, le professionnel a besoin de faciliter son travail en mettant en place des liens permanents à des sources d'informations. Il existe différentes méthodes pour automatiser une veille.**

## 1 Les alertes Google

Google propose gratuitement un outil de veille : Google alertes. Cette interface propose de définir des domaines de veille. L'utilisateur peut sélectionner son type de sources : actualités, blogs, vidéos, discussions, livres, ou tout à la fois. La veille se programme pour une périodicité quotidienne ou hebdomadaire. Les résultats de la recherche sont ensuite envoyés par e-mail à l'utilisateur.

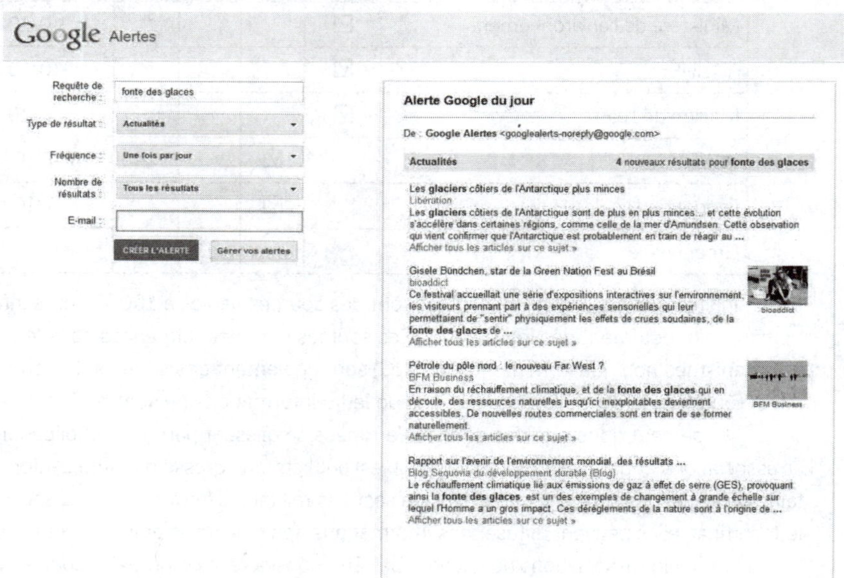


**Figure 43.1** Interface Google Alertes

## 2 Les flux RSS

Les flux RSS sont des données générées automatiquement lors de mises à jour d'un site Internet. Les flux RSS sont souvent utilisés sur des sites Internet, des forums ou des blogs pour présenter les dernières informations mises en ligne. Dans le cadre d'abonnements RSS, les flux sont automatiquement reçus par l'intermédiaire des messageries ou d'onglets du navigateur Internet. Dans le cadre d'une veille, ce procédé permet de recevoir les dernières mises à jour d'une source d'informations.

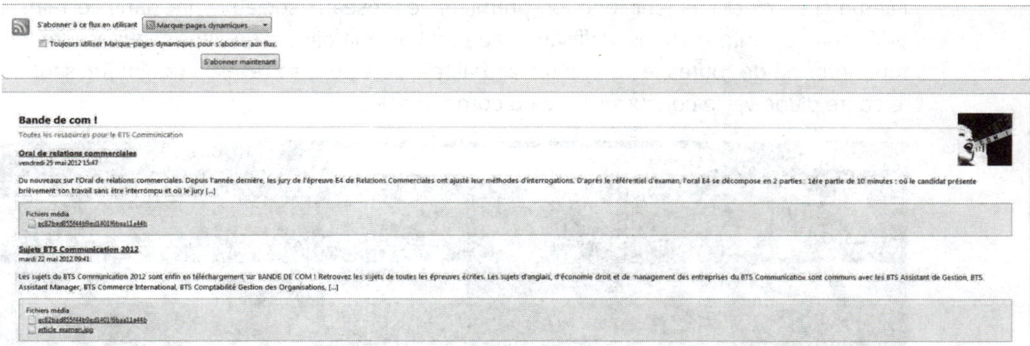


**Figure 43.2** Exemple d'une page d'inscription aux flux RSS d'un blog

## 3 Les newsletters

Les newsletters sont des lettres d'informations envoyées par e-mail par les annonceurs. Elles peuvent être envoyées à un destinataire de façon ponctuelle, ou transmises automatiquement par l'intermédiaire du site Internet de l'annonceur. Tout internaute peut s'inscrire à une newsletter. C'est un lien permanent d'informations.

**Figure 43.3** Exemple d'une newsletter : Cinéma Kinépolis, Nîmes

## 4 Les inscriptions à des réseaux sociaux

Même si ce n'est pas leur fonction première, les réseaux sociaux sont dans certains cas des sources d'informations. L'affiliation au profil ou à la page d'un annonceur assure d'être tenu informé de toutes les dernières actualités. Cela peut se révéler très intéressant dans le cadre d'une veille concurrentielle ou commerciale.

**Figure 43.4** Exemple d'une page Facebook d'une célèbre société de viande

## 5 Les abonnements aux revues spécifiques

La presse est une source d'informations fiable et efficace. Une veille par le biais de la presse peut être établie à partir de supports spécialisés tels que des magazines ou des revues. La presse professionnelle est également un bon vecteur d'informations.

**Exemple** : Revues *LSA*, *Management*, *Point de vente*...

## 6 Netvibes

Netvibes est un outil de veille sur les médias sociaux. Il se présente sous la forme d'un tableau de bord dans lequel apparaissent les actualités des blogs, forums, sites d'actualités et réseaux sociaux. Cela permet à un communicant de compiler des sources d'informations Internet.

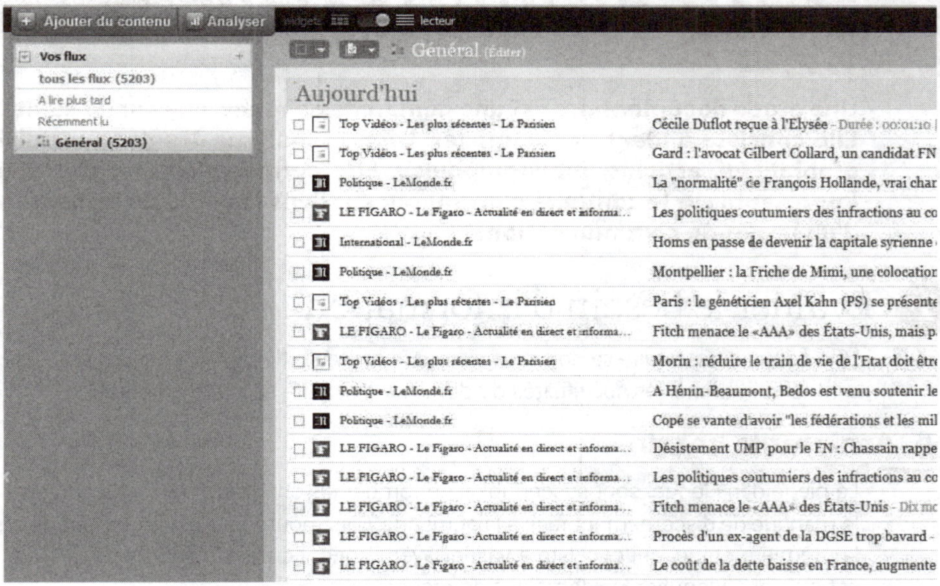


**Figure 43.5** Liste des flux d'informations sur Netvibes

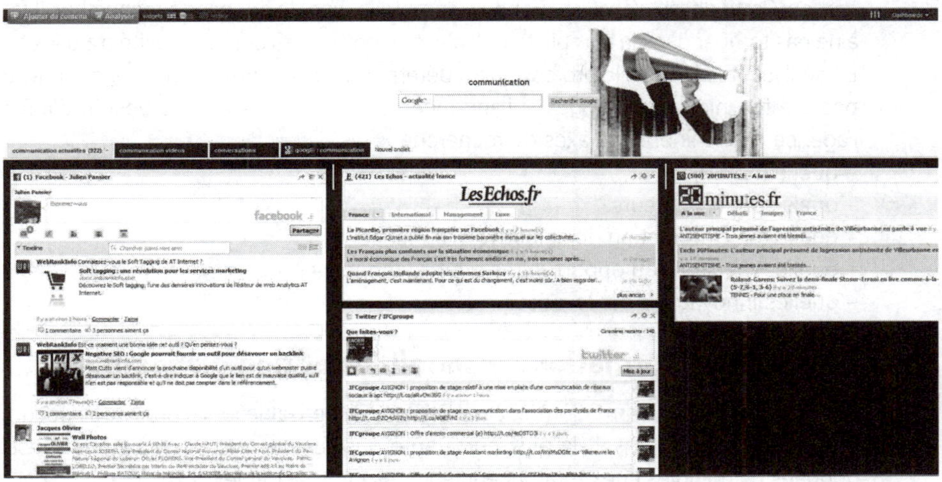


**Figure 43.6** Exemple de tableau de bord Netvibes

# Mener une étude documentaire

**Une étude documentaire est une démarche de recherche sur un sujet donné. Elle consiste à identifier, compiler, trier et analyser des données diverses : graphiques, articles, bibliographies... Elle permet d'obtenir des éléments importants sur le contexte d'un annonceur dans le cadre de la mise en place d'un projet de communication.**

## 1 Évaluer le besoin d'information

Une agence prestataire se doit de maîtriser le contexte de l'annonceur, à savoir les composantes du marché, les spécificités du domaine d'activité et la réglementation.

### A Analyser le besoin

Le piège dans lequel sont susceptibles de tomber les chargés d'études documentaires est le manque de discernement face à la demande. C'est pourquoi il est important de respecter la première étape, qui consiste à valider avec l'annonceur les objectifs de la campagne. Il est crucial d'identifier les domaines de recherche.

Ensuite, le professionnel en charge de la recherche documentaire évaluera le besoin d'information. Cette phase d'analyse prend en compte le type de données à rechercher. Il faut veiller à ne pas tomber dans la compilation d'informations brutes dont la fiabilité n'a pas été vérifiée.

En analysant le besoin, le professionnel déterminera les informations manquantes qui n'ont pas été fournies lors du *brief*. Si l'annonceur ne peut satisfaire ce besoin d'information, l'agence déterminera des axes de recherche :

- quel est le sujet ?
- quels sont les acteurs ?
- quelle est l'interaction du sujet avec l'annonceur ?
- quelles menaces ou opportunités pour l'annonceur ?
- quelles innovations sur le sujet ?

### B Identifier les informations disponibles et non disponibles

L'identification des informations est une étape indispensable lors d'une étude documentaire. Afin que la recherche soit la plus pertinente possible, le chargé de l'étude mesurera les données disponibles chez l'annonceur (sources internes). Il devra ensuite définir si les données de l'annonceur sont suffisantes pour satisfaire le besoin d'information. Si ce n'est pas le cas, l'étude s'étendra vers des ressources documentaires extérieures (sources externes).

Une bonne étude documentaire n'est pas obligatoirement une longue étude avec un rapport de recherches à la pagination importante. L'objectif de l'étude est avant tout de répondre au besoin d'information. Si la réponse est obtenue en quelques pages, cela signifie tout simplement que les sources d'informations sont qualitatives. Il est toujours nécessaire de vérifier la qualité et la fiabilité des informations. Pour cela, une grille d'évaluation de la fiabilité des sources est utilisée (Voir 42. Les sources d'informations).

### C Sélectionner les sources d'information d'une étude documentaire

L'étude documentaire est une **veille informelle** car de caractère ponctuel. Elle possède pour autant les mêmes sources d'informations que toutes les études formelles :

- sites Internet ;
- bases documentaires ;
- banques de données ;
- articles ;
- bases bibliographiques ;
- études existantes ;
- organismes spécialisés ;
- ministères et agences d'État ;
- entretiens individuels : interviews ;
- résultats d'un échantillon de personnes.

## 2 Exploiter le produit de la veille

Au terme des recherches, les résultats de la veille informelle seront synthétisés. Ce résumé des données sera rédigé dans un rapport d'étude destiné au commanditaire. Le dossier doit être présenté de façon claire et méthodique et sa lecture doit être simple ; c'est pourquoi un plan type est respecté.

Le rapport d'étude est obligatoirement daté. Il est indispensable de pouvoir mesurer l'actualité des informations si le dossier est lu plusieurs années plus tard.

**Plan d'un rapport d'étude documentaire**

| | |
|---|---|
| Couverture | La couverture doit comporter en titre le sujet de l'étude, le nom des personnes ou de la société ayant mené l'étude, la date de réalisation de l'étude. |
| Introduction | En quelques lignes, l'introduction résume le contexte de l'étude et les raisons qui ont motivé la veille. Elle peut lancer une question qui sera traitée tout au long des chapitres. |
| Sommaire | Le sommaire reprend toutes les parties et sous-parties du document. Les idées maîtresses apparaissent également dans cette partie. Les pages sont indiquées devant chaque élément. |
| Sources | Ici apparaîtront toutes les ressources qui ont servi pour mener à bien cette étude. La liste est exhaustive. |
| Chapitres | Dans cette partie du rapport est intégré tout le travail synthétisé. |
| Conclusion | La conclusion résume le travail et amène une réponse à la problématique de départ. |
| Annexes | Dans cette dernière partie sont intégrées toutes les annexes qui ont été citées dans les différents chapitres. |

# Réaliser une étude qualitative

**Il existe deux types d'études permettant d'accéder à ces informations : les études qualitatives, études destinées à recueillir des éléments non chiffrables par les individus interrogés ou étudiés, et les études quantitatives, études des comportements, attentes ou opinions réalisées par questionnaire auprès d'un échantillon de la population de base.**
**L'étude qualitative doit scrupuleusement suivre certaines étapes afin d'apporter des informations fiables à l'analyse de la notoriété, de la clientèle ou de la satisfaction.**

## 1 Les différentes sources d'informations

### A Les sources primaires

Elles permettent de collecter des informations inexistantes jusqu'alors et passent essentiellement par les études qualitatives et quantitatives.

### B Les sources secondaires

Elles regroupent des informations déjà existantes, voire traitées. Elles sont stockées par des administrations (mairies, ministères...), des organismes spécialisés (INSEE, CESP...) ou encore des sociétés de stockage d'informations.

## 2 Les études qualitatives

On peut distinguer 4 types d'études qualitatives : les entretiens individuels, les entretiens de groupe, les observations et les méthodes projectives.

### A L'entretien individuel

Il s'agit d'un face à face entre l'interviewé et l'enquêteur, d'une durée de 1 à 2 heures, qui est en principe enregistré pour faciliter son analyse par la suite. Il peut se dérouler sur le lieu de vie de l'interviewé, sur son lieu de travail, ou en laboratoire. Il peut revêtir 3 formes :
- **l'entretien libre** : l'enquêteur propose simplement le thème de l'étude et l'interviewé doit parler de ce sujet ;
- **l'entretien semi-directif** : l'interviewer a cette fois en sa possession un guide d'entretien permettant de cadrer l'enquêté dans ses réponses ;
- **l'entretien directif** : l'enquêteur soumet des questions à l'interviewé.

**Tableau 45.1** Avantages et inconvénients de l'entretien individuel

| Avantages | Inconvénients |
|---|---|
| – Facile à organiser.<br>– Des domaines très personnels peuvent êtres abordés.<br>– Dans les enquêtes industrielles, c'est souvent la seule manière pour obtenir l'information. | – Problème de formation des enquêteurs.<br>– Durée de l'enquête.<br>– Coût relativement élevé (de 300 à 600 euros). |

## B L'entretien de groupe ou *focus group*

Un animateur réunit 7 à 12 personnes autour d'une table autour d'un thème soumis à l'influence sociale. Ce type d'entretien est en général fructueux car il repose sur la dynamique de groupe. Il dure de 2 à 4 heures et est enregistré.

**Tableau 45.2** Avantages et inconvénients de l'entretien de groupe

| Avantages | Inconvénients |
|---|---|
| – Beaucoup d'informations sont recueillies lors de la discussion.<br>– Méthode rapide et relativement peu coûteuse.<br>– Possibilité d'étudier les interactions entre les individus dans la prise de décision. | – Pression vers la conformité.<br>– Effet de *leadership*.<br>– Difficile à organiser (RDV, salle spécifique). |

## C Les observations

On rencontre 2 types d'observations :

– l'observation simple ou verbalisée : l'enquêté doit par exemple effectuer un parcours et décrire ce qu'il voit, fait, ressent... ;

– l'observation appareillée : l'enquêté est équipé d'un casque avec une mini caméra qui va filmer son parcours, son comportement...

Ces 2 types d'observations comportent des avantages comme des inconvénients.

**Tableau 45.3** Avantages et inconvénients de l'observation

| Avantages | Inconvénients |
|---|---|
| Permet d'étudier le comportement du consommateur dans une situation réaliste. | – Biais liés à la présence de l'observateur, que ce soit un enquêteur ou l'appareil.<br>– Difficultés d'interprétation.<br>– Coûts. |

## D Les méthodes projectives

Les méthodes projectives prennent appui sur la psychologie. On compte 5 types de méthodes .

### 1. Le test d'association de mots

L'enquêteur donne un mot à l'enquêté et celui-ci doit lui dire le premier mot qui lui vient à l'esprit.

### 2. Le test de phrases à compléter

Seul le début de la phrase est donné, l'enquêté soumet la fin.

### 3. *Thematic Apperception Test (TAT)*

Ce test prend appui sur des dessins : l'enquêté doit dire ce qu'ils lui inspirent.

### 4. Le jeu de rôle

L'enquêté doit jouer un rôle donné par l'enquêteur.

### 5. Le portrait chinois

L'enquêté doit assimiler des éléments comme une couleur, un animal ou encore un pays, au thème proposé.

**Tableau 45.4** Avantages et inconvénients des méthodes projectives

| Avantages | Inconvénients |
|---|---|
| – Permettent d'aller plus loin dans l'inconscient de la personne.<br>– Permettent de dépasser certaines façades que les répondants dressent devant eux. | – Nécessitent une expertise pour être réalisées.<br>– Ne conviennent pas à toutes les études de marché. |

# Réaliser une étude quantitative

**Communément appelées « sondages » ou « enquêtes », les études quantitatives demandent une méthodologie stricte.**

## 1 Définition de la population de base

L'élément de sondage est une unité de population auprès de laquelle l'information va être recueillie.

**Exemple : Un sondage réalisé auprès de clients annonceurs.**

## 2 La détermination de la base de sondage

La base de sondage est la liste exhaustive des éléments de la population de base.

**Exemple : Un listing client-annonceur, un annuaire professionnel comme Kompass.**

## 3 Détermination de la méthode d'échantillonnage

### A Méthode aléatoire ou probabiliste

Les éléments de la population de base sont sélectionnés au hasard. Il faut donc disposer d'une liste ou d'un fichier de cette population de base.

#### 1. Échantillonnage aléatoire simple

Il s'agit d'effectuer un tirage de l'échantillon après numérotation de chaque élément de la population, à partir d'une table de nombres au hasard.

**Exemple : Chaque annonceur possède un numéro client; à l'aide de la table des nombres au hasard, on tire au sort les annonceurs enquêtés.**

**TABLE DE NOMBRES AU HASARD**

| | | | | | | | | | | | | | | | | | |
|---|---|---|---|---|---|---|---|---|---|---|---|---|---|---|---|---|---|
| 02 | 22 | 85 | 19 | 48 | 74 | 55 | 24 | 89 | 69 | 15 | 53 | 00 | 20 | 88 | 48 | 95 | 08 |
| 85 | 76 | 34 | 51 | 40 | 44 | 62 | 93 | 65 | 99 | 72 | 64 | 09 | 34 | 01 | 13 | 09 | 74 |
| 00 | 88 | 96 | 79 | 38 | 24 | 77 | 00 | 70 | 91 | 47 | 43 | 43 | 82 | 71 | 67 | 49 | 90 |
| 64 | 29 | 81 | 85 | 50 | 47 | 36 | 50 | 91 | 19 | 09 | 15 | 98 | 75 | 60 | 58 | 33 | 15 |
| 94 | 03 | 80 | 04 | 21 | 49 | 54 | 91 | 77 | 85 | 00 | 45 | 68 | 23 | 12 | 94 | 23 | 44 |
| 42 | 28 | 52 | 73 | 06 | 41 | 37 | 47 | 47 | 31 | 52 | 99 | 89 | 82 | 22 | 81 | 86 | 55 |
| 09 | 27 | 52 | 72 | 49 | 11 | 30 | 93 | 33 | 29 | 54 | 17 | 54 | 48 | 47 | 42 | 04 | 79 |

#### 2. Échantillonnage à plusieurs degrés

L'enquêteur met en place 2 niveaux de tirage au moins. Cela permet d'affiner la sélection.

**Exemple : 1er niveau : les annonceurs dans le domaine du vin.**
**2e niveau : ceux situés dans le Pas-de-Calais.**

### 3. Échantillonnage stratifié

Les éléments de la population sont regroupés par strates, et un tirage au sort est effectué dans chaque strate pour faire l'échantillon final.

**Exemple : Constitution de 3 strates : annonceurs-associations, annonceurs-entreprises, annonceurs-collectivités. On sélectionne des éléments dans chaque strate.**

### 4. Échantillonnage en grappes

La population de base est constituée en groupes; certains groupes sont ensuite sélectionnés de façon aléatoire.

**Exemple : Même démarche que ci-contre mais, cette fois, l'agence sélectionne une grappe, par exemple les associations.**

## B Méthode non aléatoire ou empirique

Les éléments sont sélectionnés à partir de règles prédéterminées. Ici, la présence d'un fichier n'est pas nécessaire.

### 1. Méthode des itinéraires

L'enquêteur suit un itinéraire préalablement établi.

**Exemple : Le commercial va partir du siège de l'agence pour démarcher les rues du centre ville de Rouen.**

### 2. Échantillonnage par quota

L'échantillon est la copie conforme de la population de base en taille réduite.

**Exemple : Si le fichier annonceurs est constitué à 60 % d'entreprises, à 20 % de collectivités et à 10 % d'associations, le sondage comprend ces proportions parmi les enquêtés.**

### 3. Échantillonnage par commodités

Les personnes interrogées présentent une accessibilité optimale.

**Exemple : Le commercial enquête auprès des annonceurs avec lesquels il entretient des relations d'amitié.**

Cette méthode n'est pas fiable.

### 4. Échantillonnage boule de neige

Chaque interrogé donne le nom d'autres personnes à interroger.

**Exemple : Le commercial va interroger un annonceur, qui va le diriger vers un deuxième annonceur, etc.**

# 4 La détermination de la taille de l'échantillon

Une fois que la méthode de sélection de l'échantillon a été choisie, on peut déterminer la taille de l'échantillon soit par la taille, soit par le calcul.

## A Par le calcul

$$N = \frac{t^2 PQ}{E^2}$$

N = taille de l'échantillon.

t = niveau de confiance que l'on peut accorder à l'enquête : il est exprimé par un cœfficient équivalent.

**Exemple : Taux de confiance à 95 % = cœfficient de 1,96 (le plus commun).**

P = proportion des individus intéressés par l'enquête, exprimée en pourcentages.

**Exemple : On estime que 60 % de nos clients se sentent concernés par l'enquête, soit 0,6.**

Q = 1 – P

**Exemple : 1 – 0,6 = 0,4**

E = l'enquêteur doit toujours prévoir une marge d'erreur à cause d'une mauvaise compréhension des enquêtés ou une non implication.

**Exemple : 2 % d'erreur.**

$$N = \frac{1{,}96^2 \times 0{,}6 \times 0{,}4}{0{,}02^2} = 2\,304{,}96$$

**Il faut donc interroger environ 2 305 personnes dans ce cas-là.**

## B Par la méthode logistique

Il s'agit de tenir compte des contraintes réelles de l'enquête : le nombre d'enquêteurs, le nombre de jours consacrés à l'enquête, le temps passé par jour à enquêter et le temps passé par questionnaire.

**Exemple :**

| | | | | | | | | |
|---|---|---|---|---|---|---|---|---|
| N | = | Nombre d'enquêteurs | x | Nombre de jours consacrés à l'enquête | x | Nombre d'heures passées par jour pour administrer les questionnaires | x | Nombre de questionnaires administrés par heure |
| | | 3 | x | 5 | x | 4 | x | 10 |

= 600 annonceurs à l'enquête.

# 5 La construction du questionnaire

Dans un premier temps, il faut rassembler pêle-mêle et en langage de tous les jours toutes les questions que l'on souhaite poser et qui correspondent aux objectifs fixés. Ce n'est que dans un deuxième temps que l'on met l'ensemble de questions en forme pour constituer le questionnaire.

Il existe différentes formes de questions.

## A Les questions fermées

Les réponses sont fixées à l'avance et le sujet doit obligatoirement choisir parmi l'éventail qui lui est proposé : utiliser les questions fermées pour obtenir certains renseignements factuels, pour juger l'approbation ou la désapprobation d'une opinion donnée, la position sur une gamme de jugements, etc.

Il existe plusieurs types de questions fermées auxquelles la personne interrogée peut répondre :

– une seule réponse ;
– plusieurs réponses, encore appelées « questions fermées à choix multiple » ;
– un classement, appelé « questions à échelle ».

## B Les questions ouvertes

Les réponses sont librement données par l'enquêté. Elles peuvent être textuelles, numériques ou codées. Elles doivent être utilisées avec parcimonie car elles sont difficiles à analyser. Quant à la forme, il faut essayer de suivre les recommandations suivantes.

- **Regrouper les questions d'identification** (nom de l'annonceur, fonction de l'interlocuteur…) à la fin du questionnaire pour ne pas créer de gêne dès le départ. On fait une exception lorsque la méthode de sondage utilisée est la méthode des quotas, car il faut connaître certains éléments rapidement pour confirmer que l'enquêté appartient à la population à étudier.
- **Commencer par des questions faciles**, susceptibles de mettre le répondant en confiance.
- **Intercaler**, entre les groupes de questions difficiles ou délicates, **des questions plus faciles**, qui « détendent l'atmosphère » ; ces questions peuvent éventuellement ne constituer qu'une procédure technique, sans intérêt réel pour l'enquête.
- **Ménager des transitions** entre des sujets qui ne sont pas liés.
- Donner au questionnaire un **aspect cohérent et logique**.
- **Grouper les questions** par thèmes.
- Faire précéder les questions se rapportant à des aspects particuliers par des **questions d'ordre plus général**.
- Faire précéder les questions d'opinion par des **questions de fait**.

Que le questionnaire soit directement ou indirectement administré, des textes d'introduction et des textes de liaison sont nécessaires entre les diverses parties du questionnaire. Les termes utilisés dans les textes d'introduction et de liaison se feront en fonction du type de l'enquête, de son objet, des caractéristiques culturelles de l'échantillon, etc.
Ces textes doivent comprendre :

- **des indications se rapportant aux sujets traités** :
  – ce questionnaire a pour objet de déterminer…, de mesurer… ;
  – nous allons maintenant passer au problème de… ;
  – maintenant que nous avons passé en revue les…
- **des indications techniques** :
  – veuillez tracer une croix dans la case correspondante à votre choix/votre opinion ;
  – une seule réponse par colonne, SVP ;
  – rédigez votre réponse de la manière la plus concise possible, SVP ;
- **des formules de politesse** :
  – votre avis est extrêmement précieux… ;
  – merci pour votre obligeante collaboration.
- **des formules de précaution** :
  – ce questionnaire est strictement confidentiel ;
  – cette enquête ne doit servir qu'à des fins scientifiques.

Les phrases sont assez courtes et aisément compréhensibles.

**Tableau 45.1** Choix du mode d'administration

| Mode d'administration | Avantages | Inconvénients |
|---|---|---|
| Dans le marketing de rue, dans un lieu public | – Rapidité d'exécution<br>– Coût<br>– Possibilité de recueillir des impressions (à chaud) des personnes interrogées (visiteurs d'une manifestation commerciale, clients d'un point de vente) | – Indisponibilité des personnes interrogées<br>– Influence des conditions météorologiques<br>– Nécessité d'élaboration de questionnaire<br>– Risque de non-représentativité de l'échantillon |
| Au domicile ou sur le lieu de travail | – Possibilité de poser un grand nombre de questions, notamment des questions ouvertes appelant la réflexion ou la recherche de la part de l'enquêté<br>– Contrôle plus facile pour les enquêteurs | – Taux de refus parfois important (jusqu'à 50 %), ce qui altère la représentativité de l'échantillon<br>– Coût |
| Par téléphone | – Rapidité d'exécution quelle que soit la location géographique des enquêtés<br>– Coût<br>– Absence physique de l'enquêteur, ce qui peut favoriser la sincérité des réponses<br>– Contrôle aisé des enquêteurs | – Difficultés d'entrée en relation avec l'enquêté (liste rouge, barrage secrétaire)<br>– Absence d'identification de la personne interrogée<br>– Temps limité de l'enquête (15 minutes maximum) |
| Par voix postale | – Possibilité d'interroger des individus très dispersés géographiquement à moindre coût<br>– Grande liberté de réponse laissée à l'enquêté<br>– Possibilité de poser un grand nombre de questions | – Taux de retour faible (10 à 20 %), qui peut être augmenté par des incitations à répondre (cadeaux et bons d'achats)<br>– Représentativité incertaine de la population mère<br>– Délai de réception des réponses |
| Par Internet | – Faible coût de revient<br>– Saisie automatique de réponse<br>– Rapidité d'exécution | – Risque de non-représentativité de l'échantillon<br>– Taux de refus important par peur de spams<br>– Internautes très sollicités par des sondages |

# 47 RECHERCHE ET PRODUCTION D'INFORMATIONS PONCTUELLES

# Utiliser une étude

**L'étude, qu'elle soit qualitative ou quantitative, peut avoir 2 grands objectifs pour l'agence : étudier la notoriété de celle-ci auprès de ses annonceurs potentiels, ou déterminer l'image perçue par ses clients actuels ou potentiels.**

## 1 L'étude de notoriété

### A Définition

Elle a pour objectif de répondre à la question : « combien de prospects ont connaissance de mon agence ? ». Elle est donc souvent de type quantitatif. Ainsi, l'agence peut mesurer l'impact de son plan de communication en termes de retombées sur sa cible.

Elle prendra connaissance :

– de l'efficacité de ses actions de communication média ou hors-média, mais aussi de celle des actions menées par ses concurrents ;

– des cibles qui ont été les plus réceptives à ses messages, et de celles qui n'ont pas été impliquées.

L'étude de notoriété a donc une réalité stratégique car, en fonction des résultats obtenus, l'entreprise devra prendre de vraies décisions pour son futur en termes d'investissements.

### B Résultats obtenus par une étude de notoriété

L'étude de notoriété permet de dégager 3 indicateurs.

– **Le taux de notoriété assistée** : c'est le pourcentage de personnes qui disent connaître une marque ou une entreprise présentée dans une liste préétablie. Si on fait l'étude de la notoriété d'une agence de communication, on pose la question suivante : « Parmi ces agences, quelles sont celles que vous connaissez ? ».

– **Le taux de notoriété spontanée** : il correspond au pourcentage de personnes qui citent spontanément la marque ou l'entreprise : « Quelle agence de communication connaissez-vous ? » Le taux de notoriété spontanée est par définition inférieur au taux de notoriété assistée.

– **Le taux de notoriété premier cité ou *top of mind*** : c'est la marque ou l'entreprise immédiatement présente à l'esprit du consommateur quand on lui pose une question pour connaître la notoriété spontanée. On relève alors l'ordre des citations, ce qui permet de dégager le premier cité.

# 2 L'étude d'image

## A Définition

L'image de marque est définie comme la représentation mentale qu'ont les individus de l'entreprise ou de la marque citée. Elle fait donc référence à l'image perçue par les clients actuels ou potentiels.

Encore appelée étude de positionnement, elle se pratique le plus souvent par le biais d'études qualitatives mais peut être complétée par une étude quantitative. Il s'agira d'interroger des individus lors de réunions de type *focus group* ou d'entretiens, et d'explorer ce que la marque leur inspire.

## B Les résultats obtenus par une étude d'image

L'étude d'image permet d'obtenir l'expression de sentiments affectifs, d'appréciations objectives portées sur la marque ou l'entreprise, mais aussi et surtout d'éléments subjectifs qui portent atteinte à l'entreprise.

Elle se concrétise en général par la construction d'une carte perceptuelle ou *mapping*, qui permet à l'entreprise de se positionner sur le marché à côté de ses concurrents.

Il y a donc encore une notion claire de stratégie dans ce type d'étude. Elle permet à l'entreprise de se poser les questions suivantes :

- « l'entreprise doit-elle changer de stratégie de communication *corporate* (communication basée sur l'entreprise) ? » ;
- « l'entreprise doit-elle abandonner certains produits ou certaines marques ? » ;
- « l'entreprise doit-elle changer son identité ? » ;
- « l'entreprise doit-elle s'engager dans l'environnement ? ».

# 3 L'étude de clientèle

## A Définition

L'agence de communication souhaite avoir une bonne connaissance de ses clients annonceurs. Pour cela, elle peut mettre en place une étude de la clientèle. Celle-ci est en général ponctuelle afin de ne pas être trop pressante vis-à-vis de l'annonceur.

## B Les résultats obtenus par une étude de clientèle

L'étude de clientèle permet surtout de dégager :

- **le profil type de ses annonceurs** : ce profil permet de connaître la structure de la clientèle et ainsi de dégager des segments ;
- **les attentes de la clientèle** : l'agence peut ainsi adapter son offre en fonction des réponses récoltées. Si par exemple les clients font ressortir que le m-commerce est peu proposé, l'agence peut songer à proposer des prestations dans ce sens ;
- **l'historique de leurs achats** : le commercial peut avoir une vision complète de la demande, ce qui lui permet de cibler ses opérations commerciales futures.

# 48 RECHERCHE ET PRODUCTION D'INFORMATIONS PONCTUELLES

# Diffuser les résultats d'une étude

**Une fois l'étude réalisée et analysée, l'enquêteur doit diffuser ses résultats à son commanditaire par le biais d'un rapport détaillé.**

## 1 Le traitement de l'information collectée

Il se fait à l'aide de logiciels de dépouillement de questionnaires. Le traitement comporte différentes étapes :

- vérification de la cohérence des réponses ;
- établissement d'un plan de dépouillement ;
- saisie des réponses ;
- traitement des données à l'aide de **tris simples ou à plat** (étude d'une question), et de **tris croisés** (étude de deux questions simultanément).

Les tris à plat permettent d'étudier les questions une à une pour pouvoir fournir des informations complètes sur chaque item. Les tris croisés, à eux seuls, amorcent l'analyse. On peut, en effet, ainsi mesurer l'impact de deux variables.

Il est utile de réaliser des représentations graphiques de ces tris et de faire une analyse lexicale des questions ouvertes. Une fois traitées, ces informations doivent être diffusées à l'aide d'un rapport de synthèse.

## 2 Le plan du rapport

Le rapport est différent selon le type d'étude mené. Toutefois, voici un plan standard pour un rapport d'enquête.

### A La présentation de l'enquête

Il s'agit de présenter le cadre général de l'enquête. L'enquête commence ainsi souvent par des recherches préalables, qui consistent à établir des points de questionnement qui vont conditionner l'étude par la suite. Il faut ensuite énumérer l'ensemble des étapes de la conception du questionnaire et nommer les responsables de l'étude. C'est un travail préparatoire très utile pour comprendre le plus aisément possible la deuxième étape du rapport : la présentation des résultats.

### B La présentation des résultats

Dans cette étape, il faut reprendre l'essentiel des points dégagés lors de l'analyse. Il n'est pas nécessaire de respecter l'ordre de succession des questions dans le questionnaire ; dans ce cas, expliquer dans le texte la logique adoptée.

Le responsable de l'enquête va traiter les questions une à une, puis éventuellement en croiser. Il présente le tableau d'analyse ainsi que le graphique qui, étant plus visuel, est bien évidemment plus parlant. Il dispose pour cela d'une fonctionnalité « tableaux de bord » dans le logiciel Sphinx (Voir Fiche outils Sphinx : www.editions-foucher.fr).

### C La conclusion

Il est nécessaire de présenter de manière synthétique les résultats fondamentaux obtenus et de rédiger les conclusions avec un soin particulier, car elles constituent la seule partie du rapport que certains lecteurs pressés liront.

### D Les annexes

Il faut y placer les éléments du rapport que l'on ne souhaite pas intégrer au texte, afin de ne pas en ralentir la lecture (documents relatifs à l'enquête, questionnaires, explications méthodologiques...).

### E La table des matières

Le lecteur du rapport doit rendre le document le plus lisible possible. C'est pourquoi il doit constituer cette table des matières, qui reprend le cheminement du rapport.

## 3 La diffusion des résultats

Elle peut se pratiquer de diverses manières.

**Présentation du rapport**
Lorsque l'étude est terminée, le responsable doit présenter ses résultats à son équipe et/ou à sa hiérarchie. Cette diffusion est plus ou moins officielle.

**Lors d'un entretien, directement au commanditaire de l'enquête**
Le chargé d'étude peut, lors d'une rencontre avec le commanditaire, transmettre ses résultats au travers d'un rapport et le défendre face à lui. Il peut ainsi prendre du temps pour expliquer les conclusions et faire des propositions.

**Par courriel, à l'ensemble des intéressés**
L'intérêt de diffuser le rapport d'enquête par courriel réside dans le fait que cela minimise les coûts et permet de toucher de nombreuses personnes en un minimum de temps.

**Dans le cadre d'une assemblée, d'une réunion devant l'ensemble des protagonistes**
Pour les grandes structures ou les administrations, la présentation se passe souvent lors d'une assemblée ou réunion. Elle est ainsi appuyée par un support visuel de type Powerpoint. Cela rend la diffusion plus professionnelle.

**Figure 48.1** La diffusion des résultats

# Mettre à jour une base d'informations

**La valeur d'une base d'informations réside dans sa mise à jour régulière. La durée de fiabilité des données d'une base de ce type est courte. C'est pourquoi il est nécessaire d'actualiser régulièrement les informations.**

## 1 Les différents types de bases d'informations

Il existe toutes sortes de bases; on peut dire qu'il y a autant de genres de bases que de types d'informations. On retrouve toutefois des bases incontournables dans les entreprises.

### A Les bases commerciales

Dans le cadre d'actions commerciales, une base est nécessaire pour stocker des informations relatives à des contacts (prospects, clients, fournisseurs, partenaires). Ces informations pourront ainsi être utilisées lors de campagnes de prospection, de ventes et de fidélisation.

Exemples de bases commerciales:
- base prospects;
- base annonceurs/clients;
- base fournisseurs.

La mise à jour d'une base commerciale est permanente. Elle s'effectue tout au long de la relation clients. Lors de démarchages commerciaux, les informations du prospect sont actualisées à l'aide des questions du plan de découverte. Il en va de même pour une base clients: à chaque devis, commande et facture, les informations de la base sont mises à jour.

### B Les bases documentaires

Une structure possède en interne une base dans laquelle elle compile toutes les informations relatives à des sujets liés à son activité. On y retrouve des informations utiles pour les collaborateurs dans la bonne exécution de leur travail.

Qu'elle soit juridique, technologique ou thématique, une base documentaire est régulièrement mise à jour grâce aux liens permanents à des sources d'informations mis en place dans une veille formelle (permanente). (Voir 43. Créer des liens permanents à des sources d'information).

### C Les bases techniques

Dans une activité liée à la technologie ou à la fabrication, l'organisation tient à jour des bases techniques. Ces bases rassemblent toutes les informations techniques à un produit ou à sa fabrication: caractéristiques, cahier des charges.

Pour qu'un produit manufacturé soit correctement conçu, les responsables de fabrication puisent leurs besoins d'information dans ces bases de données.

### D Les bases journalistiques : les fichiers presse

Pour un responsable communication chez l'annonceur ou pour une agence de communication, la possession d'une base de données de contacts de journalistes est indispensable pour toutes actions de relations presse. Ce fichier presse est mis à jour dès que les démarches de relances de journalistes sont lancées. Un fichier presse peut également être mis à jour à travers la consultation du **Médiasig**. Ce dossier, diffusé par la documentation française, met régulièrement à jour les coordonnées des journalistes des principaux médias français. Son accès complet est payant.

**Exemples de contenus mis à jour dans un fichier presse :**
**- nom du média ;**
**- nom et prénom du journaliste ;**
**- nom de la rubrique ;**
**- coordonnées téléphoniques et e-mail ;**
**- moments propices pour appeler ;**
**- historique de la relation avec le professionnel ;**
**- informations sur sa vie personnelle.**

## 2 Les outils de gestion d'une base d'informations

Il existe des solutions techniques pour faciliter la gestion des bases d'informations et, de ce fait, leur mise à jour. Ces solutions font appel à des logiciels dédiés.

### A Les progiciels de gestion intégré : PGI

Le PGI est un logiciel professionnel intégrant les principales composantes fonctionnelles de l'entreprise : gestion de production, commerciale, logistique, ressources humaines, comptabilité, contrôle de gestion. Grâce à ce système d'informations complet, les collaborateurs de différents services d'une même entreprise ont la possibilité de travailler sur la même base de données. Cela facilite les échanges entre les services.

### B Les logiciels de gestion de la production assistée par ordinateur : GPAO

Un logiciel de GPAO est un programme de gestion de la production. Il permet de gérer l'ensemble des étapes relatives à la production :
- gestion des stocks et des achats ;
- gestion de commandes ;
- gestion des produits engendrés par ces commandes ;
- création et gestion du planning de fabrication ;
- expédition des produits ;
- facturation.

La GPAO se caractérise également par l'automatisation de la commande de réapprovisionnement en produits et matières premières.

### C Les logiciels de gestion de la relation clients : GRC

La GRC est également connue sous le nom de CRM (*Customer Relationship Management*). Elle régit toutes les informations relatives aux prospects et aux clients. Ces bases de données informatiques permettent de gérer en direct une demande et une relation client au niveau du renseignement, de la vente ou du marketing.

## 3 L'actualisation d'une base d'informations

L'actualisation permanente d'une base d'informations confère à cette base une fiabilité certaine. Pour cela, la ou les personne(s) en charge de cette mission sélectionnent tout d'abord les informations à mettre à jour.

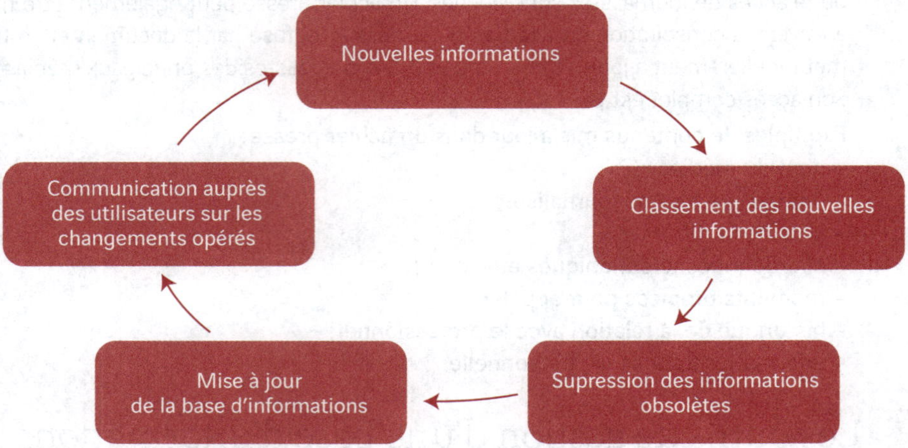


**Figure 49.1** L'actualisation d'une base d'informations

Quand le champ de recherche est défini, il ne reste plus qu'à rapprocher les informations d'origines diverses :

- recherches ;
- achats de données ;
- traitement des informations reçues ;
- résultats des veilles.

Récupérer des informations est une chose ; apprécier leur utilité en est une autre. Pour un bon traitement des nouvelles informations, il est tout d'abord conseillé de les **classer par ordre d'importance ou de fiabilité**, ou encore **par genre**.

La **suppression des informations obsolètes** est ensuite nécessaire. Après leur traitement, les nouvelles informations en présence seront traitées afin d'être **incorporées dans la base d'origine** sans créer de doublons.

La dernière étape de l'actualisation d'une base d'informations est l'**alerte de tous les utilisateurs concernés**. Il est important, pour une bonne communication interne, d'expliquer aux collaborateurs les raisons de la mise à jour et les informations qui ont été modifiées.

# Améliorer la qualité et la sécurisation d'un système d'information

**Le système d'information d'une structure, tel qu'un logiciel de GRC, est utilisé par tous ses services et ses collaborateurs. Un dysfonctionnement dans le système peut provoquer des erreurs et des difficultés dans l'organisation générale: il est donc important de rester en veille d'amélioration sur ce type de support.**

## 1 La qualité du système d'information

Dans un système d'information informatique, la qualité est relative à la conformité des données aux usages prévus dans les modes opératoires, les processus, les prises de décision et la planification. De même, les données sont systématiquement jugées de grande qualité si elles permettent de transmettre une information écrite (sans explications orales) dans le but d'être comprise de la même façon par tous les lecteurs.

Exemple : Une procédure de travail écrite est de qualité lorsque les collaborateurs effectuent la même tâche de la même façon après avoir lu la note explicative.

### A Les enjeux de la qualité

La qualité intervient dans les **exigences de traçabilité**, qui se manifestent dans plusieurs secteurs d'activités comme l'agroalimentaire, l'automobile ou la santé.

On retrouve aussi la notion de qualité dans les **procédures de suivi clientèle** : *Customer Relationship Management* (CRM). À ce niveau, les données relatives aux clients représentent une source d'information importante pour les entreprises.

Dans le domaine de la sécurisation des données, les procédures qualité peuvent normer la gestion des documents stockés et archivés dans un système informatique adapté (logiciel dédié). **La qualité des informations est une composante de l'intelligence économique.**

#### 1. La qualité des informations dans le modèle d'intelligence économique

L'intelligence économique (IE) est une ingénierie de la collecte, de l'analyse stratégique et de la valorisation de l'information utile pour un éclairage et une aide à la décision. Elle utilise toutes les ressources des technologies de l'information et de la communication, des réseaux humains et de leur capacité d'influence pour donner, aux entreprises ou à un État, les moyens d'être plus compétitifs et plus efficaces face à la concurrence. Pratiquée par tous les grands pays industrialisés et émergents, l'IE permet d'assurer aux entreprises un avantage concurrentiel, et à l'État de pouvoir anticiper les événements et d'accompagner les mutations économiques.

La qualité de l'information peut s'appliquer :

- à l'évaluation stratégique des données ;
- à la connaissance des savoir-faire et de l'expérience de chaque collaborateur au sein d'une structure ;

– à la gestion des données à travers un système d'information ;
– à l'échange des informations entre services et sécurisation des données (PGI, GRC...) ;
– aux réunions et *brainstormings* ;
– à l'anticipation de décisions sur des méthodes de travail ou des axes de développement stratégique.

### 2. La qualité des données dans le processus de décision

Le cheminement d'une décision au sein d'une entreprise entre dans un processus appelé « système décisionnel ». Ce procédé permet d'aider le chef d'entreprise à prendre des décisions pertinentes dans la ligne de la stratégie globale de l'entreprise. Les choix sont effectués à partir de données informatiques de l'entreprise et de ses collaborateurs.

### 3. La certification

Il existe plusieurs normes de qualité (ISO 9001, ISO 14001...) décernées par des cabinets certificateurs. L'obtention de ces normes implique un grand respect des points d'engagement et des procédures de travail établis. L'organisme candidat à une norme ISO est audité régulièrement. Si les points d'engagement sont insuffisants, la certification peut être retirée.

## B Mesurer la satisfaction des utilisateurs

Afin d'améliorer la qualité du système d'information, l'étape de la mesure de la satisfaction des utilisateurs est inévitable. Ce sont les personnes utilisant au quotidien ce système pour effectuer leur mission qui possèdent les axes d'amélioration. On met en œuvre plusieurs techniques pour récolter leurs impressions et leurs remarques.

### 1. L'enquête

Une enquête peut être menée au sein d'une structure afin d'appréhender les méthodes de travail d'un collaborateur ou d'un service entier. Les méthodes de traitement de l'information permettent de mesurer la satisfaction des utilisateurs. L'enquête est menée sous forme d'observation (on analyse une journée de travail d'un individu en décortiquant chaque tâche) ou d'administration de questionnaires auprès des utilisateurs du système.

### 2. L'entretien individuel ou collectif

L'entretien est une méthode fiable. Il se réalise en face à face avec un utilisateur, ou en groupe. L'objectif est de faire remonter les dysfonctionnements du système et les éventuels axes d'amélioration permettant de faciliter l'exécution des tâches au quotidien.

### 3. L'audit

L'audit est réalisé par un service interne (service qualité ou informatique) ou par un prestataire externe (consultant). Cette méthode a pour objectif de dresser un bilan sur le système d'information. À la suite de l'audit, le commanditaire est en mesure de connaître les éléments posant problème et les propositions de solutions correspondantes.

## C Proposer des ajustements

Quel que soit le procédé de mesure de la satisfaction des utilisateurs du système, des corrections sont mise en place pour ajuster les défaillances. On entre dans une phase de recherche et développement. Des préconisations de solutions ont été proposées et validées par un responsable : le système est alors modifié afin de répondre aux exigences de travail.

# 2 La sécurité du système d'information



Un système d'information est une base importante de l'exploitation d'une entreprise. Qu'il s'agisse d'une association, d'une administration ou d'une collectivité territoriale, la sécurisation des données est un facteur stratégique. En effet, en cas de perte ou de vol de ces informations, la structure peut subir des dommages importants (attaque de la concurrence, manque d'informations clients, perte de l'historique des commandes...). C'est pourquoi les organisations prennent soin d'identifier les risques potentiels.

## A Les risques

Les risques liés au système d'information sont identiques aux différents risques informatiques.

### 1. La panne matérielle

Un ordinateur ou tout autre outil d'exploitation informatique peut tomber en panne à tout moment. Si les informations ne sont pas sécurisées, la totalité des données seront perdues. Il existe des méthodes matérielles et logicielles de récupération de données sur un système défaillant. Des professionnels de l'informatique peuvent mettre en œuvre un sauvetage de données. Malheureusement, elles ne sont pas efficaces dans 100 % des cas.

### 2. Le sinistre électrique

Une mauvaise installation électrique met en danger le système informatique. En cas de sinistre électrique (court circuit, foudre...) l'ensemble de l'installation informatique peut être détérioré. Selon la gravité du sinistre, les données peuvent ne pas être récupérées.

### 3. Le dégât des eaux et l'incendie

Des catastrophes naturelles, accidentelles ou criminelles sont à l'origine de la destruction de systèmes d'exploitation. Si les locaux de l'organisation brûlent ou sont inondés, il est vital pour la survie de l'entreprise de pouvoir reprendre son activité provisoire dans d'autres locaux en utilisant le système d'information – encore faut-il que ce dernier ait été sécurisé.

### 4. Le vol ou dommage criminel

Les particuliers, comme les professionnels, ne sont pas à l'abri d'un cambriolage. Lors d'une action hostile de ce type, les ordinateurs, disques de sauvegarde et/ou serveurs peuvent être vandalisés ou tout simplement emportés. Dans ce cas de figure, l'entreprise perd tout moyen de travailler et de gérer sa production et sa clientèle.

### 5. Le virus informatique

Le risque informatique le plus courant est le virus informatique. Ces programmes malveillants peuvent infiltrer un système et nuire de façons différentes : défaillance système ou matérielle, suppression des données, copies des informations et envois vers un destinataire pirate...

### 6. L'intrusion informatique

Un pirate (*hacker*) peut aisément infiltrer un système d'information mal protégé, et ainsi voler les données. Même une personne non spécialisée dans la programmation informatique peut se servir d'une base de données si cette dernière n'est pas protégée par un mot de passe.

### 7. L'erreur de manipulation

Une mauvaise manipulation d'une base de données ou d'un logiciel peut avoir des conséquences dramatiques. Les informations peuvent être supprimées ou endommagées.

## B Les moyens de sécurisation

Pour palier à tous les risques liés à l'intégrité du système d'information, des méthodes de sécurisation de données sont mises en œuvre.

### 1. Les solutions de sauvegarde

La meilleure méthode de sécurisation face à la destruction ou la perte demeure la sauvegarde. Il existe plusieurs types de sauvegardes :

- **complète ou totale** : totalité des données sauvegardées ;
- **incrémentielle** : seulement les dossiers ou fichiers ayant subi des modifications depuis la dernière sauvegarde effectuée quelque soit sa forme (complète, différentielle ou incrémentielle) ;
- **différentielle** : seulement les dossiers ou fichiers ayant subi des modifications depuis la dernière sauvegarde complète ;
- **système** : seulement les dossiers ou fichiers relatifs au système d'exploitation (logiciels, données...).

La sécurisation des données s'effectue à l'aide de logiciels spécialisés ou par transfert des données vers un matériel de sauvegarde : clé USB, disque dur externe, serveur... Afin de limiter les risques de destruction, il est fortement recommandé de **ne pas conserver les sauvegardes au même endroit que les informations sources**. Pour prévenir ces risques, de grosses structures transfèrent leurs données sur des serveurs à distance. En cas de destruction complète (incendie ou dégâts des eaux), le système d'information pourra être restauré et utilisé ailleurs.

### 2. Les solutions informatiques

Pour limiter les risques liés aux virus et à l'intrusion informatique, des solutions ont été développées par des ingénieurs. De nombreux logiciels gratuits ou payants luttent contre les virus et les empêchent de nuire sur un ordinateur. On les appelle les **anti-virus**. Les anti-virus empêchent un virus destiné à détériorer le système informatique de pénétrer dans le réseau. En ce qui concerne la limitation des intrusions, les programmes doivent être installés directement sur les ordinateurs. Ils empêchent des programmes malveillants d'introduire le système et de causer des dommages. Ils forment un rempart virtuel entre la machine et le monde extérieur. On les appelle couramment les « **pare-feux** ».

### 3. Les solutions matérielles

Pour limiter la perte de données en cas de coupure de courant, des appareils, appelés « **onduleurs** », maintiennent quelques secondes un ordinateur allumé, le temps pour son utilisateur de sauvegarder son travail. Ces batteries autonomes sont utilisées sur des postes informatiques importants (comptabilité, production...).

### 4. Les solutions d'accès

Afin de limiter l'accès à des données sensibles, des protocoles d'accès sont mis en place par les services informatiques des grosses structures. Ils limitent l'accès au système d'information à un groupe de personnes bien précis. Chacun possède son propre mot de passe. En cas d'erreur ou de dysfonctionnement, le service informatique peut tracer la source du problème. De plus, l'accès restreint à une base de données limite considérablement le risque de fuite d'informations.

# Les techniques de production

# 4

# 51 La chaîne graphique

**Dans tout projet de communication, des supports (solutions de communication du projet) sont à imprimer. L'impression de documents est liée à une série d'étapes appelée « chaîne graphique ». La « chaîne graphique » est une expression communément employée dans l'industrie graphique pour désigner l'ensemble des professions qui interviennent de la conception à la finalisation d'un produit graphique destiné à être produit à de multiples exemplaires par un procédé d'impression. Elle se décompose en un nombre variable d'étapes.**

## 1 La demande

Tous les projets de communication s'articulent autour d'une demande ou d'un besoin.

- **L'annonceur** doit résumer son projet dans un **cahier des charges** énumérant tous les souhaits et toutes les contraintes que comportera sa future création. Ce cahier des charges permettra à son imprimeur de réaliser un devis le plus exact possible. Un devis approximatif est un devis plus cher et qui peut réserver des surprises lors de la facturation.
- **L'agence** doit quant à elle prendre soin de poser toutes les questions préalables à son client pendant son ***brief*** afin d'établir le cahier des charges pour faire ses demandes de devis : délais souhaités, quantités, types de papier…

## 2 Le choix du prestataire

Le choix du prestataire doit être fait à partir des éléments que chaque imprimeur aura fournis. Le plus souvent, le prix reste le principal argument. Il faut toutefois rester vigilant sur les délais de livraison, les conditions de paiement et la réputation du prestataire.

Le monde de la communication est un petit milieu. Un prestataire malhonnête ou ne travaillant pas proprement possède une réputation qui le précède.

## 3 La conception

C'est ici que les graphistes entrent en jeu. Lorsque les devis ont été validés par le client, il est temps avec les éléments du *brief* client de réaliser une première maquette. Cette maquette doit reprendre tous les éléments souhaités par le client : texte, images, respect de la charte graphique…

En général, une bonne agence de communication propose 2 à 3 maquettes différentes pour un même support.

Après la présentation des maquettes au client, celui-ci choisit un modèle – dans le meilleur des cas – en apportant des modifications et en incorporant des éléments des autres propositions. C'est alors que d'autres présentations sont faites, jusqu'à validation de la maquette par le client.

## 4 L'appel aux intervenants

Dans certains cas, un travail de conception nécessite l'intervention d'un spécialiste. Il peut être photographe, *designer*, *webmaster*, illustrateur, architecte 3D...

## 5 L'exécution PAO

Dès que tous les éléments sont rassemblés dans la maquette validée par le client, le graphiste de l'agence transfert son fichier à l'imprimeur. Ce dernier transforme le fichier en document d'exécution : il rentre dans son logiciel de PAO tous les paramètres relatifs à la sortie en imprimerie (calibrage des couleurs, vérification des fonds perdus, contrôle des polices d'écriture...).
Dès que le document d'exécution est prêt, l'imprimeur effectue une sortie laser pour vérifier que tous les éléments sont en place.

## 6 La correction sur sortie laser

La sortie laser sert essentiellement à l'infographiste pour vérifier la conformité de la mise en page du document par rapport à la maquette envoyée par l'agence. Si la mise en page n'est pas conforme, il est encore temps de corriger les problèmes de mise en page du texte ou des éléments visuels.

## 7 La présentation du cromalin

Chaque imprimeur et chaque machine d'impression interprètent le fichier d'exécution différemment. D'une machine à l'autre, les couleurs peuvent être légèrement différentes : cette différence dépend du calibrage de l'encre. La sortie laser ne garantie pas la couleur finale ; le cromalin en revanche garantit la couleur exacte de la sortie. Si le rendu ne correspond toujours pas à ce qui était prévu, il est possible de demander à l'imprimeur de ressortir les documents, avec le cromalin pour preuve.

## 8 Le bon à tirer (BAT)

Le bon à tirer, plus communément appelé BAT, est une étape cruciale. La signature de ce document dégage l'imprimeur de toutes responsabilités en cas de contestation du client. Par la signature de ce document, le client reconnaît que le fichier correspond à toutes ses attentes. Les couleurs, les fautes d'orthographes ou tous autres éléments ne peuvent plus être changés à partir de ce moment.

## 9 L'impression

Maintenant que tout est prêt, il n'y a plus qu'à imprimer. Ce long travail préliminaire permet de minimiser, voir de supprimer, toutes erreurs possibles.
Lorsque l'impression est lancée, il est trop tard pour faire marche arrière : le processus ne peut plus être arrêté, sauf en cas d'extrême urgence. L'arrêt d'une impression occasionnerait d'énormes frais techniques.
Le procédé d'impression, en offset notamment (Voir 53. Les procédés d'impression) , se décompose en plusieurs étapes.

## 10 Le façonnage (ou finition)

Après avoir été imprimées, les feuilles seront ensuite façonnées, c'est-à-dire reprises sur différentes machines afin de donner au papier sa forme définitive : le produit fini qui sera livré chez le client.

Il existe de nombreux types de façonnage : massicotage, pelliculage, dorure, pliage, rainage, gaufrage (Voir 54. Le façonnage)...

## 11 La livraison

La livraison constitue la dernière étape de la chaîne graphique, et non des moindres. C'est à ce moment-là que le prestataire livre la commande.

Lors de la livraison, l'imprimeur fait signer un « bon de livraison » (BL). Dès que ce document est signé, le client devient propriétaire de la marchandise.

C'est pourquoi il est impératif de vérifier la qualité des documents et l'intégrité des cartons, afin de déceler tous vices cachés avant la signature du BL.

# 52 Les différents types de papiers

**Il existe une diversité importante de papiers. Ils ont des usages différents : journaux, magazines, livres, publicité, diplômes, *packaging*...**

## 1 Les papiers « impression » et les papiers « écriture »

Comme leur nom l'indique, les papiers « impression » sont destinés à recevoir une ou plusieurs impressions. Les papiers « écritures » sont quant à eux destinés à recevoir des inscriptions encrées. On classe ces papiers en quatre groupes.

### A Le papier offset

Excellent papier, plus ou moins apprêté ou satiné, ils convient à tous les imprimés, bien que son état de surface ne valorise pas les quadrichromies comme le font les papiers couchés.

**Exemple : Les papiers en-tête sont imprimés sur ce type de papier car ce sont des documents destinés à être réimprimés sur des imprimantes de bureau. Ils doivent être agréables au toucher afin de refléter l'image de marque de l'entreprise.**

### B Le papier couché

Le papier couché est un papier dont la surface est recouverte d'une ou plusieurs couches, généralement constituées de produits minéraux (pigments) en mélange avec des liants et des produits divers.

#### 1. Couchés légers

Grammage inférieur ou égal à 72 g/m$^2$, masse de couche par face inférieure à 10 g/m$^2$.

#### 2. Couchés modernes

Grammage supérieur à 72 g/m$^2$, masse de couche par face comprise entre 10 et 18 g/m$^2$.

#### 3. Couchés classiques

Grammage supérieur à 72 g/m$^2$, masse de couche par face généralement supérieure à 18 g/m$^2$.

**Exemple : Les flyers sont imprimés sur du papier couché car se sont des documents devant attirer le chaland par leur aspect et leur texture brillante.**

### C Le papier journal

Le papier journal peut être non apprêté (papier traité pour réduire la rugosité) ou apprêté (papier brut et ordinaire). Il prend alors les noms de « journal amélioré » (blancheur du papier supérieure) ou de « journal ordinaire ».

**Exemple de papier journal apprêté : *Le Parisien* et *Aujourd'hui en France* sont des journaux dont la durée de vie ne dépasse pas un jour.**

**Exemple de papier journal non apprêté : *Le canard enchaîné* est un hebdomadaire. Sa durée de vie et son taux de reprise en main l'obligent à être plus solide que les quotidiens ordinaires.**

### D Le papier bouffant

C'est un papier non collé, que l'on dit « brut de machine », ou légèrement apprêté. Le bouffant est un papier rugueux, plus ou moins pelucheux par défaut de collage.

**Exemple : Les pages de roman ont des pages où il n'y aura que du texte imprimé. De plus, ce type de papier résiste au temps qui passe.**

## 2 Les papiers « emballage »

Par combinaison de différents supports à base de cellulose avec des métaux, de matières plastiques, de cires, de colles, de paraffine, les spécialistes créent, à la demande, des produits étanches ou perméables, dont la porosité est parfaitement contrôlée.
Ces papiers sont pour la plupart biodégradables et imprimables.
Les papiers métallisés, par exemple, sont constitués d'une feuille de cellulose qui a reçu une couche d'aluminium par métallisation directe sous vide. L'aluminium fondu est vaporisé sur un support lisse, vernis et de très faible teneur en eau.

**Exemple : Les barres chocolatées sont emballées dans du papier métallisé pour des raisons d'hygiène alimentaire.**

## 3 Les cartons

Les cartons destinés à l'impression offset sont de plusieurs sortes selon leur composition : l'une des faces, généralement blanche, est obtenue par couchage ou par blanchiment de la pâte.

**Exemple : Les boîtes de céréales sont en carton afin de faciliter leur conditionnement et protéger le produit fragile.**

## 4 Les papiers « sanitaires et domestiques »

Cette catégorie regroupe différents produits :
- papier toilette ;
- mouchoirs ;
- essuie-tout ;
- serviettes « en papier » ;
- sets de tables, etc.

Beaucoup d'entre eux sont commercialisés sous l'appellation de « papier non-tissé ».

## 5 Les papiers spéciaux

L'imprimeur offsettiste dispose aussi d'un grand nombre de papiers spéciaux.

### A Les papiers marqués

- Les papiers toilés et les papiers granités.
- Les papiers vergés.
- Les papiers parchemins.
- Les papiers vélins.

**Exemple : Les diplômes, qui doivent laisser un souvenir d'un document hors du commun, infalsifiable.**

### B Les papiers teintés

Ces papiers sont colorés dans la masse, ce qui provoque une légère différence de teinte entre les deux faces.

**Exemple : Les enveloppes de scrutin sont en papier teinté pour des raisons de sécurité afin d'éviter toutes fraudes éventuelles.**

### C Les papiers autocopiants

- Le carbone.
- Les autocopiants chimiques par transfert.
- Les autocopiants chimiques autonomes.

**Exemple : Les PV de stationnement sont imprimés sur du papier autocopiant pour faciliter la copie des informations sur les différents volets.**

### D Les papiers adhésifs

Ce sont des papiers de cellulose ou des papiers synthétiques, sur lesquels on applique une couche adhésive recouverte d'un papier protecteur siliconé.

**Exemples : Autocollants ordinaires, étiquettes d'adresses pour enveloppes.**

### E Les papiers gommés

Ces papiers sont enduits, au verso, d'une pellicule de gomme. Celle-ci peut être brillante, mate ou invisible.

**Exemples : Certains modèles de cartes de visite, les étiquettes de vêtements pour donner un côté hors norme, inédit.**

### F Les papiers pour lecture optique

Ces papiers sont techniquement appelés « papier pour la reconnaissance optique des caractères » (ROC).

Ils sont donc conçus pour le marquage ROC. Ils réagissent au passage sur des matériels spécifiques tels que des lecteurs ou des trieurs.

**Exemples : Les passeports pour des raisons de sécurité.**

## 6 Les supports synthétiques

Les supports synthétiques ressemblent à s'y méprendre au papier, mais ils n'en sont pas ! Ce sont le plus souvent des matières plastiques, des films de polypropylène extrudé, laminés multicouches, qui présentent une surface mate et lisse comparable à celle d'un papier couché. Ils offrent des propriétés intéressantes telles que l'imperméabilité ou l'anti-déchirement. Leur épaisseur ne se calcule pas en grammes mais en microns.

### *Grammages de papiers les plus répandus*

| | Grammages au m² | | | | | | | | | | |
|---|---|---|---|---|---|---|---|---|---|---|---|
| | 90 | 100 | 110 | 130 | 150 | 170 | 200 | 225 | 250 | 300 | 350 |
| Affiche | | | | | ✗ | ✗ | ✗ | | | | |
| Agenda | ✗ | ✗ | | | | | | | | ✗ | ✗ |
| Brochure | | | | | ✗ | ✗ | ✗ | ✗ | ✗ | ✗ | |
| Calendrier | | | | | | | | ✗ | ✗ | ✗ | |
| Carte de visite | | | | | | | ✗ | ✗ | | | |
| Carte postale | | | | | | | | ✗ | ✗ | ✗ | |
| Catalogue | | | ✗ | ✗ | ✗ | ✗ | | | | | |
| Chemise | | | | | | | | | ✗ | ✗ | ✗ |
| Dépliant | | | | ✗ | ✗ | ✗ | ✗ | ✗ | ✗ | | |
| Invitation | | | | | | ✗ | ✗ | ✗ | ✗ | ✗ | ✗ |
| Livre | | | ✗ | ✗ | | | | | | | |
| Magazine | | | | | ✗ | ✗ | ✗ | | | | |
| Packaging | | | | | | | ✗ | ✗ | ✗ | ✗ | ✗ |
| Papier à lettre | ✗ | ✗ | ✗ | | | | | | | | |
| Plaquette | | | | ✗ | ✗ | ✗ | ✗ | ✗ | | | |

# 53 Les procédés d'impression

**Le professionnel de la communication doit maîtriser les notions de techniques d'impression. En effet, chaque solution papier qu'il préconise à son annonceur doit être imprimée avec une technique particulière.**

## 1 Les procédés d'impression avec forme

### A La typographie

C'est un procédé d'impression directe qui utilise une forme imprimante en relief. Le principe est très ancien. C'est au VIIIe siècle après J.-C. que les premières impressions connues font leur apparition. Elles étaient réalisées à l'origine avec des clichés en bois gravés (xylographie). Gutenberg, en 1450, n'a donc pas « inventé » la typographie ni l'imprimerie, mais a mis au point le premier procédé industriel de multiplication des caractères par coulée de métal dans des moules identiques fabriqués à partir d'une matrice unique.

### B La flexographie

Comme la typographie, c'est un procédé d'impression directe par une forme imprimante en relief. Le cliché est dit «flexible». Il est réalisé en caoutchouc ou en matière plastique souple. Ce procédé est particulièrement adapté à l'impression sur pellicules plastiques destinées à l'emballage. Il permet, à l'aide de rotatives à bobines, de réaliser des impressions en couleur.

Exemple : Emballages de barres chocolatées (Mars, Snickers...).

### C L'héliogravure

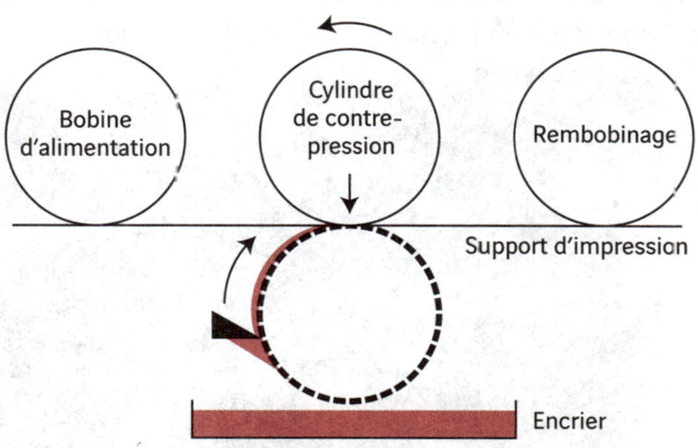


**Figure 53.1** L'héliogravure

L'héliogravure est un procédé d'impression sur papier en bobines de grande largeur (plus de 2 m). Le prix de revient très élevé de la forme imprimante limite sa mise en œuvre à des tirages importants comme ceux des catalogues, des magazines et des brochures de grande diffusion (à partir de 300 000 exemplaires).

Exemple : Magazine *Marie-Claire*, timbres.

## D La sérigraphie

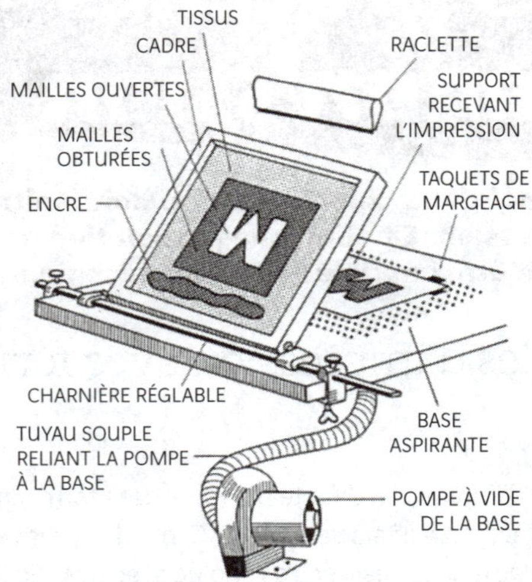


**Figure 53.2** La sérigraphie

Ce procédé d'impression utilise le principe du pochoir : la forme imprimante est un tissu tendu sur un cadre. Les parties imprimantes laissent passer l'encre à travers la trame du tissu. L'impression par sérigraphie présente la particularité de permettre un dépôt d'encre en épaisseur.

Exemple : Marquage textiles.

## E L'offset

L'offset est un procédé d'impression basé sur la répulsion de l'eau et de la graisse de l'encre. La plaque d'aluminium reporte l'image sur un rouleau en caoutchouc (blanchet), qui reporte enfin l'encre sur le papier.

Cette technique est couramment utilisée à partir de 500 exemplaires.

Exemples : Plaquettes commerciales, cartes de visite, flyers ou prospectus, papier en-tête...

**Figure 53.3** Une machine offset.

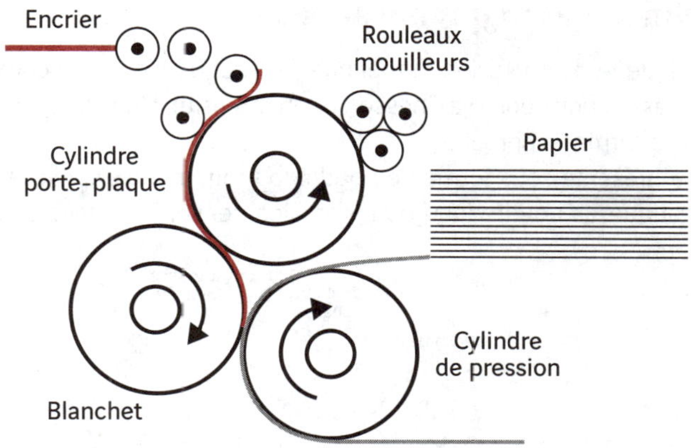


**Figure 53.4** Plan de coupe d'une machine offset

# 2 Les procédés d'impression sans forme imprimante

Pour désigner ce type de procédé, on parle aussi d'« impression sans impact ». L'avantage principal réside dans la possibilité de personnaliser chaque imprimé.

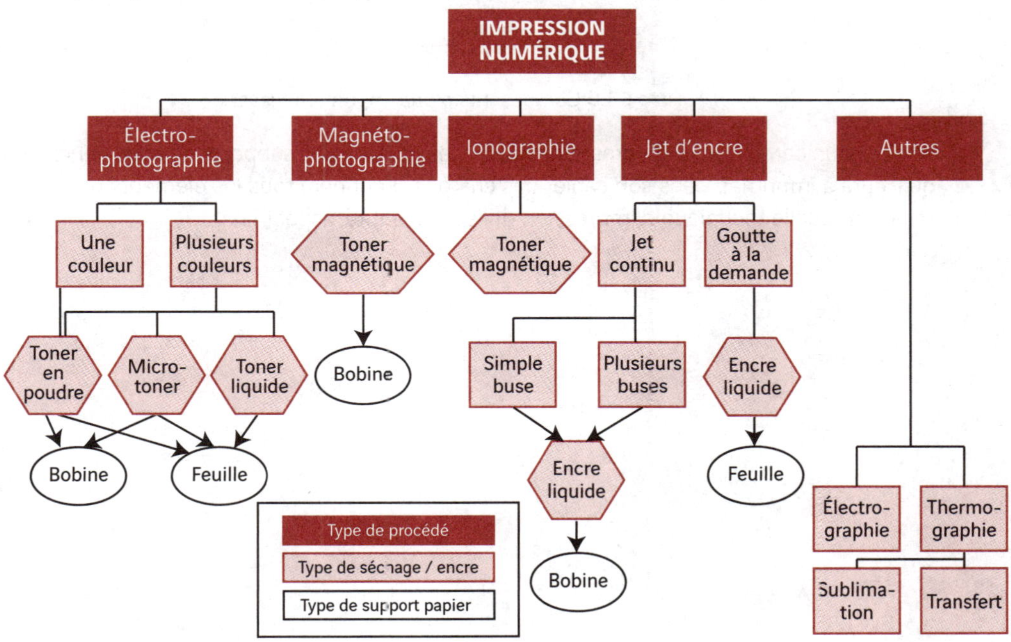


**Figure 53.5** Impression sans impact

## A Impression par « jet d'encre »

L'encre liquide, pulsée à travers un orifice capillaire, se sépare en gouttelettes. Chaque microgoutte est déviée, électriquement ou magnétiquement, au cours de sa projection, vers le support d'impression. L'image imprimée est donc formée d'une multitude de petites taches d'encres juxtaposées.

Ce procédé permet d'utiliser des supports d'impression très diversifiés, même les plus fragiles (calques, transparents, etc.).

## B Impression par xérographie au laser

Autre technique d'impression numérique, la xérographie utilise comme source lumineuse un rayon laser choisi pour sa finesse et son intensité. Une mémoire magnétique endosse le rôle de la forme imprimante.

L'encre se présente sous forme de poudre (ou toner). Elle s'applique sur le papier par effet électrostatique. La poudre fond pour s'amalgamer sur la surface du papier.

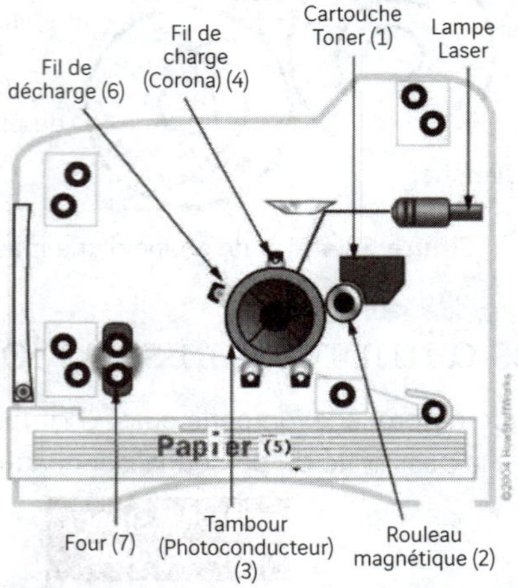


**Figure 53.6** Composants d'une imprimante laser

Le communicant choisira un prestataire selon les critères des supports de communication qu'il aura à imprimer. Dans son cahier des charges, il donnera tous les éléments qui détermineront quelle technique d'impression utiliser : quantité, aspect final...

# 54 Le façonnage

**Le façonnage est une opération ou une série d'opérations permettant la finalisation du document après l'impression. Il constitue l'étape de finition des solutions de communication d'un projet.**

## 1 Le pelliculage

Il s'agit de l'application d'une fine pellicule de protection en polyester ou polypropylène sur la feuille. Le pelliculage est associé au papier par collage. Son apposition est totale sur le papier et en fond perdu. Il existe deux types de pelliculage : le **mat** et le **brillant**. L'un ou l'autre sont choisis pour des raisons essentiellement esthétiques.

Le pelliculage brillant a un côté plus qualitatif mais laisse des traces de doigts à sa manipulation. Le pelliculage mat s'utilise sur tous les supports.

## 2 Le vernis machine (ou vernis acrylique)

Le vernis est une couche que l'on peut appliquer sur un document papier après l'impression pour faire briller le support. On l'appelle « vernis machine » car il s'applique en ligne dans une machine offset, comme une encre, directement au moment de l'impression.

Pour « imprimer » un vernis machine, une plaque d'impression offset est nécessaire. Grâce à cette plaque dédiée, le vernis machine permet une sélectivité de l'apposition (vernis sélectif). Il peut être **total** ou **partiel** : on peut déposer du vernis sur des endroits présélectionnés du document pour créer un effet d'opposition brillant/mat.

## 3 La dorure à chaud (ou impression à chaud)

Cette application peut être de couleur or, argent, ou chargée d'une couleur. La technique de la dorure à chaud se réalise en appliquant une feuille d'or à l'aide d'un cliché en relief. Une pression est ensuite exercée sur le support pour appliquer la dorure à la feuille.

## 4 Le gaufrage

Le gaufrage est une pression qui va venir déformer le papier pour obtenir un relief « sortant ». Le papier est compressé entre un feutre et un bloc de magnésium ou de bois.

Cette technique est utilisée sur des pochettes à rabat. Le gaufrage donne une connotation haut de gamme ou traditionnelle au document.

Exemple : Packaging de parfum, pochette à rabat d'avocat.

## 5 L'embossage

Il reprend la technique du gaufrage, mais à l'inverse : le rendu est en creux et non pas en relief. On utilise cette méthode sur les mêmes supports que ceux du gaufrage. On utilise l'embossage pour des raisons d'originalité.

## 6 Le rainage

Cette opération consiste à créer une cannelure dans le papier pour faciliter le pliage et éviter que la fibre du papier ne se casse. Elle est indispensable pour tous les papiers pliés d'un grammage supérieur à 170 g/m$^2$.

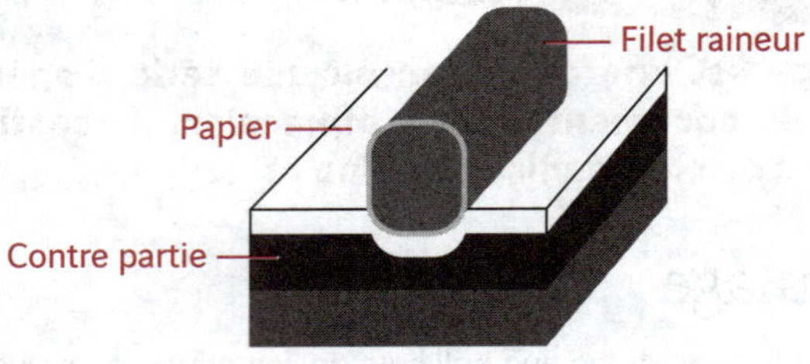


**Figure 54.1** Le rainage

## 7 Le pliage

Afin de créer des dépliants, le papier imprimé doit être façonné par l'opération de pliage. Il existe différents types de pliage.

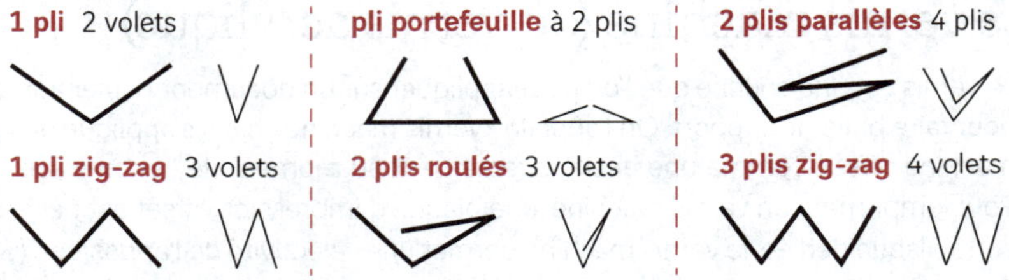


**Figure 54.2** Le pliage

## 8 Le brossage

Un document possédant plusieurs pages doit être brossé. Le brossage permet de relier plusieurs pages entre elles. Il existe plusieurs types de brossage :
- le wire-o (spirale) ;
- le dos carré collé ;
- le dos carré cousu ;
- la piqûre à cheval (agrafe).

## 9 La découpe

Cette dernière étape consiste à donner son format définitif au document.
L'imprimeur peut ici massicoter (couper) les fonds perdus (débords du cadre de la feuille) ou réaliser une découpe personnalisée.
Cette opération met en œuvre des lames fixées à une plaque de bois. Par un effet de pression sur la feuilles, le document prend sa forme personnalisée et définitive.

Toutes ces étapes de façonnage sont importantes. Elles permettent de finaliser les supports de communication. Dès que le façonnage est terminé, l'imprimeur peut enfin livrer les supports finis.

# 55 Les règles typographiques

**Un professionnel de la communication est amené à rédiger des éléments textuels. Les règles typographiques françaises présentées ici sont applicables à l'écriture d'articles ou de messages électroniques, de compte-rendus de réunions et de projets.**

## 1 Abréviations

Dans l'écriture courante, de nombreuses abréviations sont quotidiennement utilisées. Elles sont toutefois régies par des règles strictes insuffisamment respectées.

### A Règles générales

Une abréviation qui ne se compose que des premières lettres du mot se termine par un point.

**Exemple : Référence = réf.**

Une abréviation qui se termine par la dernière lettre du mot ne comporte pas de point final.

**Exemple : Boulevard = bd**

L'abréviation des groupes de mots ne comporte pas de point final.

**Exemple : S'il vous plaît : SVP ou svp**

Il y a cependant des exceptions consacrées par l'usage. On abrège :

- bon à tirer, par BAT
- et cetera, par etc. (pas de points de suspension ni de répétition)
- exemple, par ex.
- hors taxes, par ht
- largeur, par l. ou larg. (l signifiant « litre »)
- longueur, par L ou par long.
- Madame, par M$^{me}$
- Mademoiselle, par M$^{lle}$
- Mesdames, par M$^{mes}$
- Mesdemoiselles, par M$^{lles}$
- Messieurs, par MM.
- Monsieur, par M. (et non pas par Mr.)
- numéro, numéros, par n$^{o}$, n$^{os}$
- *nota bene*, par NB
- page, par p. (ne se répète pas : p. 127 et 128)
- paragraphe, par § (ne se répète pas : § 4 et 5)
- par ordre, par p.o.
- recto, par r$^{o}$, verso, par v$^{o}$
- société à responsabilité limitée, par SARL
- suivant(e)(s), par suiv.
- supplément, par suppl.
- taxe sur la valeur ajoutée, par TVA
- téléphone, par Tél. ou tél.

## B Nombres ordinaux

Les nombres ordinaux s'utilisent couramment en abrégés. Ces abréviations respectent les règles de présentation suivantes.

- Premier, premiers, première, premières : 1$^{er}$, 1$^{ers}$, 1$^{re}$, 1$^{res}$
- Deuxième, deuxièmes : 2$^{e}$, 2$^{es}$
- Troisième, troisièmes : 3$^{e}$, 3$^{es}$
- Primo, secundo, tertio : 1$^{o}$, 2$^{o}$, 3$^{o}$

# 2 Majuscules et minuscules

On compose avec une capitale initiale :

– le mot qui commence une phrase ou une citation complète : « Elle lui demanda : "Avez-vous trouvé ce livre ?" » ;

– les patronymes, les prénoms, les surnoms ;

– les noms des peuples, les habitants des régions ou des agglomérations : les Espagnols, les Alsaciens, les Grenoblois. En revanche, le nom des langues commence par une minuscule : l'espagnol, le français, le russe, l'arabe, etc.

# 3 Chiffres composés

L'écriture de nombres en toutes lettres est boudée par nombre d'entre nous ; certains ne se souviennent que brièvement de quelques règles apprises à l'école primaire.

- Si le nombre est inférieur à 100, il prend un trait d'union entre chaque mot :

– 18 : dix-huit ;

– 97 : quatre-vingt-dix-sept.

- Pour les nombres se terminant par 1, on rajoute la conjonction « et » :

– cinquante et un.

- Il existe cependant deux exceptions à la règle des 1 :

– 81 : quatre-vingt-un ;

– 91 : quatre-vingt-onze.

- Lorsque le nombre est supérieur à 100, il ne prend pas de trait d'union entre les mots :

– 250 : deux cent cinquante.

- Si le nombre comprend un nombre inférieur à cent dans sa rédaction, on met un trait d'union sur ce petit nombre :

– 1432 : mille quatre cents trente-deux ;

– 700 453 : sept cent mille quatre cent cinquante-trois.

# 4 Téléphone, fax

Les indicatifs de téléphone et de fax s'écrivent en espaçant chaque nombre :

– Téléphone/Fax : 01 44 50 26 18.

# 5 Les énumérations

Elles sont introduites par deux points. Les énumérations de premier rang, c'est-à-dire celles lues en premier dans un texte, sont introduites par un tiret et se terminent par un point-virgule, sauf le dernier mot de l'énumération, qui se termine par un point final.

**Exemple : Les supports suivants seront utilisés :**
**- cartes de visite ;**
**- papier en-tête ;**
**- enveloppes ;**
**- pochettes à rabat.**

Les énumérations de second rang, c'est-à-dire les sous-tirets des énumérations de premier rang, sont introduites par un tiret décalé et se terminent par une virgule.

**Exemple : Pour réaliser cette recette complète, il faudra prévoir :**
**- les ingrédients du plat principal ;**
**- les ingrédients du dessert, dont :**
  **- 1 litre de lait,**
  **- 250 grammes de beurre,**
  **- 1 sachet de sucre vanillé,**
**- les ingrédients de l'entrée ;**
**- les ingrédients des cocktails.**

## 6 Les espaces en usage avec les signes de ponctuation

- Points et virgules sont suivis d'un espace.

**Exemple : « Depuis tout petit déjà je regardais vers l'horizon. Cet horizon lointain, inaccessible, dangereux mais pourtant si attractif ».**

- Points d'interrogation, points d'exclamation, points-virgules et deux-points sont suivis d'un espace et précédés d'une espace insécable : cet espace automatique sous Word relie le mot à sa ponctuation sans les séparer en cas de changement de ligne.

**Exemple : « Enfin seul ! Il était temps. Je me demandais : "Qu'allons-nous devenir maintenant ?" ».**
**Il sortit de la grange ; il pleuvait, l'herbe était déjà mouillée.**
**Je lui ai tout expliqué : comment je suis entré dans la maison, comment j'ai démarré la voiture.**

- Les guillemets ouvrants ou fermants sont, respectivement, précédés ou suivis d'une espace insécable.

**Exemple : « Attention, derrière vous ! »**

- Les parenthèses ou crochets ouvrants sont précédés d'un espace. Les parenthèses ou crochets fermants sont suivis d'un espace.

**Exemple : « Il sortit de la grange (au sud de la maison) à toute vitesse. »**

- Les apostrophes et traits d'union ne sont ni précédés ni suivis d'espaces.

**Exemple : L'arbre de l'assistant.**

- Le tiret est précédé et suivi d'un espace.

**Exemple : 16 octobre – sombre journée.**

- Les points de suspension sont suivis d'un espace.

**Exemple : L'histoire ne fait que commencer... le meilleur reste à venir.**

# Les épreuves professionnelles

# 5

# 56 Le projet de communication

**La présentation d'un projet est régie par des règles simples mais efficaces. La trame de présentation et la logique d'expression demeurent les mêmes pour les niveaux BAC, BAC+2, Licence ou Master, devant un jury ou même dans la vie active face à un client ou un responsable.**

## 1 L'essentiel

Durant cet exercice, il faut garder en tête son objectif : présenter le projet pour obtenir l'approbation du jury ou la validation de son interlocuteur professionnel. Pendant cette épreuve orale, le travail fourni est évalué. Il doit être le résultat d'une implication sérieuse. Des points essentiels doivent être soignés :

- la tenue face au jury (tenue vestimentaire professionnelle, ton employé à l'oral, position des mains, posture droite…) ;
- l'expression et l'utilisation d'un vocabulaire professionnel ;
- la gestion du temps (respect du temps imparti) ;
- la cohérence et la structure de l'exposé ;
- la justification de la démarche et des choix effectués ;
- le pouvoir de conviction ;
- la capacité d'écoute face aux remarques de l'interlocuteur ;
- l'implication personnelle dans le projet ;
- la cohérence du budget par rapport à la demande.

## 2 Le monologue

Un oral de projet se découpe en deux grandes parties, dont la première est la phase de présentation en monologue.

Avant de débuter, il est recommandé de préciser le temps imparti. Il sera ensuite possible de présenter sans être interrompu toute la démarche de projet, la stratégie de communication, les solutions préconisées, le budget et le rétro-planning. Tous ces éléments doivent bien sûr être scrupuleusement justifiés. N'oublions pas que chaque centime dépensé doit l'être pour une bonne raison, il faut donc justifier ses choix !

Il est possible de s'appuyer sur un diaporama, qui apportera une illustration aux propos tenus et donnera du dynamisme à la présentation. Un bon diaporama est un diaporama concis, sans trop de texte, avec beaucoup de photos, maquettes et schémas. En bref, il vaut mieux conférer un aspect ludique à ce support. En revanche, il ne faut pas surcharger les diapositives d'un festival d'animations, qui donneraient une image trop peu professionnelle. L'interlocuteur est là pour juger le fond de la réflexion, non pas la mise en scène.

Donner des annexes papier au fur et à mesure du déroulement de la présentation ajoutera du rythme et impliquera le jury/client/responsable en créant un lien d'empathie avec ce dernier.

Une fois la présentation terminée, l'indiquer à l'interlocuteur en l'invitant à approfondir certains points. La seconde partie peut maintenant commencer.

## 3 Le dialogue

L'interlocuteur reviendra sur des points qui lui paraissent flous. Il faut alors reformuler son explication et amener une nouvelle justification afin de ne jamais perdre la main dans la discussion. L'interlocuteur ne doit douter à aucun moment de l'investissement personnel déployé. Chaque question doit trouver une réponse, chaque remarque une explication et chaque élément gênant une contreproposition. Le tout est de ne pas se laisser déstabiliser : peu importe le ton employé par l'interlocuteur, il faut rester confiant, conserver une attitude professionnelle et surtout ne pas se laisser submerger par ses émotions.

Les explications peuvent être appuyées par de nouvelles annexes non présentées à dessein en première partie afin de garder des éléments pour rebondir en cas de déstabilisation.

À la fin de cette période, remercier l'interlocuteur de son attention, et lui rappeler que l'on reste à son entière disposition pour des renseignements complémentaires ; le saluer en partant.

## 4 Les 10 conseils en or

- Bien s'habiller.
- Bien se coiffer (et bien se raser pour les hommes).
- Parler d'une voix posée.
- Sourire et être, en toutes circonstances, agréable.
- Ne pas répondre simplement par oui ou par non. Développer et argumenter les réponses.
- Utiliser un ton et un vocabulaire professionnels.
- Donner les annexes au fur et à mesure.
- Diffuser à l'écran les annexes ou supports numériques.
- Justifier toutes les informations.
- Remercier à la fin de l'oral.

## 5 Plan d'un diaporama de présentation de projet

**1e partie :** Prise en charge du dossier annonceur
Diapo 1 : Présentation de l'annonceur
Diapo 2 : Matrice SWOT
Diapo 3 : Problématique
Diapo 4 : Positionnement
Diapo 5 : Objectifs de communication
Diapo 6 : Cibles de communication
**2e partie :** Réalisations
Diapo 7 : Stratégie créative
Diapo 8 : Présentation des solutions média (il est possible d'utiliser une diapo par solution de communication)
Diapo 9 : Présentation des solutions hors-média (il est possible d'utiliser une diapo par solution de communication)
**3e partie :** Suivi
Diapo 10 : Le rétro-planning ou diagramme de Gantt
Diapo 11 : Le budget
Diapo 12 : Conclusion
Ce plan doit servir de base à toute présentation. Il est conseillé de l'étoffer avec les différents éléments récoltés pendant toute la préparation du projet.

# 57 L'entretien de communication

**Lorsqu'un jeune diplômé en communication obtient son premier emploi de commercial en solutions de communication, il est confronté à des acheteurs plus ou moins avertis. Il doit donc respecter certains points.**

## 1 Présentation face à l'acheteur

### A La forme

Il faut se présenter face à l'annonceur dans une tenue professionnelle : les jeans, baskets et t-shirts sont à donc proscrire. Les cheveux longs doivent être attachés et les bijoux peu encombrants. Enfin, le commercial doit préférer la position debout à celle assise car il est ainsi plus à l'aise pour argumenter.

Même si la présentation du vendeur n'est pas réellement primordiale, elle reflète l'implication dans l'entretien.

### B Le fond

C'est au moment de la présentation qu'il faut exposer la majorité des supports à sa disposition : Powerpoint retraçant l'ensemble des solutions de communication de l'entreprise, plaquette, *book*, etc., tant au niveau de la vente d'espaces publicitaires que de l'achat de prestations. Il ne faut toutefois pas se laisser déstabiliser par le comportement de l'acheteur.

Il faut être vigilant en utilisant une présentation Powerpoint: celle-ci doit imager la présentation orale, et non pas être lue. Il faut ici que l'empathie soit créée avec l'acheteur.

### C Le temps

Il faut s'entraîner à gérer le temps car l'acheteur peut être agacé par une présentation trop longue s'il a des rendez-vous qui s'enchainent, ou tout simplement son activité à assumer.

Il faut penser à conclure la présentation des solutions de communication en faisant une reformulation pour que l'annonceur soit imprégné de la proposition faite.

## 2 Les questions de l'annonceur

Cette seconde partie est consacrée aux questions de l'acheteur. Ce dernier reviendra sur certains éléments, ou tous les éléments de la proposition commerciale. Tout dépend de sa stratégie, de son humeur. C'est à ce moment qu'il est recommandé de déployer l'arsenal d'arguments ou de supports de vente restants pour appuyer la présentation. Il ne faut pas se contenter de répondre par oui ou par non. Chaque question du client est une perche tendue afin de pousser le commercial à expliciter l'offre.

C'est ici la capacité d'argumentation qui est mise à rude épreuve.

# Cas pratiques

# 6

ENTRAINEMENT

CAS PRATIQUE **N° 1**

# Préparer une campagne publicitaire

**Assistant(e) chargé de projet pour l'agence Gotam Communication, vous êtes intégré(e) à l'équipe projet pour le dossier de l'annonceur Bilboa. Cette entreprise fabrique et commercialise du mobilier de jardin en bois.**
**Le chef de publicité de l'agence Gotam revient de son premier entretien avec le directeur de la société Bilboa. Aussitôt, votre responsable vous demande de prendre en charge le dossier.**

## → La prise en charge du dossier

**Question 1**

Dans un premier temps, vous vous imprégnez du contexte général de l'entreprise Bilboa à partir du *brief* client fourni par le chef de publicité (Document).
Réalisez un diaporama de présentation pour le second rendez-vous avec l'annonceur. Pour cela, bâtissez une matrice SWOT, rédigez un diagnostic et établissez une problématique de communication.

**Question 2**

Après la page de la problématique de votre diaporama, faîtes apparaître le positionnement de l'entreprise, ses objectifs et ses cibles de communication.

## → Les propositions de solutions

**Question 3**

À la suite de cela, listez, à travers une stratégie des moyens, l'ensemble de vos propositions de communication. Préparez en annexe le cahier des charges de ces solutions.

**Question 4**

Budgétisez chacune des solutions de communication.

## → Le suivi de réalisation

**Question 5**

Pour terminer, construisez un rétro-planning de l'ensemble de votre campagne en mettant en évidence chaque étape du projet.

## *Document* *Brief* du premier rendez-vous

gotam communication

### *Brief* du premier rendez-vous

*Client :* Société Bilboa
*Date du RDV :* 31 juillet
*Personnes présentes :* M. Titouan S. (Directeur Bilboa)
M. Lubin P. (chef de pub Gotam)

### → Analyse interne

***Notoriété :*** Bilboa bénéficie d'une notoriété spontanée assez faible dans le domaine du mobilier de jardin. Toutefois, le nom de l'entreprise est connu du grand public.

***Historique :*** La société a été créée en 1971. La même famille est toujours à la tête de la direction. Le père fondateur était très aimé de ses salariés. Le fils aîné est maintenant PDG de Bilboa ; il souffre d'une mauvaise image suite au plan social de 2005 ayant supprimé 255 emplois. Il n'y a pourtant eu aucune délocalisation de la production.

***Communication antérieure :*** De nombreux supports de communication commerciale existent. Le slogan « créateur de bien-être naturel » est accrocheur. Bilboa ne possède pas de site Web ni de présence contrôlée sur Internet. Aucun support de communication *corporate*. L'identité visuelle est vieillissante. Les supports de communication sont écrits seulement en français.

***Clientèle :*** Une clientèle importante de particuliers en vente directe au magasin d'usine. La clientèle est satisfaite des produits de la marque. Il existe une clientèle professionnelle : les revendeurs et les distributeurs. Attention tout de même, car les particuliers sont les clients de ces revendeurs et distributeurs.

***Offre :*** Large gamme de produits : du tabouret à l'ensemble de jardin. La fabrication est issue de bois labellisés. La gamme est exclusivement composée de produits en bois. Il n'y a pas d'autres matériaux.

***Politique de prix / Gamme :*** La gamme de produits est considérée comme haut de gamme. Il existe tout de même une large fourchette de prix. Il existe des tarifs dégressifs pour les commandes en grandes quantités. Les prix des concurrents sont plus attractifs pour les particuliers.

### → Analyse externe

***Concurrence :*** Les produits concurrents sont de moins bonne qualité. Beaucoup de concurrents ne respectent pas les chartes de qualité environnementale. Très peu produisent en France. Il existe une forte concurrence des produits de marque des distributeurs d'enseignes de grandes surfaces spécialisées. Les tarifs des concurrents sont plus attractifs pour les particuliers.

***Marché :*** Le marché du mobilier extérieur est en plein essor. Il s'ouvre vers les pays émergents. Les pays des nouveaux marchés n'ont pas l'habitude d'achats de mobilier extérieur haut de gamme. Les réflexes d'achat sont tournés vers d'autres matériaux : métal ou plastique.

DOCUMENTS

***Cadre législatif*** : Bilboa est certifiée ISO 14001. Ses produits sont fabriqués à partir de bois labellisés PEFC et FSC et possèdent la norme NF. Toutefois, la norme ISO 14001 impose des procédures de travail ralentissant la productivité de l'entreprise.

***Zone de chalandise*** : La société Bilboa est leader sur le marché français, suiveur sur le marché européen et pénètre tout juste le marché sud-américain. La distance importante des nouveaux marchés et l'augmentation du prix du pétrole font grimper les frais de port.

### → Remarques diverses

Bilboa souhaite améliorer son image de marque en démontrant son savoir-faire de qualité et en imposant une fabrication « Made in France ». Elle souhaite impacter le public à l'occasion de sa nouvelle collection d'ensemble de jardin. Le budget de l'annonceur est de 53 000 €.

CAS PRATIQUE **N° 2**

# Sélectionner et évaluer des prestataires

**Vous êtes assistant communication de l'entreprise de messagerie express Chronéo. Cette PME locale a décidé de mettre en place une plateforme exclusivement réservée à sa clientèle sur son site Internet. Les clients pourront ainsi réserver en direct un coursier et suivre le processus d'acheminement de leur colis en temps réel.**
**Pour mener à bien ce projet, un cahier des charges précis sur les fonctionnalités et les objectifs à atteindre de ce site a été clairement établi.**
**Le responsable communication de Chronéo vous confie la mission importante de sélectionner et d'évaluer différents prestataires susceptibles de créer ce site Internet.**

## → L'évaluation technique du prestataire

**Question 1**

Recherchez sur Internet au moins 3 prestataires (*webmaster freelance*, agence de communication, cabinet de *webdesign*..) susceptibles de réaliser un site Internet de logistique. Servez-vous d'une recherche simple sur moteur de recherche et/ou d'annuaires en ligne.

**Question 2**

Établissez une fiche d'identité de chaque prestataire en vous appuyant sur le document 1. Vous indiquerez: le nom du prestataire, ses coordonnées téléphoniques et e-mail, son adresse postale, son site Internet et, éventuellement, le nom d'un contact (commercial, chef de projet...).

**Question 3**

Renseignez une matrice classique d'évaluation (Document 2) par prestataire à partir des informations recueillies sur le site Internet de ces derniers.

**Question 4**

Rédigez une note de synthèse à M. Xavier, responsable de la communication de la société Chronéo, en indiquant le nom du prestataire sélectionné et les éléments qui justifient votre choix.

## → L'élaboration et la diffusion d'éléments techniques

**Question 5**

Réalisez une maquette d'arborescence à envoyer au prestataire afin qu'il puisse au mieux appréhender la demande initiale.

**Question 6**

Choisissez un format informatique adéquat afin d'acheminer cet élément technique.

DOCUMENTS

## Document 1 Fiche d'identité du prestataire

FICHE D'IDENTITÉ PRESTATAIRE

**Nom :** .................................... **Type de prestation :** ..........................

**Adresse :** ......................................................................................

......................................................................

**Site Web :** .................................... **Tél :** .../.../.../.../.../

**E-mail :** .................................... **Fax :** .../.../.../.../.../

**Contact :**

......................................................................

......................................................................

**Prestataire consulté lors du dossier :**

| *Date* | *Nom du dossier/projet* | *Résultat de la consultation* |
|---|---|---|
| .......... | .................................... | .................................... |
| .......... | .................................... | .................................... |
| .......... | .................................... | .................................... |

**Remarques particulières :**

......................................................................................

......................................................................................

......................................................................................

## Document 2 Matrice de choix classique

**Nom du prestataire :** **Référence dossier :**

**Type de prestation :** **Coordonnées téléphoniques :** **Date :**

| Critères \ **Évaluation** | *Insuffisant (note 0 ou 1)* | *Passable (note 2)* | *Satisfaisant (note 3)* | *Très satis-faisant (note 4)* | ***Sous-total*** |
|---|---|---|---|---|---|
| Maîtrise des dernières technologies de programmation Web | | | | | |
| Qualité graphique des réalisations | | | | | |
| Ergonomie proposée | | | | | |
| Originalité et créativité dans la démarche | | | | | |
| Compétence en termes de référencement naturel | | | | | |

**TOTAL .../20**

CAS PRATIQUE N° 3

# Mise en œuvre et suivi d'un événement

**Vous êtes chargé de projet événementiel au sein d'une association sportive qui organise une course féminine à Avignon : L'Avignonnaise.**
**Cette course originale rassemble des coureuses de 7 à 77 ans. L'édition de cette année aura lieu le 15 avril prochain.**
**Le président de l'association vous missionne de la communication complète de l'événement.**

## → L'élaboration de messages et de maquettes

**Question 1**

Rédigez un communiqué de presse à destination de la presse locale en respectant les règles de rédaction de ce type de document.

**Question 2**

Réalisez la maquette papier (*rough*) du *flyer* en intégrant les éléments suivants.
- Nom de la course : L'Avignonnaise.
- Date : 15 avril prochain.
- Positionnement : course féminine de 6 km.
- Départ : parking de l'Orange Bleue à 10 h.
- Emplacement des logos de 6 sponsors (matérialisés par des carrés blancs).
- Mentions obligatoires.
- Inscriptions : sur place.
- Prix du dossard : 8 €, à régler sur place.

## → La réalisation d'opérations de communication

**Question 3**

Mobilisez les ressources humaines (Document 1) disponibles par tâches en concevant un tableau sous Word similaire à la grille du document 2. Prenez en compte les contraintes suivantes.
- Il faut au moins 15 signaleurs sur le parcours.
- Vous pouvez allouer une même personne sur plusieurs tâches, tant que les plages horaires des tâches ne se chevauchent pas.

## → La mise en œuvre et le suivi d'une production

**Question 4**

Vérifiez que le BAT envoyé par le graphiste (Document 3) est conforme et qu'il ne manque aucun élément. Si vous identifiez des oublis, rédigez un e-mail afin de demander des rectificatifs et pouvoir ainsi procéder aux ajustements techniques.

DOCUMENTS

## *Document 1* Ressources humaines

| Liste des bénévoles présents | | |
|---|---|---|
| Laurence | Lise | Romain |
| Cathy | Pascal | Julien |
| Roland | Jean-Noël | Sylvana |
| Vincent | Priscilla | Marie-Jeanne |
| Laurent | Alessandra | Joséphine |
| Sandrine | Gisela | Valérie |
| Lubin | Chantal | Xavier |
| Titouan | Audrey | Maxime |
| Tangui | Caroline | Lindsey |
| Marlo | Karine | Serge |
| Matthieu | Stéphane | Mélanie |

## *Document 2* Conducteur de la course

| Heures | Tâches | Personnes allouées |
|---|---|---|
| 7 h / 10 h | Installation de la signalisation, du fléchage et des barrières. | |
| 9 h 30 | Accueil des participantes | |
| 10 h / 11 h 30 | Course | |
| 11 h 30 / 12 | Remise des prix | |
| 11 h 30 / 12 h | Administration des questionnaires | |
| 12 h / 13 h 30 | Apéritif + Buffet | |
| 13 h / 16 h | Rangement des installations | |
| 13 h / 16 h | Nettoyage du site | |

## *Document 3* Bon à tirer

# Bon à tirer

Client : Association Sport Event

Création : Bulletin d'inscription

"Bon à tirer"

Date :

Cachet et signature :

CAS PRATIQUE N° 4

# Prospecter

**Radio Citadelle Carcassonne est une radio associative indépendante créée par M. Éric Biraud, l'un des pionniers des radios libres sur la région de Carcassonne. Vous êtes commercial(e) au sein de Radio Citadelle Carcassonne, embauché(e) à l'essai pour une période de 3 mois et chargé(e) de vendre des espaces publicitaires aux commerçants pour la traditionnelle grande fête du vin « Les Découvertes », qui comprend de nombreux stands implantés dans le cœur de ville pour promouvoir les vins AOC de la région.**

Le nombre d'auditeurs quotidien de Radio Citadelle Carcassonne est estimé à 15 300 selon l'organisme de certification des audiences Médiamétrie, au 15/04/N. Son audience en nombre d'auditeurs sur Carcassonne a progressé de 74 % depuis deux ans en raison d'une programmation originale (à la recherche de nouveaux et jeunes talents locaux) et d'un bulletin d'information sur la vie locale et culturelle. Le grand quotidien régional *La dépêche du Midi* vient d'ailleurs tout juste de lui attribuer le prix de la radio numéro 1 suite à une enquête auprès de ses lecteurs, qui apprécient la qualité et la proximité du bulletin d'information.

Le seul concurrent direct de Radio Citadelle Carcassonne est Radio Carcas, une radio associative implantée beaucoup plus récemment dans la ville, qui vise un public âgé de 35 ans et plus, mais qui développe maintenant une politique commerciale agressive. Régionalement, les autres concurrents qui diffusent des spots publicitaires sont Skyrock, Fun Radio et NRJ, qui disposent d'une notoriété et d'une image nationales.

« Les Découvertes » organisées par la mairie se déroulent du 14 au 25 octobre N, période durant laquelle une sonorisation sera installée en centre ville et diffusera de la musique et des spots publicitaires. Cette manifestation connaît un succès grandissant, car de plus en plus fréquentée par des touristes grâce aux réductions de prix sur les billets d'avion de la compagnie Ryan Air.

Les spots publicitaires sont vendus et créés par Radio Citadelle Carcassonne, mais la diffusion sur la sonorisation de la manifestation est gérée par la mairie de Carcassonne, avec le soutien d'un technicien spécialiste. Cette année, suite à des critiques des annonceurs, la municipalité a investi dans du matériel de très bonne qualité sonore.

Vous faites une prospection téléphonique auprès des commerçants du centre-ville.

**Question 1**

Construisez un plan de découverte.

**Question 2**

Concevez un CAP selon SONCAS.

**Question 3**

Réalisez un plan d'appel téléphonique.

**Question 4**

Construisez un portefeuille annonceurs et segmentez-le.

**Question 5**

Élaborez un plan de prospection et évaluez votre prospection en vous appuyant sur le document 5.

DOCUMENTS

## *Document 1* L'audience de Radio Citadelle

20 200 auditeurs quotidiens et 1er prix de la radio associative.
Taux de pénétration sur la ville : 22 %.
60 % des auditeurs appartiennent au segment 25-50 ans.
+ 15 % d'audience lors des « Découvertes ».

## *Document 2* Tarifs des annonces pour l'événement « Les Découvertes »

| **Annonces radio** | | |
|---|---|---|
| 5 spots par jour | 55 spots | 169 euros HT |
| 7 spots par jour | 77 spots | 239 euros HT |
| **Annonces sur la manifestation + annonces radio** | | |
| 3 spots par jour | 66 spots | 219 euros HT |
| 5 spots par jour | 110 spots | 335 euros HT |
| 7 spots par jour | 144 spots | 449 euros HT |

## *Document 3* Conditions générales de vente

| | |
|---|---|
| **Frais de conception** | 25 euros HT<br>(ils ne peuvent pas être offerts) |
| **Remises** | Pas de remise possible si 3 spots par jour<br>5 % si 5 spots par jour<br>10 % si 7 spots par jour |
| **Paiement** | Paiement en 2 fois possible |
| **Programmation** | Chaque annonceur pourra programmer les heures de passage de son message par journée en fonction des espaces disponibles au moment de la signature du bon de commande. |
| **TVA** | 19,6 % |

ENTRAINEMENT

## *Document 4* Bon de commande

| | | |
|---|---|---|
| | | Radio Citadelle |
| Signature du client : | | Société :<br>Nom :<br>Coordonnées : |
| Annonce radio | 5 spots<br>7 spots | |
| Annonce sono + radio | 3 spots<br>5 spots<br>7 spots | |
| Frais de conception | | 25 € |
| | Total HT | |
| | Remise | |
| | Total TTC | |

## *Document 5* Résultats obtenus au cours de la prospection

| Nombre d'appels | Nombre de prospects contactés | Nombre de contrats de partenariat | Nombre de coordonnées erronées | Nombre de prospects ne voulant pas renouer le partenariat |
|---|---|---|---|---|
| 38 | 25 | 4 | 6 | 2 |

CAS PRATIQUE **N° 5**

# Évaluer le potentiel client

**Vous êtes l'assistant de M. Crêche, qui a créé son agence de communication Com'Action en 1970, à Sochaux. Forte de son expérience, cette agence compte de nombreux clients mais elle doit aujourd'hui faire face à l'arrivée d'un nouveau concurrent. M. Crêche souhaite renforcer sa gestion de la relation annonceurs.**

**Question 1**

M. Crêche vous demande de mettre en place un questionnaire de satisfaction, qui sera administré après chaque prestation.
Construisez un questionnaire d'environ 5 questions pour évaluer le degré de satisfaction des annonceurs après une prestation de communication fournie.

**Question 2**

M. Crêche vous sollicite pour étudier son portefeuille annonceurs (Document 1) afin de mettre en place des actions de fidélisation.
Présentez, dans un tableau, votre évaluation globale par client selon la méthode RFM associée aux scores que vous avez préétablis (Document 2).

**Question 3**

Commentez vos résultats à M. Crêche.

**Question 4**

Maintenant que vous avez évalué la valeur de chaque client, vous devez mettre en place votre action de fidélisation. M. Crêche a pensé proposer une remise variable selon le statut de l'annonceur. Il vous demande donc de créer un e-mailing pour proposer cette offre.
Rédigez l'e-mailing envoyé aux clients de M. Crêche pour les informer des remises présentées dans le document 3.

DOCUMENTS

### *Document 1* Extrait du fichier des clients au 01/10/N

| Clients | Villes | Codes postaux | Date du dernier achat | Nombre d'achats annuels | Montant moyen en € d'un achat HT |
|---|---|---|---|---|---|
| AUCHAN | SOCHAUX | 25600 | 21/08/N | 15 | 20 500 |
| CASTORAMA | SOCHAUX | 25600 | 25/09/N | 6 | 12 500 |
| CARREFOUR | SOCHAUX | 25600 | 28/09/N | 12 | 10 500 |
| PME SOLAZ | SOCHAUX | 25600 | 10/04/N | 2 | 2100 |
| MARIE BLACHERE | MONTBELIARD | 25200 | 04/05/N | 1 | 8 000 |
| VULCO PNEUS | BELFORT | 90000 | 23/03/N | 3 | 11 000 |
| INTERMARCHÉ | SOCHAUX | 25600 | 10/08/N | 7 | 9 000 |
| DÉCATHLON | AUDINCOURT | 25400 | 14/08/N | 4 | 12 500 |
| TOYS'R US | BELFORT | 90000 | 05/06/N | 3 | 18 000 |
| GARAGE API | MONTBELIARD | 25200 | 10/07/N | 1 | 2 200 |

### *Document 2* Critères de notation

| | |
|---|---|
| Récence | 6 points si achat dans les 3 derniers mois |
| | 3 points si achat dans les 6 derniers mois |
| | 1 point si achat dans l'année |
| Fréquence | 6 points si 10 achats ou plus dans l'année |
| | 3 points entre 5 et 9 achats |
| | 1 point si moins de 5 achats |
| Montant | 6 point si CA moyen > à 20 000 € |
| | 3 points si 10 000 € < CA moyen > 20 000 € |
| | 1 point si CA moyen < 10 000 € |

### *Document 3* Actions de fidélisation par score

Si le score obtenu est supérieur à 10 points : 30 % sur la prochaine commande.
Si le score obtenu est compris entre 7 et 10 points : 20 % sur la prochaine commande.
Si le score obtenu est inférieur à 7 points : 10 % sur la prochaine commande.

CAS PRATIQUE **N° 6**

# Gérer les relations commerciales avec un prestataire

**Dans la ville de Digoin, en Saône-et-Loire, aux portes de la Bourgogne, Julien et Christine Lancelot dirigent depuis plus de 10 ans une agence de communication : J2C. Véritable lien entre les prestataires et les annonceurs, son activité consiste à acheter et à revendre des espaces publicitaires (spots radio, affichage 4x3, encarts presse...).**
**Un gros client de l'agence, la société RIS, contacte le couple Lancelot car il a besoin de supports publicitaires. Vous êtes assistant(e) de communication dans l'entreprise J2C ; Julien Lancelot vous soumet la commande de la société RIS.**

## → Sélectionner un prestataire

**Question 1**

Formalisez le cahier des charges des supports publicitaires souhaités par le client RIS à partir du document 1.

**Question 2**

Recherchez des prestataires potentiels pour ces différents supports à partir d'annuaires professionnels de votre choix (Kompass, Pages Jaunes...).

**Question 3**

Choisissez un moyen pour transmettre votre cahier des charges.

**Question 4**

Comparez l'offre du prestataire Marius avec celle de la société Fabio (documents 2 et 3). Faites des observations. Expliquez sur quels critères de l'offre vous allez porter votre attention. Hiérarchisez-les et construisez un tableau multicritères pour effectuer un choix.

## → Conduire un entretien d'achat

La société Fabio souhaite obtenir un rendez-vous avec Julien Lancelot demain après-midi pour discuter de son offre. Malheureusement, ce dernier doit s'absenter pour la journée. Il vous charge de recevoir le commercial du fournisseur Fabio, M. Vinera. Vous décidez de travailler votre argumentation afin de réussir votre négociation.

**Question 5**

Détaillez vos arguments de négociation et établissez votre plan de négociation.

## → Gérer les relations avec les prestataires

Vous avez finalement choisi le prestataire qui vous semblait le plus approprié.

**Question 6**

Établissez une fiche d'évaluation de ce prestataire.

**Question 7**

Étoffez votre fichier prestataires avec des fournisseurs de type salle de séminaire à l'aide des supports précédemment cités.

DOCUMENTS

## *Document 1* Supports demandés par le client RIS

20 Kakémonos format A1 = 59,4 x 84 cm
8 Bannières 2 m x 1 m quadrichromie
6 Bannières 2 m x 1 m monochrome
100 Clés USB 8 GO personnalisée
5 Panneaux alu 1 m x 0,40 m

## *Document 2* Proposition de la société Marius

MARIUS
111, chemin des Granettes
55000 BAR-LE-DUC

Société J2C
M. Julien LANCELOT
Rue des Saules
71160 DIGOIN

Objet : V/appel d'offres du 13/06/N

Bar-le-Duc, le 16 juin N

OFFRE DE PRIX
Nous vous proposons les prix suivants :

- Kakémono à 62 € l'un
- Bannières 2 m x 1 m quadrichromie à 49 € l'un
- Clé USB 8 GO personnalisée à 12 € l'une
- Bannières 2 m x 1 m monochromes à 35 € l'une
- Panneau alu 1 m x 0,40 m à 46 € l'un

Le délai de livraison est de 8 jours à réception de la commande.
Le paiement se fait par traite à 30 jours.
- 5 % pour une commande de 1000 à 2000 € ;
- 7 % pour une commande de 2000 à 3000 € ;
- 10 % au-dessus de 3000€.

J. PASCAL
Responsable commercial

**Document 3 Proposition de la société Fabio**

SA FABIO
Bd Salvador Allende
52115 SAINT-DIZIER

Société J2C
M. Julien LANCELOT
Rue des Saules
71160 DIGOIN

Objet : V/appel d'offres du 13/06/N

Saint-Dizier, le 15 juin N

Nous avons bien reçu votre demande et vous remercions de l'intérêt que vous portez à notre entreprise.

| | |
|---|---|
| · Kakémono | à 65 € l'un |
| · Bannières 2 m x 1 m quadrichromie | à 42 € l'un |
| · Clé USB 8 GO personnalisée | à 13 € l'une |
| · Bannières 2 m x 1 m monochromes | à 30 € l'une |
| · Panneau alu 1 m x 0,40 m | à 45 € l'un |

Livraison sous quinzaine
Franco de port
Remise de 10 %
Paiement par traite à 60 jours fin de mois

Le service commercial
J.-C. Manique

ENTRAINEMENT

CAS PRATIQUE N°7

# Mettre en œuvre un plan de prospection

**L'agence Ostrale est une agence de communication spécialisée en environnement. Elle propose tous types de prestations de communication. Cette société cible des acteurs de l'écologie, de la protection de l'environnement et du développement durable.**
**Située depuis 2003 à Avignon, l'entreprise souhaite constituer un fichier de prospection dans lequel seront répertoriées les entités susceptibles d'être intéressées par son offre liée à la communication « environnementale ».**
**Voici quelques exemples de clients de cette agence : mairie du Thor, Art Nat (jardins écologiques méditerranéens), Épur Nature (épuration et piscines naturelles), Primetech (brumisation), Fredon PACA (recherche en agronomie), E²R² (recherche de déperdition d'énergie).**
**Vous venez d'être recruté(e) en tant que chargé(e) de communication dans cette agence ; pour vous donner un aperçu de sa clientèle, le dirigeant Clément Céma vous confie certaines tâches.**

**Question 1**

Listez 5 secteurs d'activités à cibler.

**Question 2**

L'équipe de l'agence s'est procuré un fichier d'entreprises auprès de la CCI (chambre de commerce et d'industrie) du Vaucluse. Analysez tout d'abord ce fichier (Annexe) afin de dégager les critères de classification des futurs annonceurs.

**Question 3**

Une fois les critères de classification trouvés, segmentez votre portefeuille en déterminant des objectifs de développement par segments.

**Question 4**

L'équipe commerciale est constituée de trois membres :
- Jérémy Duplant, attaché commercial (3 ans d'ancienneté dans l'agence) ;
- Laurie Luciano, attachée commercial (6 mois d'ancienneté dans l'agence) ;
- Michel Garcia, directeur commercial (7 ans d'ancienneté dans l'agence).

Organisez un planning de prospection pour l'équipe commerciale sur une durée d'un mois. Pour cela, aidez-vous d'un diagramme de Gantt.

| Code et CP VILLE | Société | Nom commercial | Activités CFE principales | Ligne 1 adresse établissement | Civilité abrégée | Identification |
|---|---|---|---|---|---|---|
| 84000 AVIGNON | | ROSES D ORIENT | VENTE DE ROBES DE SOIREES ET ACCESSOIRES | 71 B AV MONCLAR | MME | MAAROUF NADIA |
| 84000 AVIGNON | | EXPERIENCE PROVENCE | TRANSPORT PUBLIC DE VOYAGEURS CONCIERGERIE | 54 R JUAN MIRO | MME | BOYER MARLENE |
| 84000 AVIGNON | ZOREOLE EXPRESS | ZOREOLE EXPRESS | TRANSPORT MOINS DE TROIS TONNES CINQ LIVRAISONS | 37 AV PIERRE SEMARD | M | HUET LUDOVIC |
| 84000 AVIGNON | | | TRAITEUR ORGANISATION DE RECEPTION | LES HALLES CENTRALES | M | CHARVET JULIEN |
| 84000 AVIGNON | STOPALE | STOPALE | GESTION DE FONDS LOUEUR DE FONDS | 6 AV FRANCOIS MAURIAC | M | TANZI PIERRE |
| 84000 AVIGNON | SARL MAXIMMO | | ACTIVITES DE MARCHAND DE BIENS | 21 R DE LA BALANCE | M | ASSOULY DAVID |
| 84000 AVIGNON | LOUISE | AGENCE PROVENCE IMMO | AGENCE IMMOBILIERE | 28 B R JOSEPH VERNET | M | BOURGEON BRUNO |
| 84000 AVIGNON | AJR CONSEIL | | LE CONSEIL L'INGENIERIE LA REALISATION D'ETUDES TECHNIQUES EN TOUS DOMAINES | 80 R LAWRENCE DURELL | MME | BOUDET FRANCOISE |
| 84000 AVIGNON | AI TEC | | ASSISTANCE TECHNIQUE ET INGENIERIE | 135 AV PIERRE SEMARD | M | MOHATTA MOHAMED |
| 84000 AVIGNON | SUD APPUNTAMENTO | SUD APPUNTAMENTO | MARKETING DIRECT | 33 ROUTE DE MONTFAVET | M | GAL NICOLAS |
| 84000 AVIGNON | AUTO LEARNER | | LOCATION DE VEHICULES DE PERFECTIONNEMENT À LA CONDUITE ACCOMPAGNEE | MARCHE D'INTERET NATIONAL | M | CHASSOT MICHEL |
| 84000 AVIGNON | LES JARDINS COTE SUD ET MULTISERVICES | | SERVICES D'AMENAGEMENT PAYSAGER ENTRETIEN DES ESPACES VERTS MULTISERVICES | 29 AV SAINT RUF | M | CHACHOUA SAMI |
| 84000 AVIGNON | | | AGENCE DE RENCONTRE MATRIMONIALE ET TOUTES AUTRES ACTIVITES ACCESSOIRES SE RAPPORTANT A L ACTIVITE PRINCIPALE | 19 R REMPART SAINT DOMINIQUE | MME | THIOUX MARIE FRANCE |
| 84000 AVIGNON | | PRODEST CONSULTING | EXPORT IMPORT CONSULTING TRADUCTION ACCESSOIRES DE MODE AROMES ALIMENTAIRES PARFUMS INGREDIENTS ALIMENTAIRES | 4 PL DU MARECHAL JUIN | MME | REY EWA |
| 84000 AVIGNON | CALZADOS CASBOI SL | | COMMERCE DE PRODUITS TEXTILES DE CONFECTION MAROQUINERIE CHAUSSURES ARTICLES DE VOYAGE ET AUTRES ACCESSOIRES | 98 R JOSEPH VERNET | M | BOISSET JEAN PAUL |
| 84000 AVIGNON | | GALERIE DU PALAIS | GALERIE D'ART SOUVENIRS ARTICLES DE DECORATION ET CADEAUX POTERIE PLANTES | 1 R DE LA MONNAIE | MME | VAILLANT MICHELINE |
| 84100 ORANGE | RN TRANSPROVENCE | | TRANSPORT DE MARCHANDISES | 288 CHE DE VEYSONNE | M | NANCLARES RAMIRO |
| 84100 ORANGE | | | RESTAURATION DEBIT DE BOISSONS | 7 PL DES FRERES MOUNET | MME | JIMENEZ SONIA |
| 84110 CRESTET | | B.B TRANS IMPORT EXPORT | IMPORT EXPORT - IMPORTER DE L'ARTISANAT MAROCAIN ET LES VENDRE SUR LES MARCHES - EXPORTER DES PIECES DETACHEES AUTOS. | QU LA GLACIERE | M | BOUTAHIR BOUTAHAR |
| 84120 PERTUIS | ATEC HYDRO | | ASSISTANCE TECHNIQUE ETUDES ET CONSEILS EN HYDROGÉOLOGIE ET ENVIRONNEMENT. | QUA St Jean de Cros | M | DESAGHER ERIC |
| 84120 PERTUIS | | | ENTRETIEN PARCS ET JARDINS | CAM MATHIAS | M | AZAM PATRICK |
| 84120 PERTUIS | SKY | SKY | PROMOTION DE BIENS IMMOBILIERS MARCHANDS DE BIENS | 238 AV PHILIPPE DE GIRARD | M | SOTGIU SALVATORE |

| | | | | | | |
|---|---|---|---|---|---|---|
| 84130 LE PONTET | LA CAVE BIO SARL | | ELABORATION TRANSFORMATION ET COMMERCIALISATION DE VINS FINS ET SPIRITUEUX | 31 R JEAN VILLAR | M | BACHAS LAURENT |
| 84130 LE PONTET | V BOX | ADA BOX | SELF STOCKAGE GARDE MEUBLES LOCATION ESPACES DE STOC-KAGE LOCATION VEHICULES | 930 CHEMIN DU GRAND BOIS | M | BATTAGLIA VICTOR |
| 84210 LA ROQUE SUR PERNES | LES HAUTES TERRES | | PRESTATIONS DE SERVICES ADMI-NISTRATIVES ET COMMERCIALES | CHE DE LA CROIX VERTE | MME | VAN DEN BOSCH CHRISTINE |
| 84210 PERNES LES FONTAINES | CAMPING FONTAINES | CAMPING LES FONTAINES / LES PALMIERS | EXPLOITATION DE TERRAINS DE CAMPING | 125 CHE DE LA CHAPELETTE | M | BOURRAT PASCAL |
| 84210 PERNES LES FONTAINES | BLISS INC | BLISS | GESTION D UNE SALLE AVEC ANIMATIONS | 796 CHE DE ST GENS | M | DUVAL ANDRE |
| 84210 ST DIDIER | CVB CONCEPT | CVB CONCEPT | PRESTATIONS COMMERCIALES ET CONSEILS DANS LE BATIMENT | 6 CHE DU TINEL | MME | VANDEN BOGAERDE COLETTE |
| 84220 GORDES | BRIC TIDE | L INTEMPOREL | RESTAURATION TRADITIONNELLE SEMI GASTRONOMIQUE SERVICE DE PETITS DEJEUNERS | HAM DES GROS | M | GOVERNALE BRICE |
| 84220 JOUCAS | LUBERON MONTGOLFIERES | LUBERON MON-TGOLFIERES | TRANSPORT PUBLIC DE PASSA-GERS EN MONTGOLFIERE | LE MAS DE FOURNIGUIERE | MME | BOLTEN PIETERTJE |
| 84230 CHA-TEAUNEUF DU PAPE | | | CUISINIER A DOMICILE POUR PARTICULIER OU ENTREPRISE | 9 B R VILLE VIEILLE | M | MOURGES GEOFFROY |
| 84240 ANSOUIS | | LES MOISSINES | SALON DE THE RESTAURATION | GRAND RUE | MME | VUILLAUME VERONIQUE |
| 84250 LE THOR | LE SOLEIL DE M.I.M. | LE SOLEIL DE M.I.M. | COMMERCE DE PRODUITS FONC-TIONNANT A L'ENERGIE SOLAIRE ET SES DERIVEES | 127 CRS GAMBETTA | MME | BRONCHAIN MARIE-FRANCOISE |
| 84250 LE THOR | JET TRAVAUX | JET TRAVAUX | COURTAGE EN TRAVAUX IMMO-BILIERS | 281 COURS GAMBETTA | M | AUMONT JACQUES |
| 84250 LE THOR | SALVADORA | | LA DETENTION DE PARTS OU D ACTIONS DE SOCIETES D EXPER-TISE COMPTABLE | 1303 RTE DES VIGNERES | MME | CARTIER CAROLINE |
| 84250 LE THOR | | PA.R.C. | ESPACES VERTS ET ENVIRONNE-MENT CONCEPTION ET TRAVAUX | ZA SAINT LOUIS | M | RENSCH PAUL |
| 84290 CAIRANNE | MODERNLIVING | MODERNLIVING | ACHAT VENTE EN GROS DE DETAIL ET SUR INTERNET AINSI QUE LE NEGOCE D OBJETS DE DESIGH DE DECORATION DE MOBILIERS | RTE DE SABLET | MME | BONNEVILLE KATJA |
| 84300 CAVAILLON | SARL LES TERRES D ANNA | | ENTREPRISE AGRICOLE | 130 AV YVON DARIES | M | EL HMIOUI ABDELOUAHED |
| 84300 CAVAILLON | MEDITERRANEENNE COMMERCIAL CONSEILS | M2CO | REPRESENTATION COMMERCIALE PROSPECTION DE CLIENTELE INDICATIONS D AFFAIRES CONSEILS | 493 RTE DE ROBION | M | IMBERT FREDERIC |
| 84300 CAVAILLON | SWELL CONSULTING | SWELL CONSUL-TING | VENDRE DES CONSEILS SERVICES ET MARCHANDISES AUX FOUR-NISSEURS DES AGRICULTEURS | 75 DOM DE LA PLANE | M | DOSTES JEAN PIERRE |
| 84360 LAURIS | DUCHANAUD | | PARCS ET JARDINS DECORATION INTERIEURE ET EXTERIEURE AMEUBLEMENT | CHE DE PIECAUD | M | DUCHANAUD DAVID |
| 84370 BEDARRIDES | SARL O FOOT | O FOOT | ENTRAINEMENT DE FOOT DE SALLE ET AUTRES ACTIVITES SPORTIVES COMPETITION | 4 ALL DES PEUPLIERS | M | FABIANI FREDERIC |
| 84380 MAZAN | RIMB SOL | | PRODUCTION VENTE D ELECTRI-CITE SOLAIRE PHOTOVOLTAIQUE ET DE TOUTES ENERGIES RNOU-VELABLES | 480 CHE D AUBIGNAN | M | RIMBERT ALAIN |
| 84400 APT | | | EXPLOITANT FORESTIER ET ENTRETIEN PARCS ET JARDINS ET VENTE DE BOIS | 6 R ESTIENNE D ORVES | M | BONNET HUBERT |

| | | | | | | |
|---|---|---|---|---|---|---|
| 84400 APT | MILLA B | | TOUTES OPERATIONS SE RAPPORTANT A LA NEGOCIATION A L ACHAT ET A LA COMMERCIALISATION D ARTICLES DE PRET A PORTER | 66 RUE SAINT PIERRE | MME | CERDAN SEVERINE |
| 84400 APT | CONSINVEST | | LA REALISATION DE TOUTES PRESTATIONS DE SERVICES DE QQ NATURE QUE CE SOIT AUX ENTREPRISES OU SOCIETES | 169 PL DU SEPTIER | M | KALAYDJIAN MICKAEL |
| 84400 APT | NEW BIOLOGY SOLUTIONS | | TRAITEMENT DES EAUX DECHETS | SC LES EYGAUX | M | AMATO LUIGI |
| 84400 APT | NATURA ET CO | | ACHAT VENTE PRODUITS PHYTOSANITAIRES POTERIES MOBILIERS ET AGENCEMENTS DE JARDINS ET ESPACES VERTS | QU DU PLAN D EAU | MME | BROCHET BRIGITTE |
| 84470 CHATEAUNEUF DE GADAGNE | HOSERIS | | PRISE DE PARTICIPATIONS DANS TOUTES SOCIETES | 137 R DE LA FERIGOULO | M | COMBIER JEAN-FRANCOIS |
| 84480 BONNIEUX | | | VENTE SEDENTAIRE BROCANTE DEPOT VENTE | 25 R VOLTAIRE | M | GILS VINCENT |
| 84480 BONNIEUX | | LES EYDINS | CHAMBRES D HOTES | CHE DU FOUR | MME | BROERSMA HENDRIKA |
| 84490 ST SATURNIN D APT | GELYCO | GELYCO | AGENT COMMERCIAL DANS L IMMOBILIER | QU CHANTE COUCOU | MME | GOY LYNN |
| 84500 BOLLENE | PANOECO | PHOTOVOLTS | SYSTEMES DE PRODUCTION D ENERGIE ELECTRIQUE D ORIGINE RENOUVELABLE | 3 R AUGUSTE LOUIS | M | LALLEMAND ERIC |
| 84500 BOLLENE | CONTROL PLUS | | FORMATION CONTROLE VERIFICATION ET ETUDE ENGINS DE CHANTIER ET STRUCTURES BETONS ET ACIERS | AV JEAN MOULIN | M | GABRIEL SEBASTIEN |
| 84560 MENERBES | | LE CABANON DE MENERBES | VENTE DE NAPPES POTERIES DE PROVENCE TISSUS ARTICLES CADEAUX ARTICLES DE DECORATION | PL ALBERT ROURE | MME | BOURGEOIS BERNADETTE |
| 84600 GRILLON | C E C DISTRIBUTION | CEC DISTRIBUTION | VENTE EN L ETAT DE POMPES A CHALEUR DE TOUS EQUIPEMENTS ET FOURNITURES DE L HABITAT ET DE PIECES DETACHEES | RTE DE GRIGNAN | MME | CONTI ANNIE |
| 84700 SORGUES | CHALLENGE HARMONY | | SOCIETE HOLDING ANIMATRICE | 5 CLOS SAINT VINCENT | M | CHARLES XAVIER |
| 84740 VELLERON | ISOFROID SERVICE | ISOFROID SERVICE | ACHAT ET VENTE DE TOUS PRODUITS NEUFS ET OCCASIONS RELATIFS AU FROID ET A L ISOLATION | 156 CHE DES VAUTES | M | MANZANARES ANTOINE |
| 84800 L ISLE SUR LA SORGUE | LABORATOIRE DE CORRECTION AUDITIVE DE VAISON LA ROMAINE | | PROTHESES AUDITIVES ADAPTATION D'EMBOUTS | R DU DOCTEUR TALLET | M | BOUCHET YANN |
| 84810 AUBIGNAN | | LE JARDIN DE JULES ET MARIUS | LOCATION DE GITES ET CHAMBRE D HOTES TABLES D HOTES | 183 IMP DE LA CHICANE | MME | BERGEZ LAURE |
| 84911 AVIGNON CEDEX 9 | SYNERGIE 7 | | MISSION D INGENIERIE D ASSISTANCE A MAITRISE D OUVRAGE | RUE LAWRENCE DURELL | M | CAGNANO JEAN CLAUDE |
| 84916 AVIGNON CEDEX 9 | RENOV ECOHABITAT | | SERVICES D'INGENIERIE DE LA RENOVATION ENERGETIQUE DES BATIMENTS | IMP DES PRELES | M | EVESQUE JEROME |

CAS PRATIQUE N° 8

# Organiser un événement

**L'Athlétic Club Salonais (ACS) de Salon de Provence, sous la responsabilité de son président Baptiste Bertho, organise les 5e Masters du Mistral, meeting international exclusivement consacré au lancer de disque. Pierre Venberti, concepteur et responsable du meeting, travaille à la préparation de cet événement unique en Europe, qui prend de l'ampleur d'année en année et attire un plateau d'athlètes de niveau mondial. Cette 5e édition est programmée pour le 20 mai prochain, jour férié.**
**Vous avez été embauché(e) au sein de l'ACS pour assurer la partie commercialisation de l'événement; Pierre Venberti vous charge de prospecter les commerçants, artisans et industriels autour de Salon de Provence, auprès de qui vous proposerez des formules publicitaires.**

La densité du programme de la journée, le choix de la date et la notoriété de cette concentration devraient attirer un public nombreux et enthousiaste. De grands médias de l'audiovisuel, de la presse écrite et de la radio seront présents, avec notamment Équipe TV, EUROSPORT, France 3 Méditerranée, *L'équipe*, *La Provence*, NRJ...
Il existe un meeting à Clermont-Ferrand concernant le lancer du marteau, et un Master du saut à la perche à Grenoble, mais il n'y a pas de concurrence en France et en Europe sur ce contexte du disque.
Cependant, la petite ville de Salon de Provence, réputée pour son engagement sportif, sera auparavant le siège du championnat de France de cross le 10 mars. De nombreux sponsors auront donc déjà été sollicités pour cette occasion.
Le budget des Masters du Mistral cette année est de 135 000 euros (il était de 133 000 euros l'année précédente). L'entrée du meeting est gratuite, aussi, malgré l'apport substantiel des institutionnels (mairie, Conseil général, région PACA), faut-il convaincre de nouveaux partenaires privés de participer financièrement à cet événement sportif exceptionnel.
Vous devez prendre rendez-vous avec Claude Baloux, responsable de First Performance Provence, qui distribue des articles de sport destinés aux athlètes.
Installée depuis novembre 2010 sur la nouvelle zone industrielle Clesud, cette jeune entreprise fait de la vente par Internet en France et en Europe, ainsi que de la vente à partir d'un magasin aménagé dans son entrepôt. Vous souhaitez convaincre Claude Baloux d'opter pour une de vos formules publicitaires.

## → Renseignements produits

Grâce aux nombreux médias et supports publicitaires que l'ACS a réunis, vous proposez des prestations publicitaires à fort impact.
Le lancement de la communication par voie d'affichage commencera un mois avant l'événement. La presse prendra le relai dès le 13 mai pour annoncer les Masters, puis pour rendre compte des résultats après le 20 mai. Des tracts seront distribués en nombre (20 000).
Enfin, les radios et les chaînes de télévision annonceront et couvriront l'événement.

Les formules que vous proposez vont de 2 600 euros ht à 155 euros ht. Vous êtes convaincu(e) qu'en achetant l'une des 5 formules suivantes, les annonceurs seront pleinement associés à cet événement et pourront bénéficier de retombées en termes d'image et de notoriété.

| Prestation | Formule 1 | Formule 2 | Formule 3 | Formule 4 | Formule 5 |
|---|---|---|---|---|---|
| Logo sur toute la communication | X | X | | | |
| 1/4 de page couleur dans le programme publicitaire (5 000 exemplaires) | X | X | | | |
| 1/8 de page couleur dans le programme publicitaire (5 000 exemplaires) | | | | X | |
| 1/16 de page couleur dans le programme publicitaire (5 000 exemplaires) | | | | | X |
| Publicité dans la presse écrite | | | | | |
| 8 banderoles sur le stade | X | | | | |
| 6 banderoles sur le stade | | X | | X | |
| 1 banderole sur le stade | | | | | X |
| Publicité unique avec le seul nom de l'annonceur au dos des 5 000 billets de tombola (tirage pendant le meeting) | | | X | | |
| 1 annonce micro le jour du meeting | X | | | | |
| Prix en HT | 2 600 € | 1 250 € | 750 € | 460 € | 155 € |
| | Ces 2 formules garantissent à l'annonceur qu'il n'y aura pas d'activité concurrente dans la communication. | | | | |

À titre de référence, voici quelques renseignements pour justifier vos tarifs :

- 1 mois de petites annonces, sur abonnement, avec photo dans *La Provence*, coûte 250 € HT ;
- 1 annonce noir et blanc de 1/8$^{e}$ de page dans ce même quotidien coûte 2 060 € HT ;
- 1 bandeau publicitaire à la une de *Équipe TV* coûte environ 30 000 € HT.

### → Conditions commerciales

Vous pouvez aller jusqu'à 15 % de remise sur le montant HT, ou offrir 1 à 2 banderoles et, si besoin, une annonce micro supplémentaire.

Le règlement est de 40 % à la réservation d'une formule, le reste avant le 15 avril.

Dès la commande, le client devra fournir son logo, qui apparaîtra dans les diverses communications, ainsi que le texte pour son annonce dans le programme publicitaire.

Les banderoles fournies par l'annonceur devront parvenir au plus tard une semaine avant le meeting (soit le 13 mai).
L'ACS fournira un reçu pour chaque somme versée.

**Question 1**

Quels critères de segmentation pouvez-vous utiliser afin de rechercher des partenaires pour cet événement ?

**Question 2**

Construisez un argumentaire à l'aide de la méthode CAP/SONCAS. Vous devez envisager un argument pour chaque typologie de client.

**Question 3**

Construisez un CROC pour la prise de rendez vous avec M. Baloux. Prévoyez les réponses aux objections suivantes :
- « M. Baloux n'est pas disponible » ;
- « J'ai déjà utilisé tout mon budget communication pour le championnat de cross. ».

CAS PRATIQUE **N° 9**

# Mettre en œuvre un plan de prospection

**L'EURL La Confiture d'Élise est une PME artisanale au capital de 10 000 € située dans le Loir-et-Cher, créée en janvier 2012 par Élise Lancard, ancien professeur dans un Centre de formation pour apprentis de la restauration. Élise tient son savoir-faire de sa grand-mère, qu'elle regardait faire ses confitures dans une grande marmite en cuivre. Compte tenu de l'évolution des habitudes gustatives, Élise a choisi de proposer de nouvelles saveurs très originales à base de cannelle, de gingembre ou encore de citres.**

**Ses produits sont commercialisés en pots de verre de 400 g net, proposés aux particuliers en vente directe ou par correspondance. Élise expédie ces colis dans toute la France et dans quelques pays européens à des clients qui, bien souvent, ont été touristes dans la région. Élise Lancard souhaite donner une impulsion à son entreprise mais, sans aucune connaissance commerciale, elle a fait appel à votre agence. Vous devez lui faire des propositions.**

## → Identifier la clientèle de l'entreprise

**Question 1**

Précisez les caractéristiques des clients actuels et des clients potentiels de l'entreprise.

**Question 2**

Déterminez quels sont les nouveaux créneaux que vous pourriez exploiter.

**Question 3**

Expliquez si les restaurateurs « nouvelle cuisine », qui utilisent de nouvelles saveurs en faisant de nouveaux assemblages de mets, sont une cible intéressante à prospecter.

## → Identifier des outils de prospection

Vous souhaitez utiliser le publipostage et l'e-mailing afin de laisser une « trace » à vos prospects.

**Question 4**

Comparez dans un tableau les avantages et les inconvénients de ces deux outils.

## → Créer des outils de prospection

Vous souhaitez maintenant recueillir les informations indispensables à la connaissance de vos prospects.

**Question 5**

Créez une fiche « Prospects » que Élise Lancard complètera à chaque contact.

**Question 6**

Concevez votre publipostage et votre e-mailing.

ENTRAINEMENT

## ➜ Évaluer les efforts de prospection

Concernant le publipostage, vous avez envoyé 500 courriers, 124 prospects ont répondu, 76 souhaitent obtenir les tarifs, 48 ont passé commande ; les autres n'ont pas répondu.
Concernant l'e-mailing, 1 000 courriels ont été envoyés, 93 prospects ont passé commande, 173 ont demandé une information complémentaire ; les autres n'ont pas répondu.

**Question 7**

Évaluez votre prospection à l'aide de ratios d'efficacité.

**Question 8**

Présentez votre argumentaire téléphonique de relance des prospects qui n'ont pas répondu.

CAS PRATIQUE **N° 10**

# Gérer la relation annonceurs

**Vous êtes salarié au sein de l'agence XXL, implantée à Avignon. Cette agence met un point d'honneur à entretenir la relation commerciale avec ses annonceurs. Le 17 janvier 2013, votre responsable vous confie le dossier de M. Bruno, gérant de la société PROTECTOR, spécialisée dans la fabrication de volets roulants et de rideaux pour piscines. Ses clients sont des professionnels du BTP. Les produits sont fabriqués à la commande car ils sont adaptés au plus juste aux dimensions des portes, fenêtres et piscines des clients.**

## ➜ Préparation de l'entretien de vente

**Question 1**

Prévoyez l'ensemble des points de contact avec ce client durant l'année 2013 en remplissant le document 1.

**Question 2**

Recherchez les différentes solutions de communication que vous pourriez lui proposer lors de ces rencontres.

**Question 3**

Dressez un tableau avantages/inconvénients de ces diverses solutions afin de lui formaliser des offres de façon claire.

## ➜ Proposition de solutions de communication

M. Bruno souhaite que vous lui organisiez un événement au cours du mois d'avril 2013. Vous avez trouvé un après-midi « porte ouverte » pour les 164 plus gros clients. Vous prévoyez une visite guidée des locaux afin de montrer le sérieux et la qualité du travail de votre client. La visite sera suivie d'un apéritif détente au cours duquel M. Bruno espère conclure plusieurs contrats.

**Question 4**

Concevez la lettre d'invitation à envoyer aux 164 clients.

**Question 5**

Calculez le coût de cette action de fidélisation (Document 2).

## ➜ Évaluation de la prestation de communication

**Question 6**

L'événement passé, concevez un questionnaire de satisfaction à soumettre à M. Bruno.

## ➜ Mise en place de la fidélisation

En ce début d'année 2013, pour satisfaire au mieux les clients de l'agence, votre responsable vous mandate pour mettre en œuvre une opération de fidélisation.

**Question 7**

Faites une proposition judicieuse qui permettra de consolider la relation commerciale que vous entretenez avec votre client.

DOCUMENTS

## Document 1

| Calendrier 2013 | | | | | | | | | | | | |
|---|---|---|---|---|---|---|---|---|---|---|---|---|
| | Janvier | février | Mars | Avril | Mai | Juin | Juillet | Août | Septembre | Octobre | Novembre | Décembre |
| 1 | | | | 14 | | | 27 | | | | | |
| 2 | | | | | | | | | 36 | | | 49 |
| 3 | | | | | | 23 | | | | | | |
| 4 | | 6 | 10 | | | | | | | | 45 | |
| 5 | | | | | | | | 32 | | | | |
| 6 | | | | | 19 | | | | | | | |
| 7 | 2 | | | | | | | | | 41 | | |
| 8 | | | | 15 | | | 28 | | | | | |
| 9 | | | | | | | | | 37 | | | 50 |
| 10 | | | | | | 24 | | | | | | |
| 11 | | 7 | 11 | | | | | | | | 46 | |
| 12 | | | | | | | | 33 | | | | |
| 13 | | | | | 20 | | | | | | | |
| 14 | 3 | | | | | | | | | 42 | | |
| 15 | | | | 16 | | | 29 | | | | | |
| 16 | | | | | | | | | 38 | | | 51 |
| 17 | | | | | | 25 | | | | | | |
| 18 | | 8 | 12 | | | | | | | | 47 | |
| 19 | | | | | | | | 34 | | | | |
| 20 | | | | | 21 | | | | | | | |
| 21 | 4 | | | | | | | | | 43 | | |
| 22 | | | | 17 | | | 30 | | | | | |
| 23 | | | | | | | | | 39 | | | 52 |
| 24 | | | | | | 26 | | | | | | |
| 25 | | 9 | 13 | | | | | | | | 48 | |
| 26 | | | | | | | | 35 | | | | |
| 27 | | | | | 22 | | | | | | | |
| 28 | 5 | | | | | | | | | 44 | | |
| 29 | | | | 18 | | | 31 | | | | | |
| 30 | | | | | | | | | 40 | | | 1 |
| 31 | | | | | | | | | | | | |

## Document 2

| Dépenses administratives | |
|---|---|
| Équipement informatique | Coût du matériel : 1 500 € HT<br>Durée d'utilisation : 3 heures<br>Amortissement linéaire sur 2 ans |
| Imprimante | Coût de l'impression par page : 0,17 € |
| Ramette de papier blanc | 5,65 € les 500 feuilles |
| Enveloppes 176 x 250 cm | 10,50 € les 500 enveloppes |
| Timbres tarif publipostage | 0,37 € l'unité |
| Salaire de l'assistant de communication | Temps de travail : 4 heures<br>Coût horaire charges comprises : 14€ |
| Dépenses de réception | |
| Frais de nourriture (traiteur) | 320 € |
| Achat de boissons | 410 € |
| Location de vaisselle | 50 € |
| Location de matériel | 104 € |
| Décoration du buffet | 85 € |
| Frais de personnel (2 serveurs) | 17 € de l'heure toutes charges comprises<br>4 heures de réception |

CAS PRATIQUE N° 11

# Gérer la relation annonceur

***La Gazette de Nîmes* est un hebdomadaire d'information diffusé dans le Gard. En 2009, ce journal fêtait ses 10 ans d'existence. *La Gazette* s'affirme aujourd'hui comme le média de référence pour tout Nîmois intéressé par sa ville.**
**Rubricage clairement identifié, agenda exhaustif, dossiers urbains, portraits de personnalités attachantes, idées de sorties culturelles, balades randonnées nature, gastronomie mais aussi vie pratique, *La Gazette* est une mine d'informations.**
**Les courriers des lecteurs et les joutes politiciennes en font également une tribune recherchée. Scandales immobiliers, affaires locales, fait divers, initiatives associatives, l'équipe rédactionnelle a l'œil sur tout. Plutôt identifié centre-gauche, le tabloïd garde cependant une parfaite crédibilité à droite.**
***La Gazette* édite des suppléments thématiques tout au long de l'année. Ces magazines permettent de cibler des annonceurs par secteurs d'activité : formation, balades, ferias, chic, enfants…**
**Vous êtes attaché(e) commercial(e) pour *La Gazette de Nîmes*. Votre rôle est de vendre des espaces publicitaires à des annonceurs. Vous avez actuellement en charge le supplément *Gazette Mag Spécial Formation*.**

## → Création d'une relation commerciale

Dans un premier temps, votre responsable vous demande de mettre en place un guide d'entretien téléphonique afin d'obtenir un rendez-vous avec M. Durand, responsable de la communication de l'université de Nîmes.

**Question 1**

Construisez un CROC.

## → Caractériser l'annonceur et son contexte

**Question 2**

Votre rendez-vous obtenu, créez un plan de découverte afin d'obtenir, sans brusquer le client, les informations suivantes lors de l'entretien :
- le mode de communication utilisé par votre interlocuteur ;
- ses cibles de communication ;
- son budget à allouer pour une parution presse ;
- toutes autres informations que vous jugerez utile pour la suite de la relation commerciale.

## → Proposer des solutions de communication

**Question 3**

À partir des éléments tarifaires qui vous sont fournis en annexe, formalisez une proposition commerciale en adéquation avec le budget de M. Durand, qui est de 3 000 euros.

### ➜ Préparer la négociation

**Question 4**

Pour votre second rendez-vous, mettez en place un plan de négociation et préparez les éléments que vous allez présenter à M. Durand.

### ➜ Présenter et valoriser

Vous êtes maintenant face à votre prospect.

**Question 5**

Soumettez-lui votre proposition commerciale et déployez l'argumentaire pour le convaincre de valider cette commande. Tout ceci en vous appuyant sur tous les outils que vous avez créés en amont.

### ➜ Sketch de vente

**Question 6**

Trouvez-vous un binôme et jouez la situation complète, de la prise de rendez-vous téléphonique à l'entretien de vente.

ANNEXE

laGazette DE MONTPELLIER DE NÎMES

# Les 2 MAGS Formation et orientation

2 MAGS destinés aux jeunes pour suivre 2 temps forts :

- **Le Salon de l'orientation en février,**
- **Le Bac en juin + le spécial CAMPUS de la LMDE** ***(véritable Guide pratique pour les futurs étudiants).***

## Fiche technique

- Parutions : **2 juin et 27 janvier 2011**
- Produits : **Format magazine sur papier couché brillant en quadrichromie**
- Diffusion : **Gazette de Nîmes et Montpellier à 35 000 exemplaires soit 70 000 exemplaires cumulés* + diffusions complémentaires 20 000 exemplaires**
- Support numérique : **Macintosh exclusivement. Fichiers à fournir en 300 dpi au format, PDF, JPEG ou EPS, en CMJN. Photoshop, X.Press de 4.0 à 8.5.**

* Plus une diffusion ciblé par la LMDE le jour des inscriptions dans les Universités de Montpellier et Nîmes.

| FORMATS | | TARIFS | |
|---|---|---|---|
| | | 1 parution | 2 parutions** |
| • 2ᵉ et 3ᵉ de couv. | L 200 x H 270 (+ 5mm débord) | 2 250 € HT | 3 375 € HT |
| • 4ᵉ de couverture | L 200 x H 270 (+ 5mm débord) | 2 850 € HT | 4 275 € HT |
| • Page intérieure | L 200 x H 270 (+ 5mm débord) | 2 000 € HT | 3 100 € HT |
| • 1/2 page largeur | L 180 x H 125 | 1 490 € HT | 2 300 € HT |
| • 1/2 page hauteur | L 88 x H 260 | 1 490 € HT | 2 300 € HT |
| • 1/4 page | L 88 x H 125 | 1 030 € HT | 1 400 € HT |
| **Possibilité de changer de message | | | |

- Bouclage réservations : **3 SEMAINES AVANT PARUTION**
- Remise docs finis : **15 JOURS AVANT PARUTION**

VOTRE CONTACT

DIRECTION DU DEVELOPPEMENT

**La Gazette de Montpellier**
**Téléphone 04 67 06 77 55**
**Télécopie 04 67 06 77 50**
**lapublicite@gazettedemontpellier.fr**

**La Gazette de Nîmes**
**Téléphone 04 66 58 77 77**
**Télécopie 04 66 58 77 79**
**publicite@gazettedenimes.fr**

# laGazette 2011

| JANVIER | FEVRIER | MARS | AVRIL | MAI | JUIN |
|---|---|---|---|---|---|
| 6 : 1177 / 605 | 3 : 1181 / 609 | 3 : 1185 V 613 | 7 : 1190 / 618 | 5 : 1194 V 622 | 2 : 1198 CAMPUS FORMATION 626 |
| 13 : 1178 / 606 | 10 : 1182 / 610 | 10 : 1186 V 614 | 14 : 1191 MAG ENFANTS 619 | 12 : 1195 FESTIVALS 623 | 9 : 1199 FERIA 627 |
| 20 : 1179 / 607 | 17 : 1183 / 611 | 17 : 1187 MAG CHIC 615 | 21 : 1192 / 620 | 19 : 1196 / 624 | 16 : 1200 FETE DE LA MUSIQUE 628 |
| 27 : 1180 SALONS FORMATION 608 | 24 : 1184 / 612 | 24 : 1188 / 616 | 28 : 1193 V 621 | 26 : 1197 COMÉDIE DU LIVRE 625 | 23 : 1201 / 629 |
| | | 31 : 1189 / 617 | | | 30 : 1202 ÉTÉ 630 |

| JUILLET | AOUT | SEPTEMBRE | OCTOBRE | NOVEMBRE | DECEMBRE |
|---|---|---|---|---|---|
| 7 : 1203 SAVEURS V 631 | 4 : 1207/08 V 635/636 | 1 : 1211 / 639 | 6 : 1216 / 644 | 3 : 1220 V 648 | 1 : 1224 / 652 |
| 14 : 1204 V 632 | 11 : Pas de parution | 8 : 1212 FESTIVAL GUITARE 640 | 13 : 1217 CULTURE 645 | 10 : 1221 / 649 | 8 : 1225 / 653 |
| 21 : 1205 V 633 | 18 : 1209 V 637 | 15 : 1213 / 641 | 20 : 1218 / 646 | 17 : 1222 / 650 | 15 : 1226 / 654 |
| 28 : 1206 ÉTÉ V 634 | 25 : 1210 V 638 | 22 : 1214 MAG CHIC 642 | 27 : 1219 V 647 | 24 : 1223 MAG FÊTE CADEAUX 651 | 22 : 1227/28 SAVEURS 655/656 |
| | | 29 : 1215 SUPPL. AUTO 643 | | | 29 : Pas de parution |

**V** : VACANCES SCOLAIRES

# Les Mag(s) 2011

1

Parution : 27-01-11
Bouclage réservation :
20-12-10
Envoi des fichiers validés :
- ½ H + ¼ = 05-01-11
- 1/2L + page = 12-01-11

2

Parution : 17-03-11
Bouclage réservation :
2-02-11
Envoi des fichiers validés :
- ½ H + ¼ = 16-02-11
- 1/2L + page = 23-02-11

3

Parution : 14-04-11
Bouclage réservation :
9-03-11
Envoi des fichiers validés :
- ½ H + ¼ = 23-03-11
- 1/2L + page = 30-03-11

4

Parution : avril 2011
Bouclage réservation :
3 semaines avant
Envoi des fichiers validés :
- formats = 2 semaines avant

5

Parution : 12-05-11
Bouclage réservation :
6-04-11
Envoi des fichiers validés :
- ½ H + ¼ = 20-04-11
- 1/2L + page = 27-04-11

6

Parution : 2-06-11
Bouclage réservation :
27-04-11
Envoi des fichiers validés :
- ½ H + ¼ = 11-05-11
- 1/2L + page = 18-05-11

7

Parution : 9-06-11
Bouclage réservation :
12-05-11
Envoi des fichiers validés :
- ½ H + ¼ = 19-05-11
- 1/2L + page = 26-05-11

8

Parution : 30-06-11
Bouclage réservation :
26-05-11
Envoi des fichiers validés :
- ½ H + ¼ = 8-06-11
- 1/2L + page = 15-06-11

9

Parution : 28-07-11
Bouclage réservation :
23-06-11
Envoi des fichiers validés :
- ½ H + ¼ = 6-07-11
- 1/2L + page = 13-07-11

10

Parution : 22-09-11
Bouclage réservation :
24-08-11
Envoi des fichiers validés :
- ½ H + ¼ = 30-08-11
- 1/2L + page = 7-09-11

11

Parution : 13-10-11
Bouclage réservation :
7-09-11
Envoi des fichiers validés :
- ½ H + ¼ = 21-09-11
- 1/2L + page = 28-09-11

12

Parution : 24-11-11
Bouclage réservation :
19-10-11
Envoi des fichiers validés :
- ½ H + ¼ = 2-11-12
- 1/2L + page = 9-11-11

**La Gazette de Montpellier**
**Téléphone 04 67 06 77 55 - Télécopie 04 67 06 77 50**
lapublicite@gazettedemontpellier.fr

**La Gazette de Nîmes**
**Téléphone 04 66 58 77 77 - Télécopie 04 66 58 77 79**
publicite@gazettedenimes.fr

# TARIFS**/FORMATS 2011

## > L'hebdo

Résolution Gazette hebdo : 200 DPI

| Formats | Dimensions utiles | Montpellier | Nîmes | Sète |
|---|---|---|---|---|
| Manchette Une | L 74 x H 94 mm | 1 600 € | | 560 € L 74 x H 54 mm |
| Bandeau de Une | L 200 x H 60 mm | 1 600 € | 880 € | 680 € |
| Page | L 260 x H 380 mm | 3 140 € | 2 430 € | 1 650 € |
| 1/2 page rigueur* | L 260 x H 184 mm | 2 140 € | 1 465 € | 980 € |
| 1/2 page libre | L 260 x H 184 mm | 2 040 € | 1 175 € | 870 € |
| 1/4 page | L 128 x H 173 mm | 1 310 € | 835 € | 565 € |
| Chandelle | L 84 x H 350 mm | 1 500 € | 1 085 € | 650 € |
| 1/2 chandelle | L 84 x H 173 mm | 790 € | 530 € | 445 € |
| 1/3 chandelle | L 84 x H 114 mm | 445 € | 290 € | 230 € |
| 1/5 chandelle | L 84 x H 67 mm | 200 € | 180 € | 155 € |
| 90 x 1 col | L 40 x H 90 mm | 250 € | 200 € | |
| 90 x 3 cols | L 128 x H 90 mm | 835 € | 500 € | 465 € |
| 90 x 4 cols | L 172 x H 90 mm | 920 € | 580 € | 475 € |
| Module "sport" | L 84 x H 114 mm | 600 € | | |
| Module "lu et entendu" | L 102 x H 90 mm | 600 € | | |
| Manchette "week-end" | L 84 x H 67 mm | 560 € | 290 € | |
| 4e de couverture | L 260 x H 380 mm | 4 480 € | 3 315 € | 2 670 € |
| Double centrale | L 545 x H 380 mm | 8 120 € | 4 760 € | 4 030 € |
| Spécial 4 pages | L 545 x H 380 mm | 10 710 € | 6 490 € | 4 985 € |
| FORCE 5 : 1/2 pg PR + 3 x 1/2 ch (3 x 1/3 ch Nîmes ou Sète) | | 3 400 € | 1 750 € | 1 245 € |
| FORCE 6 : 1 pg PR + 3 x 1/2 ch | | 4 140 € | 3 010 € | 2 235 € |
| Droit d'asile | | 3 605 € | 1 340 € | 880 € |

**Forfait PR** : 150€ / pg - 100€ / 1/2 pg - 80€ / 1/4 pg
*1/2 page hauteur : L 128 x H 350 mm. **Tous nos prix s'entendent hors-taxes.

## > TV Région

Résolution Gazette TV : 300 DPI

| Emplacement | Formats | Montpellier + Sète | Nîmes |
|---|---|---|---|
| Une | Bandeau (L 205 x H 60 mm) | 1 910 € | 860 € |
| Une | 1/2 bandeau (L 97,5 x H 60 mm) | 1 135 € | 600 € |
| Une | Macaron + page (L 75 x H 55 mm) | 2 370 € | 1 415 € |
| Page 5 "People" | 1 page (L 205 x H 265 mm) + 5 mm | 1 855 € | 1 240 € |
| Page 9 "Portrait" | 1 page (L 205 x H 265 mm) + 5 mm | 1 855 € | 1 240 € |
| Page 9 | 1/2 page (L 185 x H 125 mm) | 1 085 € | 765 € |
| Page 17 ou 21 "Programme" | Chandelle (L 65 x H 175 mm) | 765 € | 490 € |
| Sur-couverture | 1/2 pg H R°/V° (L 205 x H 225) + 5 mm | 6 490 € | 4 120 € |

ANNEXE

ENTRAINEMENT

# laGazette TV

❑ Montpellier
❑ Nîmes
❑ Sète

❑ Nouveau Client
❑ Chgt de dénomination

CONTRAT : N°

N° 990179

## DIRECTION DU DEVELOPPEMENT

13, place de la Comédie • CS 39530 • 34960 Montpellier cedex 2 - Tél. 04 67 06 77 55 - Fax 04 67 06 77 50
E.mail : lapublicite@gazettedemontpellier.fr - RC 87 B 709 - Réf. bancaire BP Sud Comédie 09 15 92 48 017
11, rue Régale • 30000 Nîmes - Tél. 04 66 58 77 77 - Fax 04 66 58 77 79 - E-mail : publicite@gazettedenimes.fr

VOTRE CONTACT | DATE LIMITE D'EXECUTION DU CONTRAT :

LA GAZETTE HEBDO (G) TV GAZETTE (TV) DROIT D'ASILE (DA) MAGAZINE (M) WEB (W)

| DATES | SUPPORT | EDITION | FORMAT | EMPLACEMENT |
|---|---|---|---|---|
| | | | | |
| | | | | |
| | | | | |
| | | | | |
| | | | | |
| | | | | |
| | | | | |
| | | | | |
| | | | | |
| | | | | |
| | | | | |
| | | | | |
| | | | | |
| | | | | |
| | | | | |
| | | | | |

EMPLACEMENT DE RIGUEUR : +15%

MONTANT DU CONTRAT

| SUPPORT | FORMAT | PRIX TARIF | NOMBRE | PRIX CONTRAT | TOTAL HT |
|---|---|---|---|---|---|
| | | | | | |
| | | | | | |
| | | | | | |
| | | | | | |
| | | | | | |
| | | | | | |

Total

PRIX TARIF ............ PRIX CONTRAT ............ SS TOTAL €
Frais de fabrication €
Emplacement de rigueur (+15%) €
Total HT €
TVA (19,6%) €
Total TTC €

Règlement

- Nouveau client : 25% du montant TTC du contrat. Remise d'une copie du Kbis récent et RIB
- Montant inférieur à 500 € TTC. Remise de chèque à la commande qui ne sera encaissé qu'après parution.

Montant acompte ............ TTC - N° de chèque ............
Banque ............ Conditions de règlement ❑ Comptant ❑ 30 jours

Bon pour accord sur les conditions de vente stipulées au verso et les conditions de règlement.

### CONTRACTANT

Société, Association, Collectivité
............
............
Mandateur ............
............
Enseigne ............
Signataire ............
............
Fonction ............
Adresse ............
............
............
Code postal ............
Ville ............
Tél ............
Mobile ............
Fax ............
Email ............
............

"Bon pour accord"
Cachet et signature :
(obligatoire)

Date :
Signature du commercial :

CAS PRATIQUE **N° 12**

# Prospecter

**La SARL Altitude, agence de communication spécialisée dans la conception et la réalisation de supports publicitaires, a été créée en 2000 par Patrick Tournois. Son siège est situé dans une zone d'activités de la périphérie de Mulhouse.**
**Ses clients sont essentiellement de grandes enseignes commerciales. L'agence réalise pour leurs différents magasins des catalogues de produits et des dépliants ou *flyers* pour les campagnes de publicité.**
**La SARL Altitude réalise également des travaux (affiches, invitations, journaux...) pour des communes, des associations ou des particuliers.**
**Elle emploie actuellement six personnes en plus du directeur.**

## → Connaissance de la clientèle

**Question 1**

Précisez quelle est la typologie de la clientèle d'Altitude, qui sont ses clients actuels et ses clients potentiels.

**Question 2**

Indiquez quelle stratégie de segmentation est mise en œuvre par Altitude. Justifiez votre réponse.

**Question 3**

Donnez les caractéristiques des segments déterminés en question 2.

## → Mise en œuvre de la prospection

L'agence souhaite vous mandater pour une opération de prospection auprès des hypermarchés de la région afin de leur proposer des outils de communication.

**Question 4**

Quels sont les outils que vous pouvez utiliser pour mener à bien cette prospection ? Choisissez-en un en particulier et justifiez votre choix.

**Question 5**

À l'aide de la carte (Document 3), décrivez la technique à utiliser pour optimiser votre prospection. Justifiez. Vous pouvez vous appuyer sur le document 2.

## → Analyse des résultats des propositions commerciales

**Question 6**

À l'aide des documents, évaluez la rentabilité des offres commerciales, analysez les résultats et proposez les solutions qui s'imposent.

DOCUMENTS

**_Document 1_ Renseignements relatifs au coût de conception des propositions commerciales**

| | |
|---|---|
| Conception des propositions commerciales par le commercial, par offre | 45 minutes |
| Réalisation des propositions commerciales par l'assistant de communication, par offre | 30 minutes |
| Mise sous enveloppe et affranchissement, par offre | 5 minutes |
| Utilisation du PC | 10 €/heure |
| Coût unitaire (feuille, enveloppe, affranchissement) | 0,64 € |
| Rémunération brute mensuelle de l'assistant de communication | 1 525 € |
| Rémunération brute mensuelle du commercial | 2 290 € |
| Charges patronales | 45 % |

**_Document 2_ Liste des devis du mois d'avril N**

| Date de proposition | Prospect | Devis n° | Montant en € | Proposition acceptée |
|---|---|---|---|---|
| 01/04 | LECLERC MULHOUSE | 56 | 2 100.00 | OUI |
| 01/04 | SIMPLY MARKET MULHOUSE | 57 | 4 350.00 | OUI |
| 03/04 | MATCH MULHOUSE | 58 | 2 148.00 | NON |
| 05/04 | SUPER U MULHOUSE | 59 | 4 596.00 | OUI |
| 05/04 | AUCHAN LES RIVES DE LA DOLLER | 60 | 3 240.50 | NON |
| 08/05 | INTERMARCHÉ MULHOUSE | 61 | 9 340.50 | NON |
| 10/04 | CORA DORNACH | 62 | 2 436.15 | OUI |
| 15/04 | CARREFOUR CC NAPOLEON | 63 | 3 598.00 | OUI |
| 15/04 | SUPER U PFASTATT | 64 | 2 643.00 | OUI |
| 18/04 | INTERMARCHÉ REMICH | 65 | 3 751.00 | NON |
| 20/04 | LECLERC KINGERSHEIM | 66 | 3 293.00 | OUI |
| 20/04 | SUPER U WITTENHEIM | 67 | 2 965.00 | OUI |
| 22/04 | CASINO HABSHEIM | 68 | 1 852.00 | NON |
| 22/04 | CORA WITTENHEIM | 69 | 2 267.60 | OUI |
| 22/04 | CARREFOUR CITY MUSANA | 70 | 4 191.25 | OUI |
| 24/04 | PROXI SUPER | 71 | 2 965.60 | NON |
| 24/04 | SUPER U FESSENHEIM | 72 | 2 040.50 | NON |
| 26/04 | GEANT CASINO SAINT LOUIS | 73 | 1 787.20 | NON |
| 28/04 | INTERMARCHE SAINTE CROIX AUX MINES | 74 | 2 202.50 | OUI |
| 28/04 | INTERMARCHÉ SAINT LOUIS | 75 | 4 867.25 | OUI |

## *Document 3* Plan de Mulhouse et de ses environs

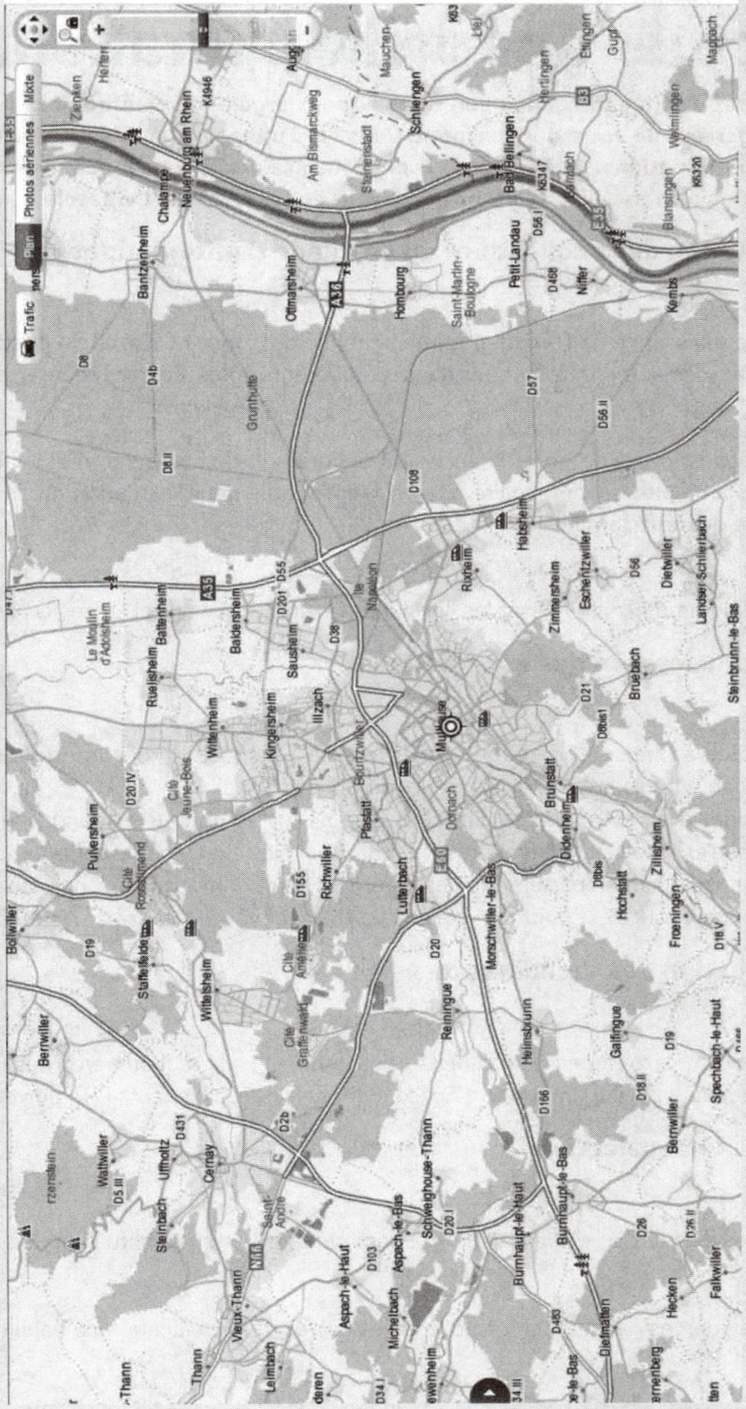

CAS PRATIQUE **N°13**

# Effectuer une veille opérationnelle

**Vous venez d'être embauché(e) en temps que chargé(e) de communication au sein du Conseil général de votre département. Vous êtes intégré au pôle organisation des systèmes d'informations. Ce poste était occupé jusqu'alors par une personne n'ayant pas de méthodologie de travail. Il est temps pour vous de structurer votre besoin d'informations.**

## → Organisation de la collecte et du stockage d'informations

**Question 1**

Prenez connaissance de l'organigramme simplifié du Conseil Général du document 1, afin d'identifier vos relais d'informations dans les différents pôles. Pour les repérer, entourez-les.

**Question 2**

Rédigez, sous forme de note de service à destination de ces personnes, une procédure relative à la récolte hebdomadaire d'informations, utile pour l'alimentation de la revue trimestrielle du département.

**Question 3**

Sur l'organigramme, matérialisez les flux d'information entre vous et les relais par des flèches.

## → Mise à disposition des informations

**Question 4**

Réfléchissez à une solution simple pour mettre à disposition ces informations en libre consultation pour tous les collaborateurs du Conseil général.
Vous décidez avec votre équipe d'intégrer une nouvelle rubrique « agenda » dans la revue trimestrielle envoyée aux administrés qui regroupera les événements culturels (danse, sport, musique) majeurs du département. Vos différents relais d'informations ne peuvent pas vous fournir du contenu, c'est pourquoi vous devez trouver votre matière en externe.

## → Identification des domaines de veille

**Question 5**

Votre tâche consiste à définir les sujets pour lesquels vous rechercherez des informations afin de mettre en place une veille efficace. Pour cela, listez les mots clés de votre veille.

## → Recherche et sélection

**Question 6**

Repérez les éventuelles sources d'informations sur Internet (site d'actualités, blogs, forums...).

**Question 7**

Listez vos sources dans un tableau avec des critères de classification de fiabilité.

**Question 8**

Afin de récolter du contenu pour la nouvelle rubrique, programmez une veille grâce à l'outil « Alertes google », disponible sur http://www.google.com/alerts.

DOCUMENTS

### *Document 1* Organigramme du conseil général

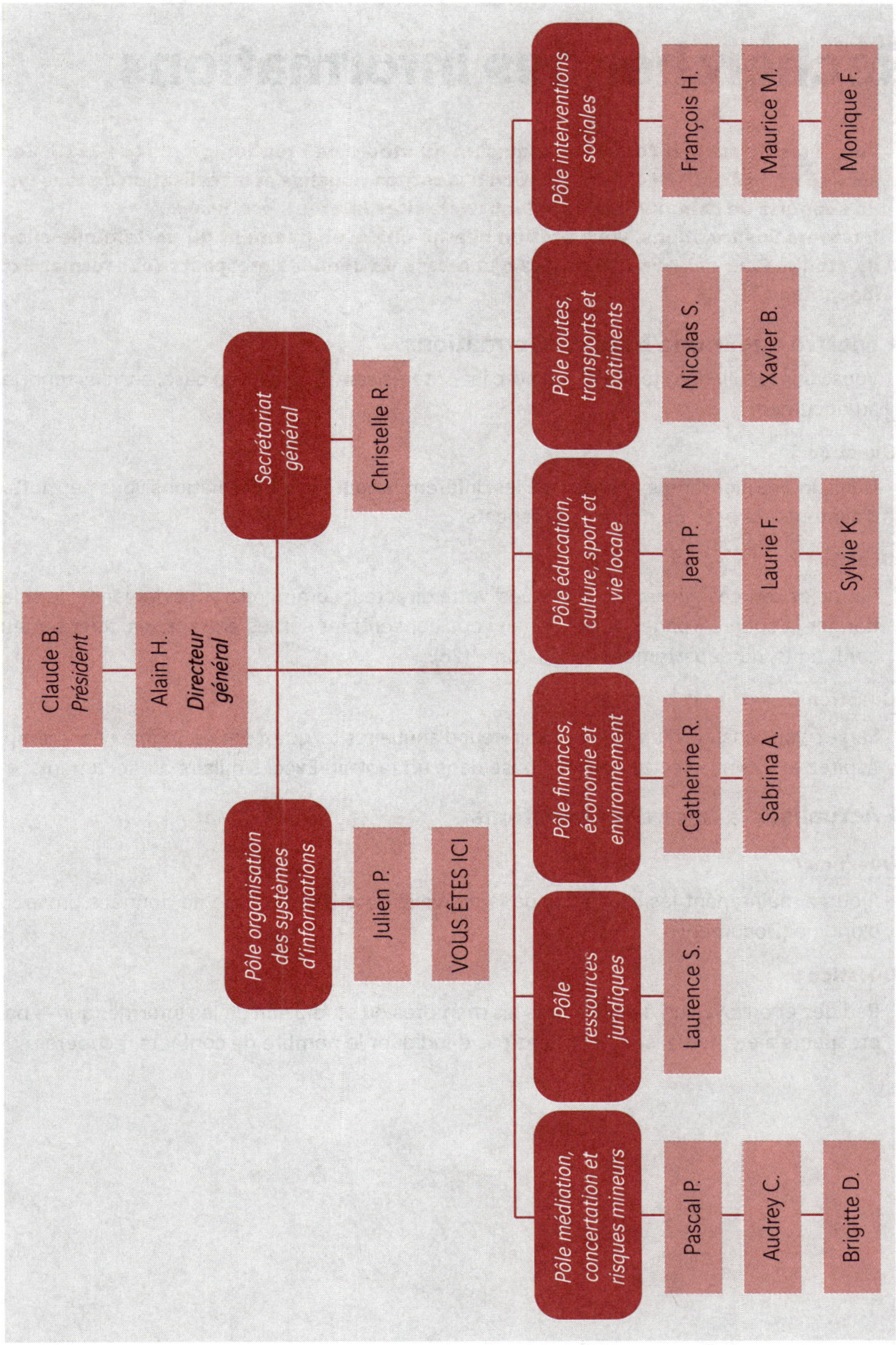

CAS PRATIQUE **N° 14**

# Rechercher des informations

**Vous êtes attaché(e) commercial au sein du studio de création graphique 1515. Cette société est spécialisée dans la création d'identités visuelles et la réalisation de tous types de supports de communication : plaquettes, sites Internet, *packaging*...**
**À travers vos fonctions, vous êtes en charge du développement du portefeuille clients du studio. Pour cela, vous disposez d'une base de données prospects sous format Excel (document).**

## → Mettre à jour une base d'informations

Vous vous familiarisez tout d'abord avec les critères composant cette base, en vous reportant au document.

**Question 1**

Dans un premier temps, recherchez les différentes sources d'informations vous permettant d'alimenter la base de données prospects.

**Question 2**

Parmi les sources que vous avez listées, votre directeur commercial vous demande de sélectionner la source « pagesjaunes.fr » en vous concentrant sur les entreprises, tous secteurs confondus, du département de la Drôme (26).

**Question 3**

Servez-vous ensuite d'un logiciel aspirateur d'annuaires tel que « Yellow Engine » par exemple. Aspirez et exportez cette nouvelle base dans un tableau Excel similaire au document.

## → Actualiser la base d'informations

**Question 4**

Ajoutez maintenant les prospects de la nouvelle base dans la base de données prospects d'origine (Document).

**Question 5**

Rédigez et envoyez un e-mail à tous les membres du studio afin de les informer que la base prospects a été actualisée. N'oubliez pas d'indiquer le nombre de contacts récupérés.

**BASE DE PROSPECTS - Studio 1515**

| *Secteur d'activité* | *Nom société* | *Adresse société* | *Code postal* | *VILLE* | *Téléphone* | *Fax* | *E-mail* | *Titre contact* | *Nom contact* |
|---|---|---|---|---|---|---|---|---|---|
| Entretien jardin | SARL BOUILLOIR | 9 R D ANNANELLE | 26000 | VALENCE | 04 75 55 96 54 | 04 75 55 96 55 | bouilloir@wanadoo.fr | Monsieur | BOUILLOIR STEPHANE |
| Prestations services | ISDC | 11 R PETIT MUGUET | 26000 | VALENCE | 04 75 45 63 98 | 04 75 45 63 78 | contact@isdc.com | Madame | MACROIN ISABELLE |
| Traitement des déchets | QUALISOLLE | RTE DE L AERODROME | 26000 | VALENCE | 04 75 40 98 45 | 04 75 40 98 46 | info@qualisole.fr | | |
| Energies renouvelables | SOLAR ENERGIES | CHE DE BOMPAS | 26000 | VALENCE | 04 75 43 65 78 | 04 75 43 65 80 | solar@energies.com | | |
| Négociant en vin | WINE BUSINESS INC | AV DU ROI SOLEIL | 26000 | VALENCE | 04 75 55 45 69 | 04 75 55 45 72 | c.talland@wbi.com | Monsieur | TALLAND CHRISTIAN |
| Chambres d'hôtes | CHEZ YVONNE | 2 AV DE WETZLAR | 26000 | VALENCE | 04 75 55 92 12 | 04 75 55 92 14 | chez-yvonne@orange.fr | Madame | AVONA YVONNE |
| Hôtel | HÔTEL DES AMANDIERS | 5 R PETITE FUSTERIE | 26100 | ROMANS SUR ISERE | 04 75 02 65 78 | 04 75 02 65 32 | les-amandiers@free.fr | Monsieur | HARZAM GERALD |
| Coiffeur | AINSI SOIT TIF | 52 R MAURICE BONNET | 26100 | ROMANS SUR ISERE | 04 75 02 74 52 | 04 75 02 74 54 | manuel.sanchez@sfr.fr | Monsieur | SANCHEZ MANUEL |
| Restaurant | SARL BARQUETTE | 37 AV PIERRE SEMARD | 26100 | ROMANS SUR ISERE | 04 75 45 41 01 | 04 75 45 41 02 | p.durand@gmail.com | Monsieur | DURAND PHILIPPE |
| Paysagiste | NATURE CONCEPT | CLOS DES TILLEULS | 26100 | ROMANS SUR ISERE | 04 75 02 36 35 | 04 75 02 36 45 | contact@nature-concept.fr | Monsieur | BIROGEAU JEAN MARIE |
| Architecte | FUYET ARCHITECTURE | 4 R VIOLETTE | 26100 | ROMANS SUR ISERE | 04 75 02 14 17 | 04 75 02 14 19 | christophe.fuyet@wanadoo.fr | Monsieur | FUYET CHRISTOPHE |
| [...] | [...] | [...] | [...] | | | | | [...] | [...] |
| Restaurant | LA POTINIERE | 626 CHE DE LA RIGAULTE | 26110 | NYONS | 04 75 26 35 83 | 04 75 26 35 84 | potiniere@neuf.fr | Madame | DUFFOUR MARTINE |
| Snack ambulant | CHEZ DAN | 2789 AV MAJORAL JOUVE | 26110 | NYONS | 04 75 26 38 74 | 04 75 26 38 76 | miamiam26@hotmail.fr | Monsieur | LARMANT DAVID |
| Concession auto | J V AUTO | RTE DE STE CECILE LES VIGNES | 26200 | MONTELIMAR | 04 75 00 87 03 | 04 75 00 87 42 | jacques@jvauto.com | Monsieur | MAYOL JACQUES |
| Concession auto | CARS PLUS | CHE DES FELONS | 26200 | MONTELIMAR | 04 75 00 36 54 | 04 75 00 36 59 | carsplus@alice.fr | Monsieur | GRAPPE GERARD |

# Corrigés
# Cas pratiques

# 7

# Corrigés

CAS PRATIQUE N° 1

**Question 1**

Voici une proposition de corrigé de la matrice SWOT.

| | | Opportunités | Menaces |
|---|---|---|---|
| Analyse interne | Historique de l'annonceur | Société créée en 1971<br>Toujours la même famille à la tête de l'entreprise<br>Le fondateur de l'entreprise était très aimé de ses salariés | Mauvaise réputation du fils du fondateur<br>Plan social il y a 5 ans<br>255 emplois supprimés |
| | Politique de prix | Offres tarifaires dégressives pour les grandes quantités<br>Large fourchette de prix | Prix des concurrents plus attractifs pour les particuliers |
| | Communication antérieure | Beaucoup de documents commerciaux | Pas de site Internet<br>Identité visuelle vieillissante<br>Support de communication uniquement en français |
| | Clientèle | Clientèle de particuliers en vente directe<br>Clientèle satisfaite des produits<br>Clientèle professionnelle = revendeurs et distributeurs | Les particuliers sont les clients des distributeurs |
| | Offre | Large gamme de produits<br>Mobilier de jardin haut de gamme<br>Fabrication à partir de bois labellisé développement durable | Gamme de produit exclusivement en bois (pas d'autres matériaux) |
| | | **Forces** | **Faiblesses** |
| Analyse externe | Concurrence | Produits concurrents de moins bonne qualité<br>Beaucoup de concurrents ne respectent pas les chartes de qualité environnementales | Forte concurrence des grandes surfaces spécialisées<br>Produits concurrents moins chers |
| | Marché | Marché du mobilier extérieur en forte augmentation<br>Ouverture de nouveaux marchés dans les pays émergents | Pas d'habitude d'achat dans du mobilier extérieur haut de gamme dans les pays émergents |
| | Cadre législatif | Bilboa certifié ISO 14001<br>Norme NF<br>Labels bois FSC et PEFC | Charte ISO 14001 qui impose des procédures de travail ralentissant la productivité |
| | Zone de chalandise | Leader sur le marché français<br>Suiveur sur le marché européen<br>Arrivée récente sur le marché sud-américain | Distance des nouveaux marchés et augmentation du prix du pétrole : augmentation des frais de port |

Le diaporama ci-dessous est une version simplifiée. L'agence en charge du dossier pourrait présenter un document de ce type. Les informations sur chaque diapositive sont tronquées, mais elles donnent une idée du plan et des éléments constitutifs à observer.

SOMMAIRE

- Matrice SWOT
- Diagnostic
- Problématique
- Positionnement
- Objectifs et cibles de communication
- Propositions de solutions
- Budget
- Rétro-planning

Bilboa

**Bilan : matrice SWOT**

Rédiger en 10 à 15 lignes un résumé mettant en avant les points positifs et négatifs les plus importants.

Bilboa

**Diagnostic**

(Intégrer l'exemple de tableau développé en amont).

Bilboa

**Problématique**

Comment améliorer l'image de Bilboa en s'appuyant sur ses valeurs de développement durable, alors que ses concurrents sont plus dynamiques en terme de communication, et mieux placés sur le marché ?

Bilboa

**Question 2**

## Positionnement

**« Bilboa, créateur de meubles naturellement éthiques »**

Justification

Attractif : ................

Distinctif : ............

Crédible : ................

Bilboa

## Objectifs de communication

Objectifs Cognitifs

- Faire connaître les spécificités des produits Bilboa
- Développer la notoriété de la marque

Objectifs Affectifs

- Développer le sentiment d'appartenance aux valeurs de la marque

Objectifs conatifs

- Susciter des contacts commerciaux

Bilboa

## Cibles de communication

Cibles principales

- Les particuliers possédant un extérieur (jardins, terrasses, balcons...)

Cœur de cible

- Les femmes CSP +

Bilboa

**Question 3**

## Proposition de solutions

Moyens médias

- Campagne d'affichage 4×3 dans les principales villes de France
- Campagne dans la presse magazine spécialisée dans la décoration, la mode, l'ameublement...

Moyens hors médias

- Création d'un site Internet vitrine et d'une page FB
- Campagne de relation presse
- Renouvellement de la documentation commerciale

Bilboa

**Question 4**

## Budget

Répartition budgétaire de la proposition de campagne

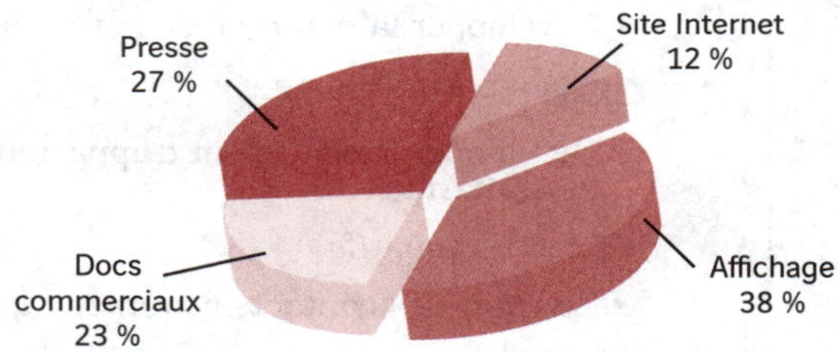


Bilboa

**Question 5**

## Rétro-planning

Intégrez ici votre diagramme de Gantt.

Bilboa

Corrigés

ENTRAINEMENT

CAS PRATIQUE N° 2

**Question 1**

***Résultat de la recherche de prestataires sur le moteur de recherche Google :***
– Agence Rhinoféros; – Agence Tribu Créative; – Agence Gotam Communication.

**Question 2**

***Fiches d'identité***

**FICHE D'IDENTITÉ PRESTATAIRE**

Nom : Rhinoféros — Type de prestation : Création de site Internet

Adresse : 546, rue Baruch Spinoza – 84000 AVIGNON
Site Web : www.rhinoferos.com
Tél : 04 90 27 38 11 Fax : 04 86 40 84 40
E-mail : contact@rhinoferos.com
Contact : Monsieur Virgil M.

**FICHE D'IDENTITÉ PRESTATAIRE**

Nom : Tribu Créative — Type de prestation : Graphisme / Design / Internet

Adresse : 246, avenue du Mont Ventoux – 84450 JONQUERETTES
Site Web : www.tribu-creative.fr
Tél : 04 90 31 37 97 Fax : 04 90 31 37 98
E-mail : f.gas@tribu-creative.fr
Contact : Monsieur Frédéric G.

**FICHE D'IDENTITÉ PRESTATAIRE**

Nom : Gotam Communication — Type de prestation : Communication / Graphisme / Internet

Adresse : 250, rue du 12ᵉ Rgt de Zouaves – 84000 AVIGNON
Site Web : www.gotam.fr
Tél : 04 90 14 15 90 Fax : 04 90 14 15 98
E-mail : contact@gotam.fr
Contact : Monsieur Julien P.

**Question 3**

***Matrice classique d'évaluation***

| Nom du prestataire : Rhinoféros | Référence dossier : Création site Internet « CHRONEO » | | | | |
|---|---|---|---|---|---|
| Type de prestation : Création de sites Internet | Coordonnées téléphoniques : 04 90 27 38 11 | | | Date : 28 juillet | |
| Critères / Évaluation | Insuffisant (note 0 ou 1) | Passable (note 2) | Satisfaisant (note 3) | Très satisfaisant (note 4) | Sous-total |
| Maîtrise des dernières technologies de programmation Web | | | | ✗ | 4 |
| Qualité graphique des réalisations | | ✗ | | | 2 |

→→→

| | | | | | |
|---|---|---|---|---|---|
| Suivi commercial | | ✗ | | | 2 |
| Originalité et créativité | ✗ | | | | 1 |
| Diversité dans les sites déjà réalisés | | | ✗ | | 3 |
| | | | | TOTAL | 12/20 |

| Nom du prestataire : Tribu Créative | Référence dossier : Création site Internet « CHRONEO » | | | | |
|---|---|---|---|---|---|
| Type de prestation : Création de sites Internet | Coordonnées téléphoniques : 04 90 31 37 97 | | | Date : 2 août | |
| Critères / Évaluation | Insuffisant (note 0 ou 1) | Passable (note 2) | Satisfaisant (note 3) | Très satisfaisant (note 4) | Sous-total |
| Maîtrise des dernières technologies de programmation Web | | ✗ | | | 2 |
| Qualité graphique des réalisations | | | | ✗ | 4 |
| Suivi commercial | | | ✗ | | 3 |
| Originalité et créativité | | | ✗ | | 3 |
| Diversité dans les sites déjà réalisés | | ✗ | ✗ | | 3 |
| | | | | TOTAL | 15/20 |

| Nom du prestataire : Gotam Communication | Référence dossier : Création site Internet « CHRONEO » | | | | |
|---|---|---|---|---|---|
| Type de prestation : Création de sites Internet | Coordonnées téléphoniques : 04 90 14 15 90 | | | Date : 31 juillet | |
| Critères / Évaluation | Insuffisant (note 0 ou 1) | Passable (note 2) | Satisfaisant (note 3) | Très satisfaisant (note 4) | Sous-total |
| Maîtrise des dernières technologies de programmation Web | | | ✗ | | 3 |
| Qualité graphique des réalisations | | | ✗ | | 3 |
| Suivi commercial | | | | ✗ | 4 |
| Originalité et créativité | | ✗ | | | 2 |
| Diversité dans les sites déjà réalisés | | ✗ | | | 2 |
| | | | | TOTAL | 14/20 |

**Question 4**

***Note de Synthèse***

NOTE DE SERVICE N° 73

Chro néo

**Émetteur** :
Anthony Duprés
Assistant communication

**Destinataire** :
Monsieur Xavier
Responsable communication

**Objet** :
Résultat de la consultation de prestataires pour la création du nouveau site Internet de notre société

Date : 5 Août

Monsieur,

Suite à votre demande, j'ai réalisé une consultation afin de trouver une société susceptible de créer notre futur site Internet.
Trois agences de communication ont été pré-sélectionnées.
Vous trouverez en pièce jointe les matrices de choix nous permettant de sélectionner le meilleur prestataire.
Je reste à votre disposition pour des renseignements complémentaires.
Cordialement.

**Pièce jointe** :
Matrices de choix

**Question 5**

***Maquette d'arborescence***

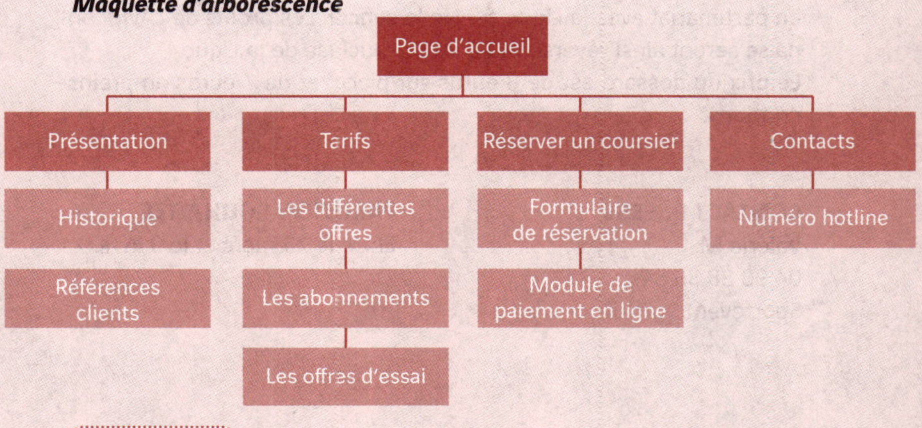


**Question 6**

***Format informatique adéquat :*** au choix : PDF, fichier Excel, fichier Word, fichier Powerpoint...

ENTRAINEMENT

CAS PRATIQUE N° 3

Question 1

***Communiqué de presse***

Le lundi 12 mars

COMMUNIQUÉ DE PRESSE

***L'association Sport Event organise pour sa 2de édition la seule course féminine du Vaucluse : l'Avignonnaise. Cet événement aura lieu le dimanche 15 Avril.***

Après une première édition réussie, avec une cinquantaine de participantes, l'association Sport Event enfile à nouveau ses baskets pour l'organisation de l'Avignonnaise.
Cette course féminine se déroulera sur 6 km dans un cadre insolite, au cœur de la campagne de Courtine. Le parcours reste accessible à toutes, sportives du dimanche ou sportives confirmées.
Trois trophées seront remis : un trophée étudiant, un trophée interentreprises et un trophée général... et de nombreux cadeaux sont à gagner !
En effet, au-delà de l'aspect sportif, cette course se déroulera sous le signe de la convivialité et de la bonne humeur. De plus, la course est en partenariat avec la Ligue contre le cancer. Les profits de l'Avignonnaise seront ainsi reversés au comité Vaucluse de la Ligue.
Le prix du dossard est de 8 euros sur place, et de 7 euros en préinscriptions.

**CONTACT PRESSE**
Valérie M.
04 90 88 36 54
Sportevent@gmail.com

**PARUTION SOUHAITÉE**
Entre le 26 mars et le 9 avril

**Question 2**

***Rough du flyer***

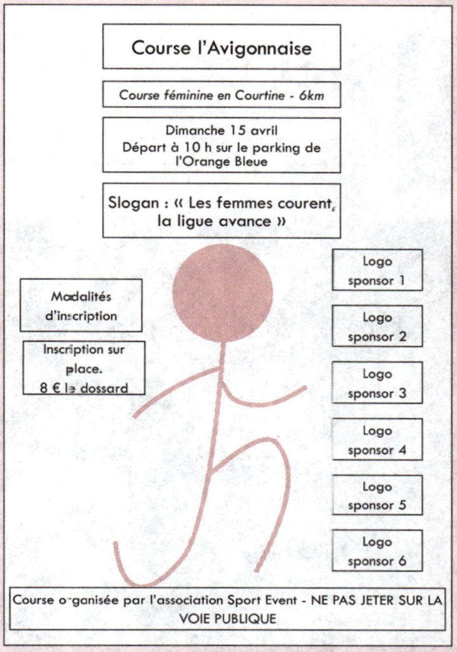


**Question 3**

| Heures | Tâches | Personnes allouées |
|---|---|---|
| 7 h / 10 h | Installation de la signalisation, du fléchage et des barrières. | Laurence, Cathy, Roland, Vincent, Laurent, Gisela, Chantal, Audrey |
| 9 h 30 | Accueil des participantes | Sandrine, Lubin, Titouan, Tangui, Marlo, Matthieu, Pascal, Jean-Noël, Priscillia |
| 10 h / 11 h 30 | Course | Caroline,Karine, Stéphane, Romain, Roland, Serge, Lise Mélanie, Sylvana, Marie-Jeanne, Marie, Valérie, Xavier, Maxime, Lindsey |
| 11 h 30 / 12 h | Remise des prix | Laurence, CathyRoland, Vincent, Laurent, Gisela, Chantal, Audrey |
| 11 h 30 / 12 h | Administration des questionnaires | Sandrine, Lubin, Titouan, Tangui, Marlo, Matthieu, Pascal, Jean-Noë , Priscillia |
| 12 h / 13 h 30 | Apéritif + Buffet | Caroline, Sandrine, Laurence, Cathy |
| 13 h / 16 h | Rangement des installations | Karine, Stéphane, Romain, Roland, Serge, Lise, Mélanie |
| 13 h / 16 h | Nettoyage du site | Sylvana, Marie-Jeanne, Marie, Valérie, Xavier, Maxime, Lindsey |

ENTRAINEMENT

**Question 4**

***Vérification du BAT***

**→→→ *E-mail rectificatif à envoyer à l'imprimeur***

## Association Sport Event

| | |
|---|---|
| De : | Valérie [sportevent@ymail.com] |
| Envoyé : | lundi 27 février 09:52 |
| A : | Imprimerie des lavandes |
| Objet : | BAT flyer course l'Avignonnaise |

Monsieur,

Suite à l'étude du bon à tirer reçu hier par e-mail, j'ai remarqué plusieurs éléments ne correspondant pas à notre demande.

Tout d'abord, il manque 2 logos de partenaires, alors que nous en avions prévu 6 lors du *rough.*

La silhouette est pixellisée. Nous ne voyons même pas les photos.

Le titre « Course l'Avignonnaise » est coupé sur le côté droit. Le slogan « Les femmes courent » est coupé sur la gauche.

Vous trouverez en pièce jointe votre première version du BAT avec les erreurs entourées.

Je vous prie de bien vouloir procéder aux rectificatifs au plus vite et me faire passer un nouveau bon à tirer par mail.

Cordialement,

Valérie M.
Chargée de communication

Sport Event

CAS PRATIQUE N°4

## Question 1

***Plan de découverte type***

Avez-vous déjà communiqué ?
Si oui, quels médias utilisez-vous ?
Sur quels supports avez-vous déjà travaillé ?
Connaissez-vous Radio Citadelle ?
Connaissez-vous les Découvertes ?
Y avez-vous déjà participé ?
Si oui, quelles formules aviez-vous choisies ?
Pour cette édition, quelles formules souhaitez-vous ?

## Question 2

***Élaboration d'un CAP/SONCAS***

| Caractéristiques | Avantages | Preuves | SONCAS | Arguments |
|---|---|---|---|---|
| + 74 % d'auditeurs en 2 ans | Radio qui se développe | Montrer les chiffres de Médiamétrie | S | Radio Citadelle connaît une progression fulgurante sur ces deux dernières années, ce qui vous permet une grande visibilité |
| 1er prix radio associative | Grande notoriété locale | Montrer les chiffres de Médiamétrie | O | Radio Citadelle a une grande renommée du fait de son 1er prix obtenu en tant que radio associative. |
| Nouveau matériel de sonorisation | Meilleure qualité de la communication sur l'événement | Présentation d'une photo du matériel | N | Pour répondre au mieux à vos attentes, la diffusion des spots se fera à l'aide d'une nouvelle sonorisation offrant une qualité exceptionnelle. |
| Paiement en 2 fois | Le client peut conserver sa trésorerie | Bon de commande | C | Nous vous permettons de nous régler en 2 fois afin d'alléger vos charges communication. |
| Réductions de 5 à 10 % | Diminution des coûts | Conditions commerciales de vente | A | En fonction des quantités des spots réservés, vous bénéficiez de réductions. |
| Programmation personnalisée | Le spot peut être diffusé au moment le plus opportun | Présenter la grille de programmation | S | Radio citadelle vous permet de choisir l'heure de passage de votre spot en fonction de la programmation. |

**Question 3**

***Construction d'un plan d'appel téléphonique à l'aide de la méthode CROC***

**C**

► Prise de contact

Bonjour, X, commercial de la Radio Citadelle, puis-je parler à M. ou M$^{me}$ Y ?

**R**

► Raison de l'appel

Radio Citadelle participe au grand événement local « Les Découvertes » et, dans ce cadre, nous avons des propositions à vous formuler.

**O**

► Objectif

Je souhaite vous présenter ces différentes offres formulées lors d'un rendez-vous. Vous êtes disponibles plutôt en début ou en fin de semaine ?

**C**

► Prise de congé

Je vous rappelle que nous nous verrons le ........... à ..... heures au sein de votre commerce. Je vous souhaite une bonne fin de journée. Au revoir.

**Question 4**

Pour construire votre portefeuille annonceurs, vous pouvez vous aider des Pages Jaunes et classer les annonceurs selon différents critères comme :

- le secteur d'activité;
- le géomarketing : commerce de centre-ville, commerce de périphérie;
- la taille de l'annonceur;
- le statut de l'annonceur : administration/entreprises/associations...

Pour remplir ce cas, rendez-vous donc sur les Pages Jaunes de la ville de votre choix et optez pour un ou plusieurs types de critères de segmentation.

**Question 5**

Le plan de prospection est un document permettant de conceptualiser la prospection.

**Plan de négociation de la Radio Citadelle pour « Les Découvertes »**

**Objectifs de la prospection :**
- Conquérir de nouveaux annonceurs pour l'événement.
- Fidéliser les anciens participants.
- Faire connaître la radio Citadelle comme support média.

**Outils de prospection utilisés**
- Phoning pour prendre les 1ers contacts.
- Démarchage physique pour signer les contrats.

**Zone géographique visée**

Zone de prospection locale pour être en correspondance avec l'événement (il est souhaitable que vous insériez ici une carte pour localiser votre prospection).

**Fichier prospects utilisé**

Pages Jaunes.

***Évaluation de la prospection***

| Ratios | Formules | Calculs |
|---|---|---|
| Efficacité de la prospection | Prospects contactés/nombre d'appels | 25/38x100 = 65.80 % |
| Taux de réussite | Nombre de contrats/nombre de prospects contactés | 4/25x100 = 16 % |

CAS PRATIQUE N°5

**Question 1**

### Questionnaire de satisfaction

1. Avez-vous été satisfait de l'accueil de l'agence Com'Action ? Si non, pourquoi ?
2. Avez-vous été satisfait de la prise en charge de votre dossier ? Si non, pourquoi ?
3. Avez-vous rencontré des difficultés ? Si oui, lesquelles ?
4. Votre campagne de communication a-t-elle eu les retombées attendues ?
5. Souhaitez-vous retravailler avec l'agence Com'Action ?

**Question 2**

Évaluation selon la méthode RFM

| Clients | Date du dernier achat | Nombre d'achats annuels | Montant moyen en € d'un achat HT | R | F | M | Score |
|---|---|---|---|---|---|---|---|
| AUCHAN | 21/08/N | 15 | 20 500 | 6 | 6 | 6 | 18 |
| CASTORAMA | 25/09/N | 6 | 12 500 | 6 | 3 | 3 | 12 |
| CARREFOUR | 28/09/N | 12 | 10 500 | 6 | 6 | 3 | 15 |
| PME SOLAZ | 10/04/N | 2 | 2100 | 1 | 1 | 1 | 3 |
| MARIE BLACHERE | 04/05/N | 1 | 8 000 | 3 | 1 | 1 | 5 |
| VULCO PNEUS | 23/03/N | 3 | 11 000 | 1 | 1 | 3 | 5 |
| INTERMARCHE | 10/08/N | 7 | 9 000 | 6 | 3 | 1 | 10 |
| DECATHLON | 14/08/N | 4 | 12 500 | 6 | 1 | 3 | 10 |
| TOYS R US | 05/06/N | 3 | 18 000 | 3 | 1 | 3 | 7 |
| GARAGE API | 10/07/N | 1 | 2 200 | 3 | 1 | 1 | 5 |

| | |
|---|---|
| Récence | 6 points si achat dans les 3 derniers mois |
| | 3 points si achat dans les 6 derniers mois |
| | 1 point si achat dans l'année |
| Fréquence | 6 points si 10 achats ou plus dans l'année |
| | 3 points entre 5 et 9 achats |
| | 1 point si moins de 5 achats |
| Montant | 6 point si CA moyen >à 20 000 € |
| | 3 points si 10 000 € < CA moyen > 20 000 € |
| | 1 point si CA moyen < 10 000 € |

ENTRAINEMENT

**Question 3**

M. Crêche a 3 clients qui se distinguent réellement des autres : Auchan, Castorama et Carrefour. Il devra donc axer sa politique de fidélisation vers ces derniers. Intermarché et Décathlon doivent également faire l'objet de son attention pour essayer de développer le nombre de campagnes annuelles. Quant aux 5 annonceurs ayant le moins de point, ils permettent de réaliser un CA de 41 300 € qui n'est pas à négliger.

**Question 4**

***E-mailing envoyé aux clients de M. Crêche***

Chers clients,

Vous nous avez toujours montré votre fidélité, c'est pourquoi l'agence Com'Action souhaite aujourd'hui vous récompenser.

Nous vous offrons une remise de x %* (différente selon le statut de l'annonceur) sur votre prochaine facture.

Cordialement,

M. Crêche

**offre valable dans un délai de 6 mois*

CAS PRATIQUE N°6

**Question 1**

J2C
M. Julien LANCELOT
Rue des Châtaigniers
71 160 Digoin

À Digoin
Le 13 juin N

CAHIER DES CHARGES : Supports publicitaires

Nous vous sollicitons pour les prestations suivantes :

20 Kakémonos format A1 = 59,4 x 84 cm
8 Bannières 2 m x 1 m quadrichromie
6 Bannières 2 m x 1 m monochromes
100 Clés USB 8 GO personnalisée
5 Panneaux alu 1 m x 0.40 m

Contrainte de délais : la date de livraison de ces produits est prévue pour le 1er juillet N.
Autre contrainte : paiement par traite.

Cordialement,
Julien LANCELOT

**Question 2**

La recherche de prestataires se pratique par le biais des annuaires professionnels comme les Pages Jaunes ou le Kompass.

**Question 3**

***Moyen pour transmettre le cahier des charges***

| | Avantages | Inconvénients |
|---|---|---|
| Par mail | – Rapidité<br>– Aucun coût<br>– Trace écrite<br>– Possibilité de donner des visuels | – Problème de connexion<br>– Pas de contact avec le prestataire |
| Par téléphone | – Contact direct avec le prestataire<br>– Explication possible des attentes | – Pas toujours le bon interlocuteur ou personne injoignable<br>– Pas de trace écrite<br>– Possibilité d'incompréhension |
| Par courrier | – Trace écrite<br>– Demande formulée clairement | – Coût<br>– Lent |
| Par fax | – Rapidité<br>– Trace écrite<br>– Aucun coût | – Mauvaise qualité du support<br>– Obsolète |

**Question 4**

***Comparaison des offres de Marius et Fabio***

Au regard des devis envoyés, Julien Lancelot peut choisir les critères suivants :

- le prix avec un critère de pondération de 5 ;
- le délai de livraison avec un critère de pondération de 4 ;
- la possibilité de remise avec un critère de pondération de 3 ;
- le délai de paiement avec un critère de pondération de 2.

***Total de la commande HT des prestataires***

| | Quantités | Marius | | Fabio | |
|---|---|---|---|---|---|
| | | PU* | T** | PU | T |
| Kakémonos format A1 | 20 | 62 | 1240 | 65 | 1300 |
| Bannières 2 m x 1 m quadrichromie | 8 | 49 | 392 | 42 | 336 |
| Bannières 2 m x 1 m monochromes | 6 | 35 | 210 | 30 | 180 |
| Clés USB 8 GO personnalisée | 100 | 12 | 1200 | 13 | 1300 |
| Panneaux alu 1m x 0,40m | 5 | 46 | 230 | 45 | 225 |
| **TOTAL** | | | **3272** | | **3341** |

** PU = prix unitaire*

*** T = total*

En tenant compte uniquement du critère prix annoncé dans les devis, on constate que l'entreprise Marius est moins chère que l'entreprise Fabio.

Concernant le délai de livraison, l'entreprise Marius est encore mieux placée puisque la livraison se fait sous huitaine.

Concernant le taux de remise, il est identique pour les deux puisque la commande excède 3 000 €, à savoir 10 %.

Enfin, l'entreprise Fabio offre un délai de paiement plus long car il s'agit d'une traite à 60 jours, ce qui est un avantage pour l'agence qui doit également se faire payer par l'annonceur.

Nous pouvons donc compléter le tableau multicritères suivant en attribuant la note de 1 lorsque le prestataire est le mieux placé sur le critère, et la note de 0 dans le cas inverse. En cas d'égalité, ils se verront tout les 2 attribuer la note de 1. Nous sommes face à un système binaire car il n'y a que 2 prestataires. Si nous en avions eu au moins 3, nous pouvions nous permettre de leur attribuer des notes sur une échelle de 1 à 10.

| | Le prix Cœff 5 | | Le délai de livraison Cœff 4 | | La possibilité de remise Cœff 3 | | Le délai de paiement Cœff 2 | | Total note pondérée |
|---|---|---|---|---|---|---|---|---|---|
| | Note | Note pondérée | Note | Note pondérée | Note | Note pondérée | Note | Note pondérée | |
| Marius | 1 | 5 | 1 | 4 | 1 | 3 | 0 | 0 | 12 |
| Fabio | 0 | 0 | 0 | 0 | 1 | 3 | 1 | 2 | 5 |

**Question 5**

***Arguments de négociation***

Le commercial doit se fixer des objectifs réalistes à court ou long terme s'il souhaite fidéliser le prestataire. Il doit toujours se fixer une marge de manœuvre avec un objectif plancher. Ici, l'objectif maximal serait d'obtenir une remise de 10 % supplémentaires auprès du fournisseur Fabio afin qu'il puisse être beaucoup moins cher que son concurrent, le fournisseur Marius. Il peut cependant accepter une nouvelle remise de 5 à 3 %.

***Détails des calculs***

| | Marius | Fabio |
|---|---|---|
| Remise de 10 % | 3272 x 0,9 = 2 944,80 | 3341x 0,9 = 3006,90 |
| Remise de 10 % supplémentaire | | 3006,90 x 0,9 = 2 706,21 |

L'argument essentiel va ainsi reposer sur la possibilité d'instaurer une relation commerciale durable, car l'agence possède un potentiel d'annonceurs important. Elle peut donc être amenée à fournir à la société Fabio de futures ventes assez conséquentes. Vous allez opter pour une stratégie de mise en perspective, c'est à dire promettre de nouvelles collaborations.

ENTRAINEMENT

**Question 6**

***Fiche d'évaluation du prestataire***

| Appréciation globale du prestataire Fabio | | | | | |
|---|---|---|---|---|---|
| | 1 | 2 | 3 | 4 | 5 |
| Qualité de la relation commerciale | | | | | |
| Disponibilité de l'interlocuteur | | | | | |
| Clarté des propositions | | | | | |
| Qualité du suivi | | | | | |
| Réactivité du prestataire | | | | | |
| Adéquation entre les prix pratiqués et la qualité de la prestation | | | | | |

*Cochez la note que vous attribuez à chaque critère.*

Vous devez la remplir en adéquation avec ce que vous souhaitez faire ressortir de ce cas.

**Question 7**

Étoffez votre fichier prestataires avec des fournisseurs de type salle de séminaire en utilisant les mêmes supports que précédemment, à savoir les annuaires professionnels.

CAS PRATIQUE N° 7

**Question 1**

***5 secteurs d'activités à cibler***

Pour l'agence Ostrale, il est possible de se tourner vers les cibles suivantes :
- entreprises de photovoltaïque ;
- paysagistes ;
- producteurs de lavande ;
- manades (troupeaux conduits par des gardiens) ;
- camping.

**Question 2**

***Analyse des critères de classification***

Le fichier fourni par la CCI du Vaucluse n'est pas trié. Il répertorie uniquement les entreprises susceptibles de correspondre à la cible de l'agence Ostrale. On peut trouver différents critères de classification :
- géographique ;
- secteurs d'activité ;
- structure ;
- nombre de salariés…

**Question 3**

***Segmentation du portefeuille***

Cette segmentation est géographique pour permettre aux commerciaux une organisation plus facile.

**Question 4**

***Planning de prospection pour l'équipe commerciale sur une durée d'un mois***

L'équipe commerciale est constituée de trois membres.

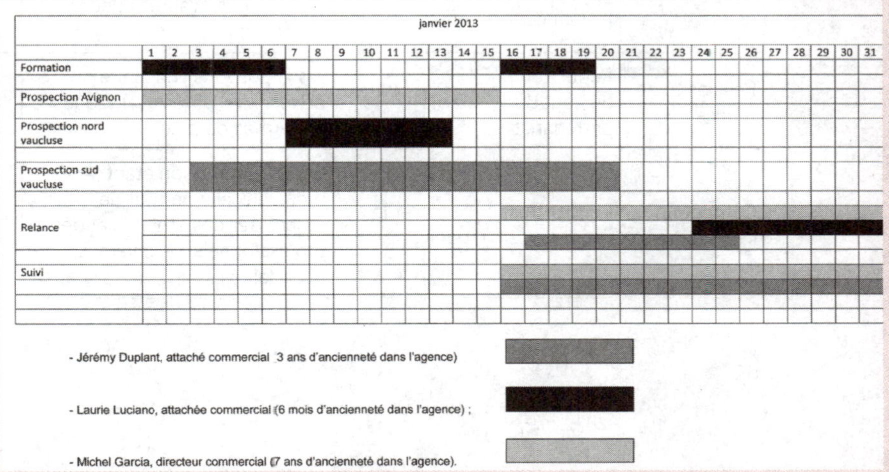

Corrigés

CAS PRATIQUE N° 8

Question 1

***Critères de segmentation pour rechercher des partenaires pour le meeting***

Dans le cadre de cette manifestation, il faut proposer des annonceurs intéressés par le sport, ce qui signifie que le 1er critère de segmentation est le secteur d'activité.

De même, on peut sélectionner un critère par rapport à la zone d'action de l'entreprise : entreprise locale, entreprise nationale, voire internationale.

Enfin, on peut retenir le type d'annonceurs, à savoir annonceur public ou annonceur privé.

Question 2

***Argumentaire à l'aide de la méthode CAP/SONCAS***

| Caractéristiques | Avantages | Preuves | Arguments | SONCAS |
|---|---|---|---|---|
| 5e édition de la compétition | Forte notoriété de l'événement | Montrer le book | Les Masters du Mistral fêtent cette année leur 5e année et bénéficient de l'ancienneté des précédentes éditions. | S |
| Forte couverture média | Grande visibilité de l'événement | Citer les partenaires | La compétition sera couverte par les plus grands médias, ce qui vous offrira une grande visibilité. | O |
| Nouvelle formule de partenariat | Renouvelle l'offre pour les partenaires | Présenter les offres | Pour cette nouvelle édition, nous avons conçu des offres originales. | N |
| Formule 1 et 2 | Exclusivité de l'annonceur | Montrer les offres | Si vous optez pour les formules 1 ou 2, vous n'aurez aucun concurrent. | C |
| Possibilité de remise | Réduction du coût du partenariat | Tarifs | Nous pouvons vous faire bénéficier d'offres avantageuses en termes de prix. | A |
| Compétition internationale | Rencontres variées | Montrer le book | Cette compétition étant mondiale, elle permet de rencontrer des athlètes et des professionnels de diverses nationalités. | S |

Question 3

***Construction d'un CROC pour la prise de rendez-vous avec M. Baloux***

| | | |
|---|---|---|
| « Bonjour, Prénom + Nom, de l'Athlétic Club Salonnais. Je souhaiterais parler à M. Ealoux ». | | « Bonjour, Prénom + Nom de l'Athlétic Club Salonnais. Je souhaiterais parler à M. Baloux ». |
| *La secrétaire :* « M. Baloux n'est pas disponible. » | | « Bonjour M. Baloux. Je participe à la 5e édition des Masters du Mistral, compétition internationale de lancer du disque. Dans ce contexte, je recherche de nouveaux partenaires. » |
| « Quand puis-je le rappeler ? Cet après-midi ou plutôt demain matin ? » | | « J'ai déjà utilisé tout mon budget communication pour le championnat de cross. » |
| « Demain matin. » | | « Je comprends bien, mais je souhaite tout de même vous rencontrer pour vous exposer les diverses possibilités que je peux vous offrir sur cette manifestation. Vous préférez en début ou en fin de semaine prochaine ? » |
| « Je vous remercie et je vous dis donc à demain. Bonne journée ! Au revoir, Madame. » | | « Plutôt en fin de semaine prochaine. » |
| | | « Vendredi prochain à 11 h 00, est ce que cela vous convient ? » |
| | | « Oui. » |
| | | « Je vous dis donc vendredi à 11 h 00, au sein de votre entrepôt. Je vous souhaite une bonne journée. Au revoir, M. Baloux ». |

CAS PRATIQUE N°9

**Question 1**

Les clients actuels sont essentiellement des touristes français et étrangers. Leurs achats se font en vente directe ou par correspondance.

Les clients potentiels sont :
- les particuliers intéressés par les produits basés sur la tradition ;
- les professionnels.

**Question 2**

Il s'agit d'exploiter les créneaux des clients potentiels tels que :
- les restaurateurs « nouvelle cuisine » ;
- les entreprises proposant ateliers et cours de cuisine ;
- les comités d'entreprise ;
- les collectivités, etc.

**Question 3**

Il y a effectivement un fort potentiel de chiffre d'affaires à réaliser avec les restaurateurs « nouvelle cuisine », qui utilisent beaucoup de produits, à la fois à la mode et authentiques tels que les confitures, pour confectionner leurs plats.

**Question 4**

| Publipostage | | E-mailing | |
|---|---|---|---|
| Avantages | Inconvénients | Avantages | Inconvénients |
| – Courrier personnalisé, attractif<br>– Document conservé | – Coût (frais postaux)<br>– Lenteur du courrier<br>– Parfois non lu<br>– Peu de retours | – Rapide<br>– Économique<br>– Attractif<br>– Pratique<br>– Nombre de réponses important | – Rarement conservé<br>– Parfois non lu, supprimé après lecture<br>– Nécessite un logiciel spécifique |

**Question 5**

FICHE PROSPECT
LA CONFITURE D'ÉLISE
24, rue des Oiseaux
41200 ROMORANTIN LANTHENAY
Tél./Fax : 02 26 58 12 42
lancard.elise@orange.fr

Entreprise ☐ Particulier ☐
Raison sociale ou nom :
Activité :
Adresse :
Code postal : Ville :
Tél. :
Fax :
Courriel : @

Connaissance de nos confitures : Oui ☐ Non ☐
Potentiel d'achat : Oui ☐ Non ☐

| Nature des besoins : | Échéance d'achat : |
|---|---|

| Exigences particulières du prospect : | Observations : |
|---|---|

| Contact n° 1 | Contact n° 2 | Contact n° 3 |
|---|---|---|
| Date : / / | Date : / / | Date : / / |
| Objet de la prospection : | Objet de la prospection : | Objet de la prospection : |
| À relancer : | À relancer : | À relancer : |
| Oui ☐ Non ☐ | Oui ☐ Non ☐ | Oui ☐ Non ☐ |
| Date : / / | Date : / / | Date : / / |

**Question 6**

Exemple de publipostage adressé à une lectrice habitant Romorantin et appartenant à un fichier d'un magazine de cuisine.

**Les confitures d'Élise**
24, rue des Oiseaux
41200 ROMORANTIN LANTHENAY
Tél./Fax : 02 26 58 12 42
lancard.elise@orange.fr

Cher Madame Bailiou,

Vous êtes certainement attachée, comme moi, aux **saveurs d'antan**. Ces dernières reposent sur la qualité des produits que j'utilise dans mes confitures, mais aussi sur les recettes transmises par ma grand-mère. C'est pour **des amateurs** comme vous, appréciant les bonnes choses et cuisinant, que j'ai créé mes produits.

C'est pourquoi je vous invite à **découvrir ma gamme de confitures** lors d'une journée portes ouvertes au sein de ma boutique au :
24, rue des Oiseaux
41200 ROMORANTIN LANTHENAY

le ../../20.. à partir de 10 h 00

Vous pourrez ainsi déguster mes confitures, mais aussi échanger vos recettes.

À bientôt,

Élise Lancard

P.S. : À l'occasion de votre venue, des échantillons vous seront offerts.

Pour le mailing, il est possible d'utiliser le même texte ; seul l'en-tête ne sera pas présent, car il n'est pas nécessaire par mail.

**Question 7**

| Le publipostage | L'e-mailing |
|---|---|
| **Calcul du taux de réussite**<br>(48/500) × 100 = 9,6 %<br>Demande d'informations<br>(76/500) × 100 = 15,2 %<br>Ratio d'efficacité de la prospection<br>[(124/500) × 100] = 24,8 % | **Calcul du taux de réussite**<br>[(93/1 000) × 100] = 9,3 %<br>Demande d'informations<br>[(173/1 000) × 100] = 17,3 %<br>Ratio d'efficacité de la prospection<br>[(266/1 000) × 100] = 26,6 % |
| On constate que le taux de réussite est quasi-équivalent selon le mode de prospection. En revanche, le ratio d'efficacité est supérieur par le biais de l'e-mailing. | |

**Question 8**

L'argumentaire téléphonique peut se présenter sous la forme suivante:

– **Prise de contact**

«Bonjour, société La Confiture d'Élise, située au cœur du Loir-et-Cher, qui fabrique de façon artisanale des confitures: saveurs d'antan et originales préparées dans une marmite en cuivre comme autrefois, en suivant les recettes transmises par ma grand-mère.»;

– **Raison de l'appel**

«Nous vous avons contacté par courrier le ... Nous n'avons pas reçu de réponse de votre part.»;

– **Objectif de l'appel**

« Afin de vous faire connaître nos produits, nous vous proposons de vous faire parvenir une documentation et quelques échantillons.»

*Recherche d'un accord;*

– **Prise de congé**

*En cas d'accord, confirmer l'envoi et prendre congé.*

*En cas de désaccord, prendre congé et indiquer que l'on reste à la disposition de la personne.*

CAS PRATIQUE N°10

**Question 1**

***Point de contact avec le client***

**Calendrier 2013**

| | J | F | M | A | M | J | J | A | S | O | N | D |
|---|---|---|---|---|---|---|---|---|---|---|---|---|
| 1 | | | | 14 | | | 27 | | | | | |
| 2 | | | | | | | | | 36 | | | 49 |
| 3 | | | | | | 23 | | | | | | |
| 4 | | 6 | 10 | | | | | | | | 45 | |
| 5 | | | | | | | | 32 | | | | |
| 6 | | | | | 19 | | | | | | | |
| 7 | 2 | | | | | | | | | 41 | | |
| 8 | | | | 15 | | | 28 | | | | | |
| 9 | | | | | | | | | 37 | | | 50 |
| 10 | | | | | | 24 | | | | | | |
| 11 | | 7 | 11 | | | | | | | | 46 | |
| 12 | | | | | | | | 33 | | | | |
| 13 | | | | | 20 | | | | | | | |
| 14 | 3 | | | | | | | | | 42 | | |
| 15 | | | | 16 | | | 29 | | | | | |
| 16 | | | | | | | | | 38 | | | 51 |
| 17 | | | | | | 25 | | | | | | |
| 18 | | 8 | 12 | | | | | | | | 47 | |
| 19 | | | | | | | | 34 | | | | |
| 20 | | | | | 21 | | | | | | | |
| 21 | 4 | | | | | | | | | 43 | | |
| 22 | | | | 17 | | | 30 | | | | | |
| 23 | | | | | | | | | 39 | | | 52 |
| 24 | | | | | | 26 | | | | | | |
| 25 | | 9 | 13 | | | | | | | | 48 | |
| 26 | | | | | | | | 35 | | | | |
| 27 | | | | | 22 | | | | | | | |
| 28 | 5 | | | | | | | | | 44 | | |
| 29 | | | | 18 | | | 31 | | | | | |
| 30 | | | | | | | | | 40 | | | 1 |
| 31 | | | | | | | | | | | | |

Remise du dossier client — Première rencontre avec le client

Proposition de solutions de communication — Suivi de l'annonceur

**Question 2**

Solutions de communication envisageables :

- plaquettes;
- journaux professionnels;
- publipostage…

**Question 3**

| Solutions de communication | Avantages | Inconvénients |
|---|---|---|
| Plaquette | Construit une image de marque de l'entreprise<br>Document archivé | Non personnalisée<br>Support commun |
| Journaux professionnels | Audience large<br>Professionnalisme du support | Non personnalisé<br>Ne correspond pas toujours à la cible de l'entreprise |
| Publipostage | Personnalisation du contact<br>Support créatif | Coût d'envoi élevé<br>Peu de retombées |
| e-mailing | Rapide<br>Peu coûteux | Saturation des boîtes mail<br>Non conservé |

**Question 4**

Lettre d'invitation
PROTECTOR
84 000 CHAMBÉRY

« Société »
« Titre » « nom »
« Adresse »
« Code postal » « Ville »

Chambéry,
Le .../.../ N

Objet : porte ouverte

« Titre »,

Vous faites partie de nos meilleurs clients et, à ce titre, nous sommes désireux de vous faire découvrir le sérieux et la qualité de notre travail.

Pour cela, nous vous convions à un après-midi « porte ouverte » au sein de nos locaux. Le ........................ N À 14 heures

Une visite guidée de notre bureau d'études, de notre atelier et de nos bureaux administratifs est prévue. Elle sera suivie d'un apéritif détente.
Nous serons heureux de vous compter parmi nos invités. Pour cela, merci de nous renvoyer le coupon-réponse ci-joint.

Nous vous prions d'agréer, « Titre », l'expression de nos respectueuses salutations.

M. Serrano

✂-----------------------------------------------------------------------

PORTE OUVERTE

PROTECTOR
84000 CHAMBÉRY
Le ..................N À 14 heures
Dans nos locaux « Société » « Titre » « Nom »
❑ Participera ❑ Ne participera pas
Coupon-réponse à nous renvoyer avant le .../.../ N

**Question 5**

***Coût de l'action de fidélisation***

| Dépenses administratives | |
|---|---|
| 1 500 / 2 = 750 €/an<br>52 semaines de 35 h = 1 820 h<br>750 / 1 820 = 0,41 € pour 1 heure<br>3 h x 0,41 = 1,23 € | 1,23 € |
| 164 x 0,17 | 27,88 € |
| (5,65 / 500) x 164 | 1,85 € |
| (10,5 / 500) x 164 | 3,44 € |
| 0,37 x 164 | 60,68 € |
| 4 h x 14 | 56,00 € |
| **Total dépenses administratives** | **151,08 €** |
| | |
| **Dépenses de réception** | |
| | 320,00 € |
| | 410,00 € |
| | 50,00 € |
| 17 € × 4 h x 2 | 104,00 € |
| | 85,00 € |
| | 136,00 € |
| **Total dépenses de réception** | **1 105,00 €** |
| **Coût total de la manifestation** | **1 256,08 €** |

Question 6

***Étude de satisfaction***

Cette enquête est réalisée par téléphone ou par mail, ce qui explique qu'elle doit être courte.

Client : PROTECTOR

Nous avons organisé dernièrement un événement pour vous. Dans le souci de toujours mieux vous satisfaire, accepteriez-vous de répondre à quelques questions ?

1. Globalement, qu'avez-vous pensé de votre événement ?

2. Sur les points suivants, vous diriez que vous êtes :

| | TS | S | MS | PS |
|---|---|---|---|---|
| La prise en charge de votre dossier | | | | |
| La qualité des prestations fournies | | | | |
| Les compétences du personnel | | | | |
| Le suivi commercial | | | | |

TS : très satisfait ; S : satisfait ; MS : moyennement satisfait ; PS : pas satisfait

3. Envisagez-vous une nouvelle opération de communication avec notre agence ?

❑ oui ❑ non

4. Si non, pourquoi ?

5. Avez-vous des remarques à formuler ?

Question 7

***Solutions de fidélisation***

Afin de faciliter la relation annonceur, on peut proposer diverses opérations de fidélisation :

- remise sur une nouvelle prestation ;
- invitation à certains événements régionaux : match de football, pièces de théâtre... ;
- invitation à des déjeuners ;
- création d'objets publicitaires comme des agendas appréciés par les professionnels, des clés USB...

CAS PRATIQUE N° 11

**Question 1**

***Guide d'entretien téléphonique selon le CROC***

Bonjour, prénom + nom, de *La Gazette de Nîmes*, puis-je parler à M. Durand ?

↓

*La Gazette de Nîmes* sort un tout nouveau supplément entièrement dédié à la formation pour laquelle vous êtes un acteur incontournable.

↓

Je souhaite vous présenter les différentes solutions de communication qui s'offrent à vous lors d'un rendez-vous. Seriez-vous disponible plutôt en début ou en fin de semaine ? Mardi ou jeudi ? Je vous propose le jeudi .../.../... à 15 heures.

↓

Je vous dis donc au .../.../... à 15 heures à l'université.
Je vous souhaite une bonne journée.
Au revoir, M. Durand.

Il faut également envisager les différents barrages qui peuvent exister.

| | | |
|---|---|---|
| Il n'est pas là. | ➔ | Quand puis-je le rappeler, plutôt à ....heure ou à ....heure ? |
| Cela ne m'intéresse pas. | ➔ | Je comprends qui vous puissiez ne pas être intéressé par une offre dans notre supplément, que vous n'avez pas encore étudiée.<br>C'est justement pourquoi je vous propose de venir vous la présenter. |
| Pouvez-vous me donner des précisions ? | ➔ | Oui bien sûr, monsieur Durand, mais par téléphone elles ne seront qu'incomplètes. Il est important que je puisse vous présenter nos solutions, qui s'adaptent parfaitement à votre institution. |

**Question 2**

***Création d'un plan de découverte***

Comment l'université de Nîmes communique-t-elle ?
À quelle fréquence communiquez-vous ?
Quels sont les supports que vous utilisez habituellement ?
Avez-vous de nouvelles formations à mettre en avant ?
La presse occupe-t-elle une part importante dans votre communication ?
Avez-vous des annonces déjà construites ?
Quels sont vos publics ?
Quel est votre cœur de cible ?

**Question 3**

Sachant que M. Durand dispose d'un budget de 3 000 €, plusieurs options s'offrent à nous :

- privilégier la 2e ou 3e de couverture dans une parution, qui peut davantage correspondre à la période des inscriptions à l'université et valoriser l'institution ;
- envisager 2 parutions en 1/2 page pour assurer une plus grande visibilité.

| Formats | | Tarifs | |
|---|---|---|---|
| | | 1 parution | 2 parutions** |
| • 2e et 3e de couv. | L 200 × H 270 (+ 5mm débord) | 2 250 € HT | 3 375 € HT |
| • 4e de couv. | L 200 × H 270 (+ 5mm débord) | 2 850 € HT | 4 275 € HT |
| • Page intérieure | L 200 × H 270 (+ 5mm débord) | 2 000 € HT | 3 100 € HT |
| • 1/2 page largeur | L 180 × H 125 | 1 490 € HT | 2 300 € HT |
| • 1/2 page hauteur | L 88 × H 260 | 1 490 € HT | 2 300 € HT |
| • 1/4 page | L 88 × H 125 | 1 030 € HT | 1 400 € HT |
| ** Possibilité de changer de message | | | |

**Question 4**

***Plan de négociation***

**Objectifs :**

- vendre un encart dans le supplément formation de *La Gazette de Nîmes* pour la somme de 3 000 € ;
- récolter des informations sur la façon dont l'université de Nîmes communique, car elle a à sa disposition un gros budget parfois mal exploité ;
- créer un relationnel avec M. Durand en mettant l'accent sur l'aspect local du support, incontournable pour la ville de Nîmes comme peut l'être l'université pour la formation.

**Marge de manœuvre :**

- possibilité de remise de 20 % ;
- possibilité d'offrir la création du message.

**Stratégie de négociation :**

Miser sur une stratégie coopérative ou intégrative car l'université de Nîmes est un annonceur pouvant fournir « du budget » au commercial ; l'université bénéficie également d'une certaine image locale qui pourrait permettre d'obtenir des annonceurs en chaîne (« l'université de Nîmes est dans *La Gazette*, il faut que nous y soyons ! »).

**Question 5**

***Devis***

**laGazette TV**

☐ Montpellier ☒ Nîmes ☐ Sète

☒ Nouveau Client ☐ Chgt de dénomination

CONTRAT : N° N° 990179

## DIRECTION DU DEVELOPPEMENT

13, place de la Comédie • CS 39530 • 34960 Montpellier cedex 2 - Tél. 04 67 06 77 55 - Fax 04 67 06 77 50
E.mail : lapublicite@gazettedemontpellier.fr - RC 87 B 709 - Réf. bancaire BP Sud Comédie 09 15 92 48 017
11, rue Régale • 30000 Nîmes - Tél. 04 66 58 77 77 - Fax 04 66 58 77 79 - E-mail : publicite@gazettedenimes.fr

VOTRE CONTACT | DATE LIMITE D'EXECUTION DU CONTRAT : le ......

LA GAZETTE HEBDO (G) TV GAZETTE (TV) DROIT D'ASILE (DA) MAGAZINE (M) WEB (W)

| DATES | SUPPORT | EDITION | FORMAT | EMPLACEMENT |
|---|---|---|---|---|
| 03/06/2013 | (M) | JUIN | L200 x H270 | 2e et 3e Couverture |

EMPLACEMENT DE RIGUEUR : +15%

MONTANT DU CONTRAT

| SUPPORT | FORMAT | PRIX TARIF | NOMBRE | PRIX CONTRAT | TOTAL HT |
|---|---|---|---|---|---|
| Mag | L200 x H270 | 2250 | 1 | 2250 | 2250 |

**Total**

PRIX TARIF ........ PRIX CONTRAT ........ SS TOTAL 2250 €
Frais de fabrication — €
Emplacement de rigueur (+15%) 337,50 €
Total HT 2587,50 €
TVA (19,6%) 507,15 €
Total TTC 3094,65 €

**Règlement**
- Nouveau client : 25% du montant TTC du contrat. Remise d'une copie du Kbis récent et RIB
- Montant inférieur à 500 € TTC. Remise de chèque à la commande qui ne sera encaissé qu'après parution.

Montant acompte ........ TTC - N° de chèque ........
Banque CIC ........ Conditions de règlement ☒ Comptant ☐ 30 jours

Bon pour accord sur les conditions de vente stipulées au verso et les conditions de règlement.

**CONTRACTANT**

Société, Association, Collectivité Université de Nîmes
Mandateur ........
Enseigne ........
Signataire M. DURAND
Fonction Respons. Com.
Adresse Place Gabriel Péri
Code postal 30000
Ville Nîmes
Tél 0825...
Mobile ........
Fax ........
Email ........

**"Bon pour accord"**
Cachet et signature : (obligatoire)

Date : le ......
Signature du commercial :

Argumentaire selon CAP/SONCAS

| Caractéristiques | Avantages | Preuves | Arguments | SONCAS |
|---|---|---|---|---|
| Support fortement ancré localement | Une notoriété importante | Montrer les résultats d'une enquête de notoriété | Depuis 13 ans, *La Gazette de Nîmes* s'est faite une place au sein de la presse régionale. | S |
| Supplément format magazine papier couché brillant | Image haut de gamme d'un supplément formation | Montrer l'exemplaire d'une précédente édition | Pour ce supplément, nous avons privilégié la qualité du support pour valoriser nos annonceurs. | O |
| Quadrichromie | Visuels de qualité<br>Support plus attrayant | Montrer l'exemplaire d'une précédente édition | Notre supplément est en quadrichromie et offre ainsi des visuels de qualité. | N |
| Parution en parallèle du salon de l'orientation | Le supplément rappelle la présence de l'annonceur au salon | Montrer les dates de parution sur le calendrier | Votre présence dans le supplément sera un formidable rappel de votre présence au salon de l'orientation. | C |
| Tarifs préférentiels pour 2 parutions | Diminution du coût de l'emplacement publicitaire | Montrer les tarifs | Si vous optez pour une présence au sein de nos deux numéros, vous bénéficiez de tarifs avantageux. | A |
| Image dynamique de *La Gazette de Nîmes* | Correspond parfaitement à la cible étudiante | Montrer des numéros de *La Gazette* | *La Gazette de Nîmes*, par son profil Facebook, a créé un lien avec le jeune lectorat. | S |

Corrigés

CAS PRATIQUE N° 12

**Question 1**

Altitude s'adresse à un type d'annonceur en particulier : les entreprises ; elle compte en effet dans sa liste de devis des enseignes de la grande distribution. Le sujet nous indique qu'Altitude réalise également des travaux de communication pour les collectivités territoriales et les associations.
Ses clients potentiels restent en grande partie les entreprises car elle est visiblement plus spécialisée dans ce domaine ; elle peut cependant envisager d'autres secteurs d'activité que la grande distribution.

**Question 2**

Altitude poursuit une stratégie de segmentation différenciée puisqu'elle touche des cibles différentes en proposant plusieurs solutions de communication. Pour les entreprises, il s'agit davantage de travaux de conception et d'impression de supports publicitaires, alors que pour les collectivités, on se trouve face à des supports d'information.

**Question 3**

***Quelques caractéristiques des segments mis en œuvre par Altitude***

| Les entreprises | Les collectivités territoriales |
|---|---|
| – Objectif de communication conatif<br>– Divers secteurs d'activité<br>– Budget souple<br>– Prise de décision rapide | – Objectif de communication affectif, voire cognitif<br>– Budget voté et fixe<br>– Plusieurs décisionnaires sur un projet de communication<br>– Présentation formalisée<br>– Demande par appels d'offres |

**Question 4**

***Outils de prospection***

| Outils | Avantages | Inconvénients |
|---|---|---|
| Le mailing ou publipostage | – Possibilité de créer un support attractif<br>– Permet de garder le message | – Taux de retour faible (2-5 %)<br>– Trop commun |
| La prospection physique | – Contact direct avec le prospect<br>– Pouvoir de persuasion plus fort | – Coût élevé<br>– Demande beaucoup de temps |
| Le phoning | – Rapidité d'exécution<br>– Contact direct | – Barrage secrétaire<br>– Beaucoup de sollicitation |
| L'e-mailing | – Rapide à mettre en place<br>– Peut être interactif<br>– Moderne | – Boîtes mails surchargées<br>– Spams |

L'outil le plus adapté pour ce type de cibles reste la prospection par téléphone, suivi d'une prospection physique.

**Question 5**

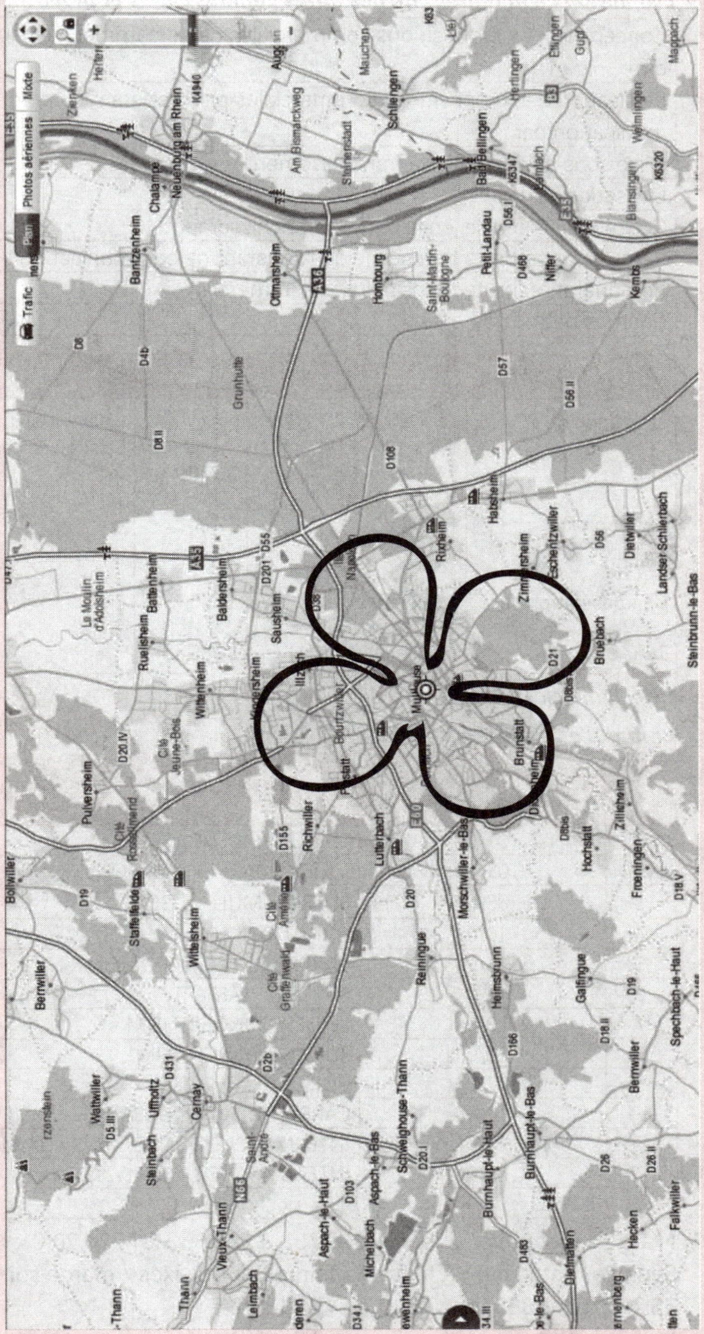


La technique la plus appropriée ici est celle du trèfle car la zone géographique n'est pas très étendue et l'agence est positionnée de façon centrale par rapport à la zone de prospection.

**Question 6**

***Évaluation de la rentabilité des offres commerciales et propositions de solutions***

| | |
|---|---|
| Conception des propositions commerciales par le commercial par offre | 45 minutes |
| Réalisation des propositions commerciales par l'assistant de communication par offre | 30 minutes |
| Mise sous enveloppe et affranchissement par offre | 5 minutes |
| Utilisation du PC | 10 €/heure |
| Coût unitaire (feuille, enveloppe, affranchissement) | 0,64 € |
| Rémunération brute mensuelle de l'assistant de communication | 1 525 € |
| Rémunération brute mensuelle du commercial | 2 290 € |
| Charges patronales | 45 % |

| Charges variables | | | Charges fixes | |
|---|---|---|---|---|
| Utilisation du PC | 45 + 30 + 5 = 1 h 20<br>1,3 x 10 = 13<br>13 x 20* | 260,00 | Salaire assistant<br>Salaire commercial<br>TOTAL | 1 525,00<br>2 290,00<br>3 815,00 |
| Coût unitaire | 0,64 x 20 | 12,80 | | |
| Charges patronales | 3815 x 0,45 | 1 716,75 | | |
| TOTAL | | 1 989,55 | | |

**le commercial a fait 20 propositions*

***Chiffre d'affaires réalisé en avril N***

| | Date de proposition | Prospect | Montant en € |
|---|---|---|---|
| 1 | 01/04 | LECLERC MULHOUSE | 2 100,00 |
| 2 | 01/04 | SIMPLY MARKET MULHOUSE | 4 350,00 |
| 3 | 05/04 | SUPER U MULHOUSE | 4 596,00 |
| 4 | 10/04 | CORA DORNACH | 2 436,15 |
| 5 | 15/04 | CARREFOUR CC NAPOLEON | 3 598,00 |
| 6 | 15/04 | SUPER U PFASTATT | 2 643,00 |
| 7 | 20/04 | LECLERC KINGERSHEIM | 3 293,00 |
| 8 | 20/04 | SUPER U WITTENHEIM | 2 965,00 |
| 9 | 22/04 | CORA WITTENHEIM | 2 267,60 |
| 10 | 22/04 | CARREFOUR CITY MUSANA | 4 191,25 |
| 11 | 28/04 | INTERMARCHE SAINTE CROIX AUX MINES | 2 202,50 |
| 12 | 28/04 | INTERMARCHÉ SAINT LOUIS | 4 867,25 |
| | **TOTAL** | | **39 209,75** |

Marge sur coût variable = 39 209,75 - 1 989,55 = 37 220,20 €
Seuil de rentabilité = Chiffre d'affaires x coûts fixes / marge sur coût variable
39 209,75 x 3 815,00/37 220,20 = 4 018,92 €
L'agence Altitude a un seuil de rentabilité très bas, puisqu'il est de 4018,92 € pour le mois d'avril N. Elle est donc très bénéficiaire. Elle pourrait, pour motiver son équipe commerciale, instaurer un système de commissions; cela n'aurait pas un impact trop important sur ses bénéfices.

Corrigés

CAS PRATIQUE N° 13

**Question 1**

La méthode la plus simple pour matérialiser au mieux les relais d'informations au sein d'une structure, est le diagramme de flux. Cette représentation schématique des flux d'informations permet de visualiser facilement les vecteurs à exploiter afin de faire passer ou de récupérer des données.

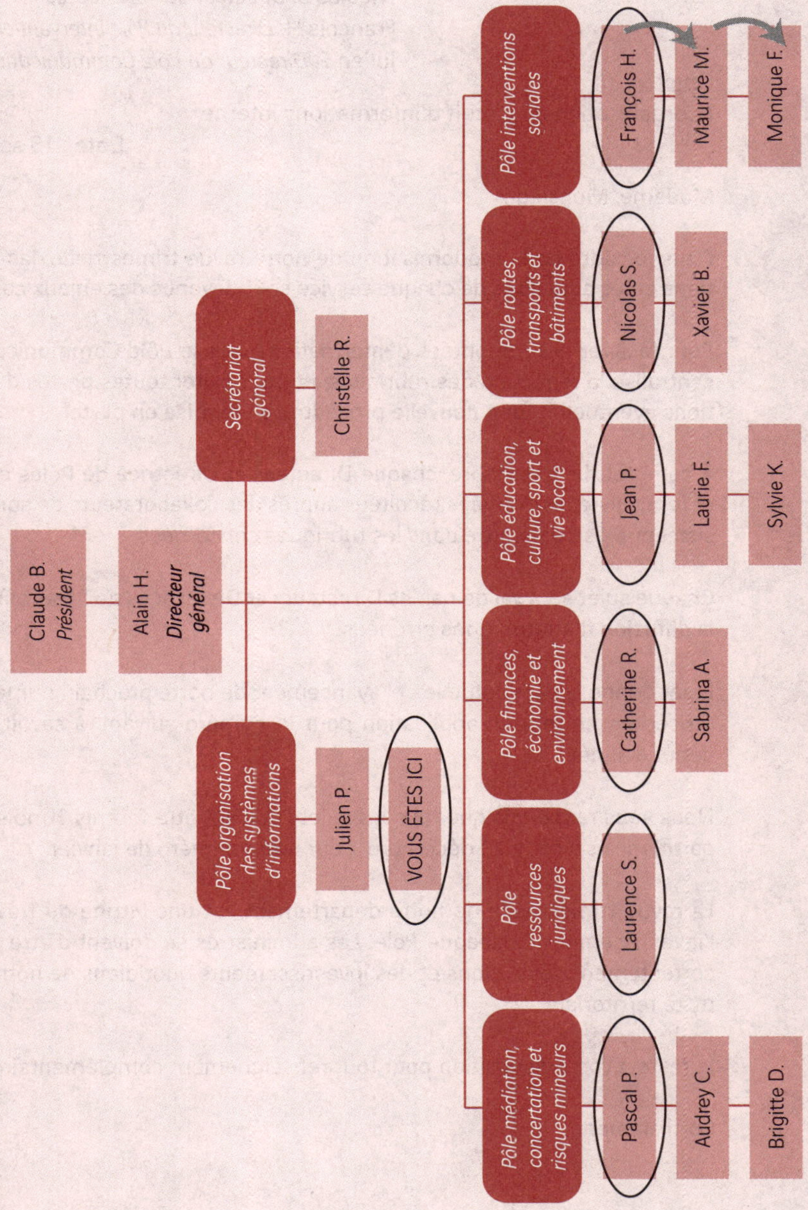


ENTRAINEMENT

Question 2

## NOTE DE SERVICE N°1

<u>Émetteur</u>:
Moi-même
*Chargé(e)*
*de Communication*

<u>Destinataires</u>:
Pascal P. *Directeur Pôle Médiation*
Laurence S. *Directrice Pôle Ressources Juridiques*
Catherine R. *Directrice du Pôle Finance*
Jean P. *Directeur du Pôle Education*
Nicolas S. *Directeur du Pôle Routes*
François H. *Directeur du Pôle Intervention Sociale*
Julien P. *Directeur du Pôle Communication*

<u>Objet</u>:
Réorganisation du circuit d'informations interne

Date : 15 septembre

Madame, Monsieur,

Dans le cadre de la modernisation de notre revue trimestrielle, les informations et les actualités de chaque service sont devenus des enjeux capitaux.

Pour faciliter ces remontées d'informations vers le Pôle Communication, qui centralise la rédaction des rubriques, et pour éviter toutes pertes d'informations éventuelles, une nouvelle procédure a été mise en place.

À compter du 1er octobre, chaque Directeur et Directrice de Pôles collectera et fera suivre les données récoltées auprès des collaborateurs de son service, susceptibles de paraître dans les rubriques concernées.

Chaque sujet sera validé par les Directeurs et Directrices de Pôles afin d'éviter la diffusion d'informations erronées.

Étant donné la date actuelle et l'avancement de notre prochain numéro, cette procédure entrera en application pour le numéro suivant, à savoir celui du début d'année.

Nous vous rappelons que tous les sujets doivent être fournis 1 mois avant la parution, à savoir le 1er décembre, pour notre numéro de janvier.

La revue trimestrielle de notre département est une vitrine du travail et de l'investissement de chaque Pôle. Les administrés se doivent d'être informés correctement des actions et des investissements quotidiens de notre collectivité territoriale.

Je reste à votre disposition pour tout renseignement complémentaire.

Cordialement,

**Question 3**

***Diagramme de flux d'informations***

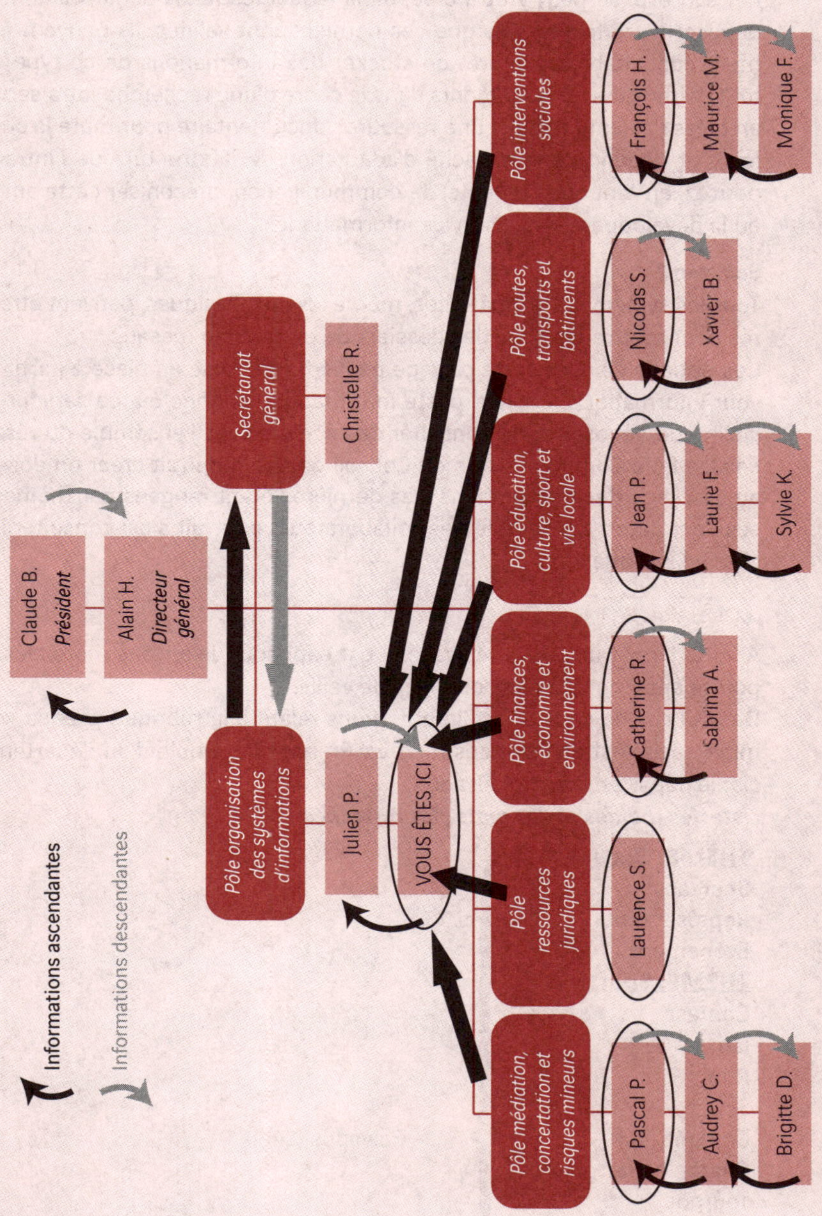


**Question 4**

Plusieurs solutions peuvent être apportées à cette problématique de diffusion. En effet, les diffusions d'informations au sein d'une grosse structure telle qu'un Conseil général dépendent avant tout de l'architecture et de la configuration du réseau informatique.

→ → →

***Solution 1***

Il est fortement envisageable qu'une structure de cette taille possède un intranet. Un espace peut y être créé, dans lequel les relais d'informations peuvent déposer leurs textes. Dès que ces derniers sont validés, ils peuvent être librement consultables. L'intérêt de stocker des informations de ce type est avant tout de retrouver des éléments dans le cadre d'une recherche intra services. Ces archives deviennent ainsi une ressource documentaire pour toute la structure.
Ici, tout dépend de la capacité d'adaptation de la structure de l'intranet. Vous pouvez, en tant que chargé(e) de communication, préconiser cette amélioration ou la développer avec le service informatique.

***Solution 2***

Tous les systèmes informatiques, même les plus basiques, peuvent être configurés pour mettre en place des dossiers de partage en réseau.
Ces notions de dossier de partage peuvent être mise en place à partir d'un serveur informatique. Chaque poste informatique connecté à ce serveur a la possibilité de déposer et de consulter des fichiers avec l'ensemble du réseau. Pour cela, le Pôle Communication du Conseil général pourrait créer un dossier dédié au stockage des informations, ces dernières étant rangées par thèmes et classées par dates. L'ensemble des collaborateurs pourrait ainsi consulter librement chaque information.

**Question 5**

Afin de lancer une veille efficace, il est capital de lister des mots clés, que l'on pourra apparenter à des domaines de veille.
Dans le cas de ce besoin d'informations relatif à la rubrique agenda, votre première tâche est de lister ces thèmes. Prenons l'exemple d'un département précis : le département du Calvados.

***Liste des thèmes et des mots clés rattachés***

**THÈME : Danse**
Spectacle
Représentation
Événement
**THÈME : Sport**
Contest
Jam
Run
Set
Compétition
Championnat
Tournoi
**THÈME : Musique**
Concert
Festival
**THÈME : Art**
Vernissage
Exposition
Galerie

} + Calvados (14)

## Question 6

***Sources d'informations***

La meilleure façon de trouver des sources d'informations sur des domaines de veilles précis reste encore et toujours la recherche sur Internet.

Vous pouvez toutefois mettre en place une veille officielle auprès d'organismes tels que les offices de tourisme départementaux ou les pôles culturels (musées, salles de concert...).

Pour cela, faites-leur passer un communiqué demandant de vous faire parvenir toutes nouvelles infos susceptibles d'apparaître dans la rubrique événement de la revue trimestrielle du département. Vous n'aurez aucun mal à collecter régulièrement ce type d'informations.

Concentrons-nous sur les sources Internet des événements du Calvados.

Extrait de la liste des sources d'actualités

- calvados-tourisme.com
- normandie-evenement.com
- id2sorties.com/evenement-calvados-14
- cityzeum.com/evenement/calvados-14
- petitfute.com/adresse/annuaire/d-18-1170/manifestation-evenement-calvados
- calvados.franceolympique.com
- 14.agendaculturel.fr/concert
- upconcert.fr/departement/calvados
- linternaute.com/agenda/musique/concerts
- circul.arts.free.fr
- basse-normandie.leguidedesfestivals.com

## Question 7

***Classification des sources d'informations***

Internet est donc une formidable source d'informations. Il faut toutefois rester méfiant sur les données que l'on peut y collecter. Pour cela, il est préférable de classer vos sources dans un tableau dans lequel vous aurez jugé leur fiabilité. L'enjeu est de ne pas diffuser une information erronée.

| Nom de la source | Niveau de confiance | | | | Indice de confiance sur 10 |
|---|---|---|---|---|---|
| | ++ 10 | + 7 | - 4 | -- 1 | |
| calvados-tourisme.com | ☑ | | | | 10/10 |
| normandie-evenement.com | | | ☑ | | 4/10 |
| id2sorties.com | | ☑ | | | 7/10 |
| cityzeum.com | | ☑ | | | 7/10 |
| petitfute.com | ☑ | | | | 10/10 |
| calvados.franceolympique.com | ☑ | | | | 10/10 |

| | | | | | |
|---|---|---|---|---|---|
| 14.agendaculturel.fr | | | ☑ | | 4/10 |
| upconcert.fr | | | ☑ | | 4/10 |
| linternaute.com | | | | ☑ | 1/10 |
| circul.arts.free.fr | | | | ☑ | 1/10 |
| basse-normandie.leguidedesfestivals.com | | ☑ | | | 7/10 |

**Question 8**

***Veille : Alertes Google***

Les alertes Google permettent d'être tenu informé des publications sur Internet relatives à des mots clés spécifiques. Pour créer une alerte Google, connectez-vous sur la page Google Alerts : www.google.fr/alerts/.

Paramétrez tout d'abord le premier mot clé que vous avez listé dans la première partie de votre travail (Question 5). Sélectionnez ensuite, dans le type de résultat, « TOUT ». Vous collecterez ainsi un maximum d'informations, qu'il ne vous restera plus qu'à filtrer. Renseignez votre adresse e-mail et cliquez sur « créer l'alerte ». Un e-mail d'activation vous sera automatiquement envoyé sur votre messagerie. Recommencez alors l'opération avec tous les mots clés.

CAS PRATIQUE N° 14

**Question 1**

***Recherche de sources***

Il existe un grand nombre de sources payantes pour collecter des informations commerciales relatives à des prospects : noms, coordonnées, sociétés...

Certaines sociétés sont spécialisées dans la vente et la location de fichiers de prospection. Vous pouvez tout de même trouver des méthodes vous permettant de constituer vous-même des fichiers de prospection à partir d'informations publiques.

<u>Exemples de sources</u>

- Fichiers consulaires (possibilité d'achat auprès des chambres de commerces et d'industries de chaque département)
- Pagesjaunes.fr
- Pagespro.fr
- France prospect
- Easy fichier

**Question 2 et 3**

***Collecte des informations***

L'avantage du site pages-jaunes.fr est la consultation gratuite des informations de ce site. Il n'est malheureusement pas possible d'extraire toutes les coordonnées consultables. Toutefois, des logiciels ont été conçus afin de capturer ces données et de les exporter par la suite. Libre à vous de les exploiter selon vos besoins.

**Étape 1** : lancez le logiciel « Yellow Engine ». Sélectionnez « Pages Jaunes » dans l'onglet « Site ».

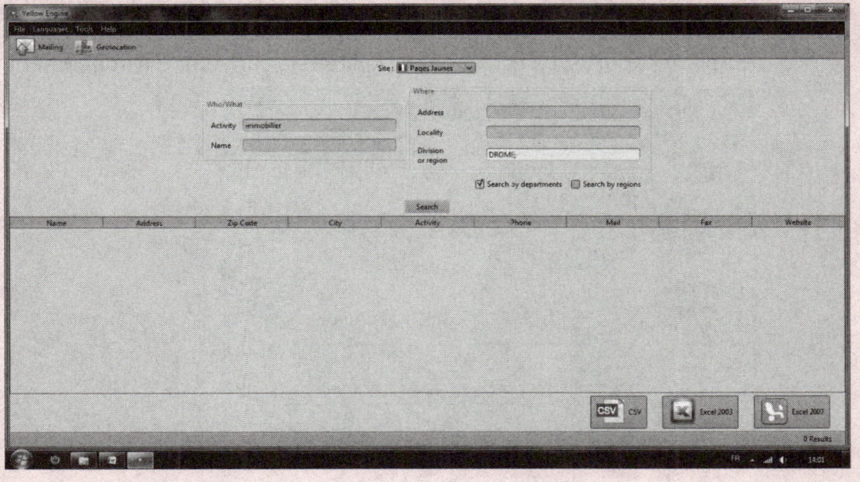

→ → → **Étape 2 :** remplissez les champs de recherche en sélectionnant un secteur d'activité, l'immobilier par exemple.

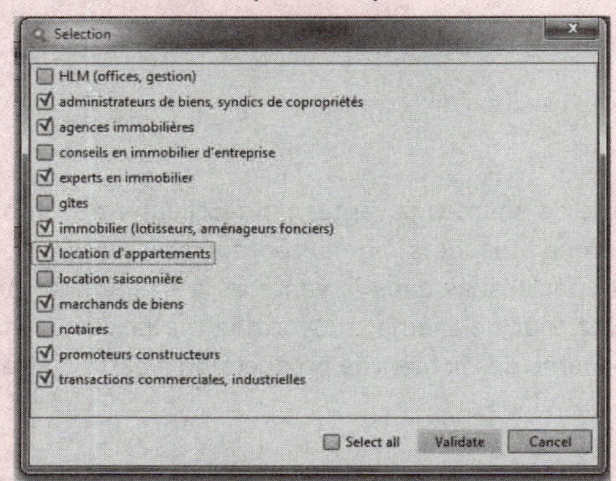


**Étape 3 :** consultez les données trouvées par le logiciel.

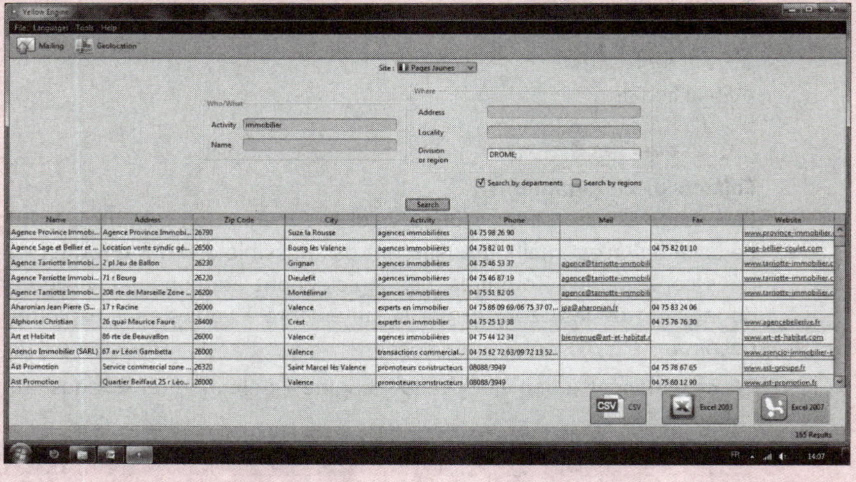


**Étape 4 :** exportez ce fichier et enregistrez-le sur votre environnement de travail.

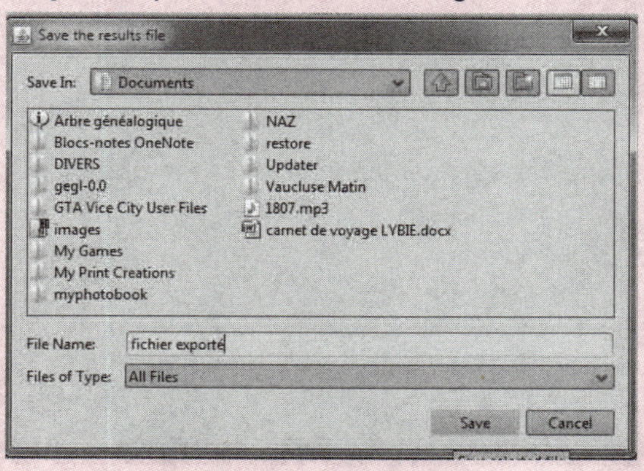

**Étape 5 :** ouvrez votre fichier exporté sous Excel.

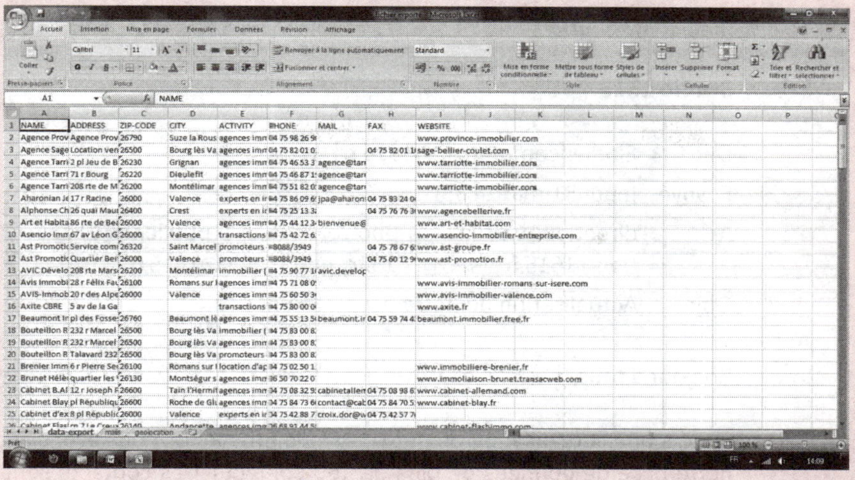

**Question 4**

**Étape 6 :** modifiez le fichier afin qu'il puisse s'insérer dans votre fichier prospect d'origine. Réorganisez l'ordre des rubriques et nommez les colonnes selon les mêmes critères que le fichier Excel de destination. Copiez l'ensemble et collez-le dans une autre feuille du fichier Excel de la base prospect du studio 1515.

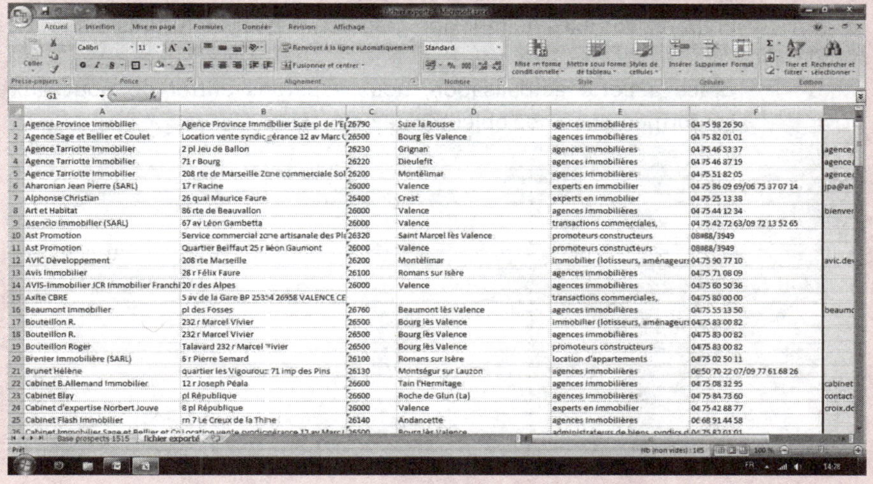

**Étape 7 :** une fois le « fichier exporté » mis aux normes de la base prospect, collez l'ensemble dans le fichier final. Vous venez ainsi d'augmenter le nombre de prospects dans la base prospects. Vous pouvez renouveler l'opération sur d'autres secteurs d'activités, de nouvelles zones géographiques… La suite relève de la relation commerciale : vous pouvez débuter votre prospection.

**Question 5**

***E-mail d'information***

**Studio 1515**

De: Élodie [commercial@1515.fr]

Envoyé: Jeudi 31 mai 14:33

A: direction@1515.fr ; photo@1515.fr ; publicite@1515.fr ; redaction@1515.fr; web@1515.fr; graphisme@1515.fr

Objet: Actualisation de notre base de données

Bonjour à tous,

Suite à une actualisation de notre base de prospects, nous avons augmenté notre base de données de plus de 160 contacts. Ces contacts sont essentiellement ciblés sur le domaine de l'immobilier dans le département de la Drôme.

Je me permets de vous en informer tout d'abord pour vous prévenir que nous risquons très probablement de signer de nouveaux contrats avec des entreprises de ce secteur d'activité.
Préparez vos axes de réflexion graphiques pour de futures maquettes.

Grâce à cette actualisation, nous espérons entrer de nouveaux clients conformément à nos objectifs de ce mois-ci.

A +

Élo
Service commercial

# LEXIQUE

**A**

**AIDA**: attirer/susciter l'intérêt/faire naître le désir/faire agir.

**Annonceur**: entité (entreprise, association, administration ou collectivité territoriale) commanditaire d'une campagne de communication qui désire obtenir un bénéfice d'image ou de notoriété.

**Argumentaire**: document aidant le commercial dans son argumentation face au client.

**Assertivité**: attitude permettant d'imposer son avis à l'autre tout en le respectant.

**B**

***Benchmarking***: technique de marketing ou de gestion de la qualité consistant à étudier et analyser les techniques de gestion et les modes d'organisation des autres entreprises afin de s'en inspirer et d'en retirer le meilleur. C'est un processus d'analyse comparative d'adaptation et d'implantation des meilleures pratiques visant à améliorer la performance des processus dans une organisation.

**Besoins de Maslow**: 5 besoins sont recensés: besoin physiologique, besoin de sécurité, besoin d'appartenance, besoin d'estime, besoin de réalisation de soi.

***Brief***: étape durant laquelle l'annonceur expose ses objectifs de communication, ses contraintes et son budget à un prestataire de communication tel qu'une agence. Cette phase importante déterminera les propositions de supports de communication futurs.

***Buzz***: technique marketing affiliée au marketing viral, destinée à créer du bouche à oreille autour d'un sujet, d'un produit ou d'une marque. Le *buzz* marketing a l'inconvénient majeur de n'être pas maîtrisé. Il peut se transformer en rumeur et devenir néfaste pour l'annonceur.

On emploie dans le langage courant la notion de *buzz* lorsqu'une idée ou un concept fait parler de lui, notamment par Internet: «ce sujet fait le *buzz*».

**C**

**Cahier des charges**: document permettant au prestataire de comprendre la demande.

**Centre d'appel**: entreprise effectuant des appels téléphoniques sortants.

**CROC**: Contact/Raison de l'appel/Objectif/Congé.

**Cromalin**: système d'épreuves couleurs inventé par la société américaine DuPont. Il sert au contrôle, à la validation et à l'épreuve contractuelle (bon à tirer ou BAT) des documents destinés à être imprimés.

**D**

***Data warehouse***: entrepôt de stockage de données.

**Diagramme de Gantt**: outil de gestion de projet permettant de visualiser les différentes tâches à effectuer et de les placer dans le temps. Il permet de représenter graphiquement l'avancement du projet.

**E**

**Empathie**: se mettre à la place de la partie adversaire pour mieux la comprendre.

**F**

***Flashmob***: rassemblement éphémère de personnes dans un lieu public afin d'effectuer une action prévue à l'avance. Seuls les participants de ces mobilisations sont informés du lieu de RDV et de l'action à mener. Cela génère un événement à fortes retombées médiatiques.

**G**

**GRC**: gestion de la relation client.

**M**

**Marge de manœuvre**: marge que se donne un vendeur pour sa négociation.

**Massicotage**: action de couper du papier en imprimerie grâce à une machine à coupe franche appelée «massicot». Le nom vient de son inventeur français Guillaume Massiquot.

***Media Planning* (Plan média, en français)**: document listant les différents supports médias sélectionnés pour une campagne de communication. Chaque support sélectionné est détaillé dans son type de diffusion, son format et sa date de parution.

**Message**: en communication, information transmise par l'annonceur à destination des cibles de communication. Il a pour objectif d'informer, d'influencer ou de déclencher une action chez les destinataires du message.

**Motivation hédoniste** : se faire plaisir par un achat.

**Motivation oblative** : faire plaisir à quelqu'un en lui offrant un achat.

**Motivation d'auto-expression** : effectuer un achat pour se valoriser.

**N**

**Négociation distributive ou conflictuelle** : volonté d'imposer ses conditions à l'autre partie.

**Négociation intégrative ou coopérative** : volonté de construire une relation commerciale à long terme.

**Négociation mixte ou compromis** : chaque partie, vendeur et acheteur, concède une part de ses exigences.

**O**

**Objection** : contre-argument donné par le client.

**P**

**Pantone** : système international de référencement de couleurs. Toutes les couleurs sont consultables sur des nuanciers papiers appelés « pantoniers ». Le système pantone s'appuie sur 14 couleurs primaires déclinées; on obtient ainsi près de 800 teintes.

**Prospect** : terme donné à l'annonceur qui n'a pas encore acheté à l'agence. Il deviendra, après son achat, un client.

**Publipostage ou mailing** : courrier commercial personnalisé.

**R**

**Reformulation** : étape essentielle dans un entretien de vente qui consiste à répéter la demande en d'autres termes pour être sûr d'avoir bien compris le client.

***Rough*** : ébauche ou esquisse sommaire crayonnée à main levée. Il est destiné à donner au client ou au graphiste un aperçu visuel d'une illustration ou d'une mise en page avant la réalisation des premières propositions de supports de communication.

**S**

**Scénario** : document écrit dans lequel une action est décrite. Elle peut mettre en scène des personnages, leurs dialogues, leurs attitudes et l'intervention d'éléments extérieurs. Cet outil peut être utilisé en vidéo, en radio, en bande dessinée…

**SONCAS** : Sécurité/Orgueil/Nouveauté/Confort/Argent/Sympathie.

**SWOT** : prix d'acceptabilité ou prix psychologique; il s'agit du prix optimum pour le client.

**T**

***Teasing*** : technique publicitaire qui éveille la curiosité et suscite l'intérêt du destinataire du message de communication. Le principe est de découper l'information en plusieurs messages afin d'augmenter l'attention du public.

**V**

**Veille** : information collectée régulièrement sur le marché.

# Tableau de correspondance pour les BTS Communication

## Partie I Le projet

| Situations de travail | Compétences |
|---|---|
| 1.1.1 Prise en charge du dossier de l'annonceur<br>Fiche 3 | **C11.1. S'approprier la demande de l'annonceur**<br>– Comprendre le contexte concurrentiel, juridique, économique, technique de la commande (les enjeux).<br>– Prendre en compte l'historique des actions de communication antérieures.<br>– Intégrer les contraintes techniques, budgétaires et humaines.<br>– Sélectionner les informations pertinentes dans l'ensemble des informations fournies par le demandeur.<br>– Identifier et rechercher les informations manquantes. |
| 1.1.2 Proposition de solutions<br>Fiches 4 à 10 | **C11.2. Identifier les solutions à mettre en œuvre dans le projet**<br>– Rechercher des solutions opérationnelles.<br>– Proposer et valider les solutions du projet.<br>**C11.3. Préparer le cahier des charges du projet**<br>– Repérer les différentes étapes de mise en œuvre des solutions validées.<br>– Ordonnancer les opérations.<br>– Rédiger les éléments techniques du cahier des charges. |
| 1.1.3 Réalisation et suivi du projet<br>Fiche 11 | **C12.1. Mobiliser et allouer les ressources pour mettre en œuvre le projet**<br>**C12.2. Assurer la coordination des actions, leur suivi et leur contrôle**<br>– Construire le planning des opérations.<br>– Définir et coordonner les missions des différents intervenants.<br>– Assurer la cohérence entre la création, l'exécution, la fabrication et la livraison.<br>– Suivre l'exécution budgétaire et les écarts en termes de coûts et de délais. |
| 1.1.4 Ajustements<br>Fiche 12 | **C12.3. Réguler le projet**<br>– Identifier les dysfonctionnements dans l'exécution du projet.<br>– Proposer des alternatives dans le respect du cahier des charges. |
| 1.2.1. Élaboration et diffusion d'éléments techniques<br>Fiche 13 | **C13.1. Préparer et acheminer les documents techniques**<br>– Établir ou récolter les documents techniques nécessaires.<br>– Rendre les documents compatibles à leur exploitation par les prestataires.<br>– Transférer les documents dans les délais. |
| 1.2.2 Évaluation technique du prestataire<br>Fiche 14 | **C13.2. Gérer une relation technique**<br>– Apprécier la qualité technique de la prestation.<br>– Qualifier techniquement le prestataire. |

| Situations de travail | Compétences |
|---|---|
| 1.3.1. Élaboration de messages<br>Fiche 16 | **C14.1. Participer à l'élaboration du message**<br>– Rédiger les messages en tenant compte des contraintes (message antérieur, communications concurrentes...).<br>– Identifier, sélectionner une image, une illustration à partir d'une banque de données.<br>– Adapter les messages aux supports retenus. |
| 1.3.2. Élaboration de maquettes<br>Fiche 17 | **C14.2. Élaborer les documents porteurs du message**<br>– Créer des ébauches, maquettes, scénarii.<br>– Concevoir et produire des supports de communication. |
| 1.3.3. Mise en œuvre et suivi d'une production<br>Fiche 24 | **C14.3. Assurer le suivi de la production**<br>– Vérifier la conformité aux exigences en termes de délais et de qualité.<br>– Mettre en place des ajustements techniques. |
| 1.3.4.Réalisation d'opérations de communication<br>Fiche 25 | **C14.4. Organiser des opérations de communication**<br>– Mobiliser la logistique et les moyens.<br>– Mettre en œuvre les techniques appropriées.<br>– Évaluer l'opération. |

# Partie II Conseils et relations annonceurs

| Situations de travail | Compétences |
|---|---|
| 2.1.1. Réalisation d'outils commerciaux<br>Fiches 26 et 27 | **C21.1. Préparer les outils de vente**<br>– Identifier les outils nécessaires.<br>– Concevoir des outils de prospection, d'aide à la vente et d'évaluation.<br>– Concevoir des supports de présentation. |
| 2.1.2. Gestion d'un portefeuille annonceurs<br>Fiche 28 | **C21.2. Analyser le portefeuille annonceurs**<br>– Repérer les caractéristiques du marché.<br>– Dégager des critères de classification des annonceurs.<br>– Caractériser le portefeuille annonceurs.<br>**C21.3. Segmenter le portefeuille**<br>– Identifier les segments.<br>– Mesurer la potentialité de chaque segment.<br>– Déterminer des objectifs de développement par segment.<br>– Sélectionner des groupes de prospects. |
| 2.1.3. Mise en œuvre d'un plan de prospection<br>Fiche 29 | **C21.4. Préparer la prospection**<br>– Sélectionner les outils.<br>– Bâtir un plan de prospection.<br>**C21.5. Suivre la prospection**<br>– Assurer le suivi des actions de prospection.<br>– Évaluer les actions de prospection. |
| 2.1.4. Création d'une relation commerciale<br>Fiches 26 et 30 | **C21.6. Installer une relation commerciale**<br>– Organiser la prise de rendez-vous.<br>– Instaurer un climat de confiance.<br>– Présenter l'offre de l'entreprise.<br>– Identifier le potentiel du contact. |

| Situations de travail | Compétences |
|---|---|
| 2.1.5. Élaboration d'une proposition commerciale<br>Fiches 3 à 7 | **C21.7. Caractériser l'annonceur et son contexte**<br>– Expliciter la demande de l'annonceur.<br>– Caractériser les spécificités de l'annonceur dans son environnement.<br>**C21.8. Proposer des solutions de communication**<br>– Identifier des objectifs et des cibles.<br>– Intégrer des propositions de message.<br>– Sélectionner des moyens de communication.<br>– Proposer un dispositif de communication.<br>– Formaliser la proposition commerciale en termes de délais et de budget. |
| 2.1.6. Conduite d'un entretien de vente<br>Fiches 30 et 33 | **C21.9. Préparer la négociation**<br>– Mettre en place une stratégie de négociation.<br>– Organiser la présentation à l'annonceur.<br>**C21.10. Présenter et valoriser la proposition commerciale**<br>– Installer un climat favorable à la négociation.<br>– Mobiliser les outils de présentation et de négociation.<br>– Argumenter la proposition. |
| 2.1.7. Finalisation d'un accord<br>Fiche 33 | **C21.11. Ajuster et finaliser la proposition**<br>– Traiter les éléments contrariants.<br>– Négocier des adaptations.<br>– Obtenir un accord. |
| 2.1.8. Suivi commercial d'un dossier-annonceur<br>Fiche 34 | **C21.12. Gérer le dossier annonceur**<br>– Assurer les liaisons entre les différents acteurs.<br>– Contrôler la réalisation de l'accord. |
| 2.1.9. Gestion d'une relation-annonceur<br>Fiche 35 | **C21.13. Évaluer la relation annonceur**<br>– Mesurer la satisfaction de l'annonceur.<br>– Analyser le degré de satisfaction de l'annonceur.<br>**C21.14. Entretenir la relation annonceur**<br>– Organiser les points de contact.<br>– Procéder aux ajustements nécessaires.<br>– Anticiper les attentes de l'annonceur.<br>– Observer et analyser l'évolution de l'environnement de l'annonceur.<br>– Proposer et formaliser de nouvelles offres.<br>**C21.15. Concevoir et mettre en place des actions spécifiques de fidélisation**<br>– Sélectionner des actions de fidélisation.<br>– Mettre en œuvre des actions de fidélisation. |
| 2.2.1. Sélection de prestataires<br>Fiche 36 | **C22.1. Formaliser le cahier des charges par types de prestataires**<br>– Identifier les catégories de prestataires.<br>– Ventiler les opérations par type de prestataires.<br>**C22.2. Choisir des prestataires**<br>– Rechercher les prestataires potentiels.<br>– Diffuser le cahier des charges.<br>– Participer à la procédure de sélection des offres et du choix des prestataires. |
| 2.2.2. Conduite d'un entretien d'achat<br>Fiche 37 | **C22.3. Négocier l'achat de prestations**<br>– Préparer la négociation d'achat.<br>– Conduire la négociation d'achat. |
| 2.2.3. Gestion de relations commerciales avec des prestataires<br>Fiche 38 | **C22.4. Gérer un réseau de prestataires**<br>– Évaluer les prestataires.<br>– Mettre en place des partenariats techniques.<br>– Développer le réseau des prestataires. |

# III La veille opérationnelle

| Situations de travail | Compétences |
|---|---|
| 3.1.1. Organisation de flux d'informations<br>Fiches 39 et 40 | **C31.1. Organiser la collecte et le stockage d'informations**<br>– Identifier et formaliser les procédures nécessaires.<br>– Intégrer les contraintes juridiques et budgétaires d'accès à l'information.<br>– Choisir et mettre en œuvre les moyens techniques de collecte.<br>– Définir des règles de classement et de stockage.<br>**C31.2. Mettre à disposition des informations**<br>– Identifier les destinataires et leurs besoins d'information.<br>– Choisir des moyens techniques de diffusion.<br>– Définir des procédures d'utilisation.<br>– Intégrer des procédures d'alerte. |
| 3.1.2. Création de liens permanents a des sources d'informations<br>Fiches 42 et 43 | **C31.3. Identifier des domaines de veille**<br>– Repérer et délimiter les domaines pertinents.<br>– Hiérarchiser les domaines<br>**C31.4. Rechercher et sélectionner des sources**<br>– Repérer les sources d'information<br>– Évaluer l'apport et la fiabilité de chaque source.<br>– Choisir les sources et leurs supports. |
| 3.2.1. Réalisation d'une étude documentaire<br>Fiche 44 | **C32.1. Évaluer le besoin d'information**<br>– Analyser le besoin d'information.<br>– Identifier les informations disponibles et non disponibles.<br>– Repérer les champs d'investigation à explorer.<br>**C32.2. Exploiter le produit de la veille**<br>– Exploiter les sources d'information répertoriées.<br>– Sélectionner des données. |
| 3.2.2. Réalisation d'une étude ponctuelle<br>Fiches 45 et 46 | **C32.3. Mettre en œuvre une méthodologie de recherche d'informations** |
| 3.2.3. Utilisation d'une étude<br>Fiche 47 | **C32.4. Exploiter une étude**<br>– S'approprier les résultats d'une étude réalisée par un prestataire.<br>– Mettre en œuvre les outils de traitement quantitatif des données collectées lors d'une enquête réalisée en interne.<br>– Analyser les résultats et en faire une synthèse. |
| 3.2.4. Diffusion des résultats d'une étude<br>Fiche 48 | **C32.5. Diffuser des informations**<br>– Sélectionner des informations.<br>– Transférer des informations sur les supports appropriés.<br>– Diffuser des informations aux destinataires concernés. |
| 3.3.1. Mise à jour d'une base d'informations<br>Fiche 49 | **C33.1. Sélectionner des informations**<br>– Rapprocher des informations d'origines diverses.<br>– Apprécier l'utilité potentielle des informations.<br>**C33.2. Actualiser une base d'informations**<br>– Classer les informations.<br>– Supprimer les informations obsolètes.<br>– Alerter les utilisateurs concernés. |
| 3.4.1. Contribution à la qualité d'un système d'information<br>Fiche 50 | **C34.1. Évaluer et améliorer un système d'information**<br>– Mesurer la satisfaction des destinataires.<br>– Évaluer les procédures de classement et de diffusion.<br>– Proposer des ajustements. |
| 3.4.2. Contribution à la sécurité d'un système d'information<br>Fiche 50 | **C3.4.2 Participer à la sécurité d'un système d'information**<br>– Sécuriser des données.<br>– Appliquer des règles de confidentialité et des procédures d'accès au système d'information. |

**Crédits photographiques**

Page 57 : © olly/Fotolia
Page 75 : © Gotam Communication – © goodluz/Fotolia
Page 83 : © Conseil général du Morbihan – © Université de Lorraine
Page 84 : Université de Cergy-Pontoise
Page 86 : © Gotam Communication – © Leah-Anne Thompson/Fotolia
Page 88 : © ARTNAT
Page 90 : © Primetech
Page 94 : Photo et production : Gus Lopez, www.theswca.com
Page 95 : © JMB/Fotolia
Page 128 : Entreprise Lacroix SARL
Page 138 : © Gotam Communication
Page 163 : © Ville de Villiers-le-Bel
Page 221 : © Gotam Communication
Page 227 : © Gotam Communication
Page 274 : © Gotam Communication

Maquette intérieure : Sylvie Huret, Fiat Lux
Mise en page : IDT
Éditions Foucher – Malakoff – Août 2012 – 01 – AF –CB/SM

Imprimé en Italie par Legatoria Giovanni Olivotto L.E.G.O. S.p.A – Lavis